高等职业院校文化素质教育改革创新教材

根据《普通话水平测试实施纲要（2021年版）》编写

普通话

训练与测试

PUTONGHUA XUNLIAN YU CESHI

主　编　罗惜春

副主编　周　丫　邓　滢　吕　靖　胡　亮

新形态
教材

中国教育出版传媒集团

高等教育出版社·北京

内容提要

本书是高等职业院校文化素质教育改革创新教材。

本书以国家语委普通话与文字应用培训测试中心印发的《普通话水平测试实施纲要(2021年版)》为依据,以各行业对普通话水平的要求和新形势下汉语的国际推广为导向,以"传承—弘扬—传播中华优秀语言文化,讲好中国故事"为思政主线进行编写。全书内容分为认识普通话、学习普通话、推广普通话三个模块,共包括雅言传承倡文明、语音标准夯基础、朗读共情提品味、说话得体促发展、语言规范颂华夏五个章节,按照学习目标—课前导学—知识链接—训练园地—思悟课堂—素质拓展的体例进行编写,突出口语技能训练,有效融入课程思政,旨在培养学生自觉运用普通话的良好习惯,奠定职业生涯发展的良好基础。为了利教便学,本书配套了丰富的学习资源,以二维码的形式提供在相关内容旁,可扫描获取。

本书可作为高等职业院校、中等职业院校普通话课程教材,也可作为社会学习者提升普通话水平的参考用书。

图书在版编目(CIP)数据

普通话训练与测试 / 罗惜春主编. -- 北京 :高等教育出版社,2024. 10. -- ISBN 978-7-04-062852-4

Ⅰ. H102

中国国家版本馆 CIP 数据核字第 2024MF1750 号

策划编辑 雷芳	**责任编辑** 余红 丁钰航	**封面设计** 张文豪	**责任印制** 高忠富	

出版发行	高等教育出版社	**网　址**	http://www.hep.edu.cn
社　址	北京市西城区德外大街 4 号		http://www.hep.com.cn
邮政编码	100120	**网上订购**	http://www.hepmall.com.cn
印　刷	上海叶大印务发展有限公司		http://www.hepmall.com
开　本	787mm×1092mm　1/16		http://www.hepmall.cn
印　张	15		
字　数	329 千字	**版　次**	2024 年 10 月第 1 版
购书热线	010-58581118	**印　次**	2024 年 10 月第 1 次印刷
咨询电话	400-810-0598	**定　价**	37.00 元

前 言

党的二十大报告强调："加大国家通用语言文字推广力度。"国家通用语言文字，即普通话和规范汉字，是中华民族共同性的重要标志之一。教育部、国家语委印发的《关于加强高等学校服务国家通用语言文字高质量推广普及的若干意见》中指出，学校是语言文字工作的基础阵地，高等学校在其中发挥着重要作用。大学生应具有"一种能力两种意识"（即语言文字应用能力和自觉规范使用国家通用语言文字的意识、自觉传承弘扬中华优秀语言文化的意识）。同时，高校应加大普通话培训测试力度，为毕业生就业从事相关职业达到国家规定的普通话水平提供支持。新时代，中国语言与文化的魅力进一步彰显，为促进学生全面发展，提高学生语言素养，特编写本书。

本书坚持立德树人、以人为本、学以致用的编写理念，以"传承—弘扬—传播中华优秀语言文化，讲好中国故事"为思政主线，以适应职业岗位为目标，以学生语言学习的实际水平和接受能力为立足点，以人文素质和职业素质培养为基础，将课程内容重构为认识普通话、学习普通话、推广普通话三个模块，雅言传承倡文明、语音标准夯基础、朗读共情提品味、说话得体促发展、语言规范颂华夏五个章节，按照学习目标—课前导学—知识链接—训练园地—思悟课堂—素质拓展的体例进行编写，精简理论知识，突出口语技能训练。本书致力于使学生提高普通话水平和语言文字应用能力，达到国家规定的普通话等级标准，增强语言素养，提高职业竞争能力；同时以价值引领为责任，将中华优秀文化与语言教学融合，培养学生热爱国家通用语言文字、热爱中华优秀文化的情感，坚定文化自信，铸牢中华民族共同体意识。

本书的特点主要表现在三个方面：

1. 集教学、练习、应试于一体。关注学生的就业需要、个性需求和发展需要，体现职教特色，贴近学生、贴近生活、贴近社会，让学生在说练结合的学习过程中提高口语表达能力。

2. 配套精品在线课程资源，使教材更加丰富、生动、立体。为教师的深入教学、学生的拓展学习提供了便利，助力深度开展线上线下混合式教学。

3. 工具性和人文性有机融合。促进中华优秀语言文化的传承与传播，有利于培养具有民族自信心和文化自觉性的新时代高素质技术技能人才。

本书由湖南化工职业技术学院的罗惜春担任主编，参加编写和统稿的老师还有湖南化工职业技术学院的周丫、邓滢、吕靖、胡亮等。本书在编写过程中参考了许多专家、学者的有关论著，吸收了很多优秀同行的研究成果，在此深表感谢！

由于编者的水平有限，本书出现的漏误之处，敬请专家、同行及读者批评指正。

编 者

目 录

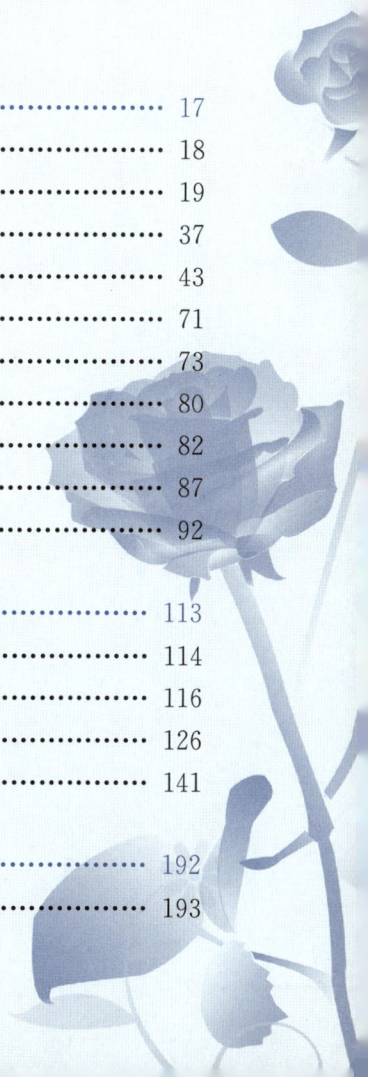

模块三 推 广 普 通 话

模块一

认识普通话

第一章　雅言传承倡文明

素质目标：

1. 热爱国家通用语言文字；
2. 积极主动地学习贯彻国家语言文字工作的方针政策。

知识目标：

1. 了解普通话的含义、发展过程及国家语言文字政策；
2. 了解普通话与方言的关系及学习普通话的方法。

能力目标：

1. 能熟练讲述普通话；
2. 能根据自身实际总结学习普通话的方法。

课前导学

校园小调查

　　党的二十大报告强调："加大国家通用语言文字推广力度。"国家通用语言文字，即普通话和规范汉字，是中华民族共同性的重要标志之一。教育部、国家语委印发的《关于加强高等学校服务国家通用语言文字高质量推广普及的若干意见》中指出，学校是语言文字工作的基础阵地，高等学校在其中发挥着重要作用。大学生应具有"一种能力两种意识"（即语言文字应用能力和自觉规范使用国家通用语言文字的意识、自觉传承弘扬中华优秀语言文化的意识）。同时，高校应加大普通话培训测试力度，为毕业生就业从事相关职业达到国家规定的普通话水平提供支持。

知识链接

第一节　普通话概述

一、什么是普通话

普通话的含义义与形成

普通话是现代汉民族共同语，是国家推广的各民族、各地区的通用语言，也是中国的国语。1956年2月,国务院在《关于推广普通话的指示》中明确普通话的定义是:"以北京语音为标准音、以北方话为基础方言、以典范的现代白话文著作为语法规范",从语音、词汇、语法三个方面确立了普通话的标准。

(一)语音标准

"以北京语音为标准音",指的是以北京话的语音系统为标准。北京自元代以来一直是中国的政治、经济、文化中心,从明清时期以北京语音为标准音的"官话"到五四运动之后的"国语运动",均极大地促进了北京语音的传播,确立了其"国音"的地位。需要注意的是,以北京语音为标准音并不是把北京话的一切读法全部照搬,普通话并不等于北京话,北京话中也有许多方音。例如:侵 qīn 略(北京方言),侵 qīn 略(普通话);告诉 gàosong(北京方言),告诉 gàosu(普通话)。为了统一读音,从1956年开始,国家对北京方言的字音进行了多次审订,制定了普通话的标准读音。因此,普通话的语音标准,应该以1985年公布的《普通话异读词审音表》以及1996年版的《现代汉语词典》为规范。

(二)词汇标准

"以北方话为基础方言",指的是以北方话词汇为基础。普通话是在北方方言的基础上形成和发展起来的,北方话词汇是构成普通话词汇的基础。但北方话词汇不等于普通话词汇,北方话词汇中也有许多北方各地的土语。例如:北方不少地区将"玉米"称为"棒子",将"馒头"称为"馍馍",北京人把"傍晚"说成"晚半晌"。所以,不能把北方话的所有词汇都作为普通话的词汇,要注意分辨与选择。

(三)语法标准

"以典范的现代白话文著作为语法规范",这个标准包括四个方面意思:"典范"就是排除不典范的现代白话文著作为语法规范;"白话文"就是排除文言文;"现代白话文"就是排除五四运动以前的早期白话文;"著作"就是指普通话的书面形式,它建立在口语基础上,但又不等于一般的口语,而是经过加工、提炼的语言。

二、国家通用语言的形成

现代汉民族共同语是在其基础方言的基础上经过经济、政治、文化高度集中的过程逐步形成的。它经历了一个长期的发展过程。

中国古代就有各地通用的语言。早在春秋时期就有民族共同语称"雅言",主要流行于黄河流域。我国第一部诗歌总集《诗经》的语言就是雅言。孔子讲学时也经常使用雅言,而不是鲁国方言,可以说孔子是推广民族共同语的先驱。秦朝时推行"书同文"政策,使民族共同语的传播有了政治上的保障。汉代的民族共同语叫"通语""凡语""凡通语""通名"。西汉扬雄编著的《方言》用"通语"来解释各地的方言,这是我国第一部方言著作。隋唐时期对诗韵的追求又进一步促进了汉民族共同语的发展。

金元明清时,北京成为全国的政治、经济、文化中心,"通语"也就以北京语音为标准音了。五四运动把白话文的传播和北京语音的推广结合起来。"白话文运动"使白话取代了文言在书面语中的地位。这时书面与口语初步统一的规范的现代汉民族共同语基本形成。民国时汉民族共同语叫"国语"。新中国成立后,汉民族共同语叫"普通话"。1982年

《中华人民共和国宪法》规定："国家推广全国通用的普通话。"从此普通话具有了明确的法律地位,成为国家通用语言。

第二节 普通话与方言

一、普通话与方言的关系

现代汉语是现代汉民族的语言,它包括普通话和多种方言。普通话是现代汉民族共同语,是建立在北方方言的基础上而形成的,它为中国不同地区、不同民族人们之间的交际提供了方便。汉语方言是汉语的地方变体。我国地域广阔,人口众多,即使都使用汉语,各地区说的话也不一样,这就是方言。方言俗称地方话,是汉语在不同地域的分支,只通行于某一特定的区域。由于方言与普通话既有联系,又有差异,所以它为我们学习普通话提供了方便;同时,普通话与方言之间的差异又给我们学习普通话带来了困难。

语言是一个人在成长的过程中逐步习得的。因此,所谓的普通话水平,实际上是通过学习而掌握的普通话的标准程度。人们学习普通话有两种情形:第一种情形是生下来所学习的语言就是普通话,这种情形是近几十年随着普通话的推广才出现的;第二种情形是生下来所学习的是汉语的某种方言或其他语言,后来才开始学习普通话,这在当前仍然是较普遍的现象。如果把普通话称为目标语言的话,人们学习普通话的过程,就是从零起点(第一种情形)或以某种方言、某种语言为起点(第二种情形)向目标语言不断进发的过程。这个过程中人们使用的语言称为"中介语"。理论上说"中介语"可以和"目标语言"重合,但是实际上任何人的普通话都是有缺陷的,即使是最优秀的语言学习者,他的"中介语"也只能无限地逼近"目标语言",而不能达到与"目标语言"完全重合的程度。所以,我们通过学习所掌握的,或者说参加普通话水平测试所使用的就是这种"中介语"。

中介语的发展是有阶段性的,各个发展阶段形成一个有序的系列,阶段的进程可以加快,但顺序不能颠倒。此外,中介语在任一阶段都可能出现"板结(也就是相对停滞)","板结"之后的中介语就可能成为学习者的终身水平,要打破这一板结则需要较强的力量,所以说学习普通话的过程其实是和自己的方言习惯"较劲",但多年的语言习惯并非轻而易举就能彻底改变。因此,循序渐进、持之以恒不失为学习普通话的好方法。

当然,推行普通话,并不是要消灭方言,而是为各民族的交流提供通用语言,使沟通变得更加容易。公民在正式场合和公共交际场合应该讲普通话,在非正式场合和非公共交际场合是允许讲方言的。

普通话和方言之间的差异表现在语音、词汇、语法三个方面,其中语音方面的差异最明显。因此,学习普通话首先要从语音入手,攻克语音这一难关。

二、方言的分类

我国地域辽阔,人口众多,使用的方言数量多且复杂。语言学家根据方言的不同特征,划分了七大方言区:北方方言、吴方言、湘方言、赣方言、客家方言、粤方言、闽方言。各方言区概况见表1-1。

表1-1　各地区方言表

方言区	主要分布区域	代表话	占全国汉族人口比例
北方方言	东北、华北、西北、西南和江淮一带	北京话	73%
吴方言	上海、江苏省东南部、浙江省大部分地区	上海话	7.2%
湘方言	湖南大部分地区	长沙话	3.2%
赣方言	江西大部分地区	南昌话	3.3%
客家方言	广东、广西、福建、台湾、江西、湖南、四川	梅县话	3.6%
粤方言	广东、广西、香港、澳门	广州话	4%
闽方言	福建和海南的大部分地区、广州潮汕地区、台湾多数汉族人居住区	闽东:福州话 闽南:厦门话	5.7%

(一)北方方言

北方方言是现代汉民族共同语的基础方言,主要分布在东北、华北、西北、西南和江淮一带,以北京话为代表。分布地域最广,使用人口最多,约占全国汉族人口的73%。

(二)吴方言

主要分布在上海、江苏省东南部、浙江省大部分地区,以上海话为代表,使用人口约占汉族人口的7.2%。

(三)湘方言

主要分布在湖南地区,以长沙话为代表,使用人口约占汉族人口的3.2%。

(四)赣方言

主要分布在江西大部分地区,以南昌话为代表,使用人口约占汉族人口的3.3%。

(五)客家方言

主要分布在广东、广西、福建、台湾、江西、湖南、四川等地,以梅县话为代表,使用人口约占汉族人口的3.6%。

(六)粤方言

主要分布在广东、广西、香港、澳门等地,以广州话为代表,使用人口约占汉族人口的4%。

(七)闽方言

主要分布在福建和海南的大部分地区、广州潮汕地区、台湾的大多数汉人居住区,另外还分布在雷州半岛部分地区、浙江温州的部分地区、广西的部分地区,闽方言分五个次方言:闽东方言、闽南方言、闽北方言、闽中方言、莆仙方言。其中,闽东方言的代表话是福州话,闽南方言的代表话是厦门话。闽方言使用人口约占汉族人口的5.7%。

第三节 学好普通话的方法

现代社会对人才的综合素质要求越来越高,如今讲一口标准的普通话已经成为用人单位选用人才的一个指标,特别是服务行业对普通话的要求就更高。方言在人际交往中会影响交流,例如:有些地方将"刘"与"牛"混淆,把"女人"说成"米人"等,让人难以理解。为了适应社会各行各业的工作需求,增强自己的社交能力与综合竞争力,学好一口流利的普通话是十分必要的。

学好普通话,首先要消除学习普通话的两大障碍,即思想障碍和语言习惯障碍。

一、消除思想障碍

要消除思想障碍,需要克服心理上的恐惧,普通话并不难学,难的是对心理状态的调整和改善。许多同学在学习普通话时害怕自己因生硬别扭的发音而出丑,或是畏惧长时间训练的困难,这些心理障碍常常使学习进步缓慢。针对这种情况,需要及时调节心理状态,放下心理包袱,大胆地开口讲普通话。任何学习都有一个从笨拙到熟练的过程,学习普通话也不例外,要尽早达到熟练程度,只有下苦功夫克服困难,战胜畏惧心理,才能学有所成。反之,如果在学习过程中过分顾及面子,不敢坦然面对自己的发音缺陷,更不能以顽强的意志和不懈的努力去克服它,改善它,一味地退避畏缩,结果就是自己付出了时间和精力却收效甚微,而且容易造成心理上的阴影,加重今后学习和生活的负担。总之,调整心理状态,克服心理障碍,是学好普通话的重要前提。

要消除思想障碍,需要从以下两方面努力:

第一,要有自信。自信是成功的前提,坚信自己有能力有条件,一定能够学好普通话。具体做法是:首先给自己制定学习目标,为了实现自己的目标,需要做生活中的有心人。可以跟着电视、广播、手机软件学习,并向周围讲普通话的老师、同学学习。坚持一段时间,普通话水平一定会有所提高。

第二,要有勇气。自己讲了十几年的家乡话,突然要改口讲普通话,而且自己的普通话不是很标准,说话有方言语调,怕当众出丑。这时就需要鼓起勇气开口,不怕被别人笑话,只有克服了心理障碍,才能勇敢地用普通话跟别人交流。

二、攻克语言习惯障碍

除了解除思想上的障碍,还要攻克语言习惯障碍。学习普通话可分为三个学习阶段,每个阶段的学习时间均为一到三个月时间,以便于大家学习普通话。

第一个学习阶段叫做"非交际练习期",也叫"暗自练习期"。这个阶段是私下讲练普通话。可以采取这些方式进行练习:

(1)身边常备《现代汉语词典》,经常查阅词典,纠正读音。

(2)用普通话自言自语,每天抽一定的时间朗读课文,或者做笔记写作业时,用普通话边说边写。

（3）心说默练，给自己定一个练习的任务，强迫自己用普通话静思默想，在看电视、看视频时模仿说普通话。

（4）找一位朋友一起学普通话，互相纠正，相互学习。

（5）上课时用普通话。

（6）多说绕口令，让自己的舌头逐渐灵活起来。

第二个学习阶段叫做"交际练习期"或是"公开练习期"。这个阶段要主动用普通话进行交际，为自己创造一个有利于学习普通话的微观语言环境。自觉寻找各种可以接触普通话的机会，不断促使自己自觉地运用普通话进行阅读与交流，这样做会有力地促进普通话口语表达。与此同时，每天逐渐减少说家乡话的时间，直至到零。

第三个学习阶段叫做"正音练习期"或是"巩固提高期"。这个阶段既是第二个阶段的延续，又是巩固提高的阶段。要提高讲普通话的质量和纯度，可以通过手机录音来帮助检查语病，校正字音；也可以让普通话水平高的同学或老师给自己指正；还可以听音频、看电视时找出自己有问题的发音，逐一纠正。努力找出方言和普通话的差异，例如：有些地区的方言调值和普通话的调值就有很大的差别，我们可以找出规律有针对性地进行发音训练，找出普通话和方言的对应规律来巧学巧记，使学习达到事半而功倍的效果。还可以把容易读错的音记下来，分批分组来纠正，例如：南方一些方言区的人分不清 z、c、s 和 zh、ch、sh，北方有些方言区的人分不清 an、en、in、un 和 ang、eng、ing、ong。要牢记容易读混的音，掌握正确发音部位，对于个别的发音要反复练习直至方音完全纠正为止。

总之，学习普通话是一项长期而艰苦的活动，只有全身心地投入进去，做到"心到""耳到""口到"，功夫不负有心人，经过一段时间的学习就能取得良好的效果。

训练园地

一、普通话与方言的比较训练（A 为普通话，B 为方言，此处以湖南方言为例）

A. 把瓶子上的盖儿拧开。	B. 把瓶瓶上的盖盖拧开。
A. 我有一百一十八块钱。	B. 我有百一八块钱。
A. 他大约要两三个月才能回来。	B. 他大约要二三个月才能回来。
A. 把书给他。	B. 把书把他。
A. 这凳子能坐三个人。	B. 这凳子坐得三个人。
A. 他能听得懂。	B. 他会听得来。
A. 我正要去吃饭。	B. 我正要吃饭去。
A. 下起雨来了。	B. 下雨起来了。
A. 这花儿多好看啊！	B. 这花儿好好看啊！
A. 你去，我不去。	B. 你去，我没有去。
A. 我的书被别人借走了。	B. 我的书拿给别人借走了。
A. 你往东走，我往西走。	B. 你去东走，我去西走。
A. 他们坐不坐？	B. 他们坐不？

A. 我们不会说谎。　　　　　　　　B. 我们说不来谎。

A. 这件事我不知道。　　　　　　　B. 这件事我知不道。

A. 送我一件衣服。　　　　　　　　B. 送一件衣服我。

A. 注意,少喝点酒对身体有好处。　B. 注意,喝少点酒对身体有好处。

A. 快把你的东西弄走。　　　　　　B. 快把你的东西弄起走。

A. 牛比猪大很多。　　　　　　　　B. 牛大过猪很多。

A. 这件衣服不如那件漂亮。　　　　B. 这件衣服不跟那件漂亮。

二、国家通用语言文字政策法规与基本知识测试

(一) 单项选择题

1.《中华人民共和国宪法》第十九条规定(　　　)。
A. 国家推广普通话　　　　　　　B. 国家大力推广普通话
C. 国家推广全国通用的普通话

2. 2023 年 9 月 11 日至 17 日是第 26 届全国推广普通话宣传周。本届活动的宣传主题是(　　　)。
A. 推广普通话,奋进新征程　　　　B. 情感的纽带,沟通的桥梁
C. 推广普通话,喜迎二十大

3.《中华人民共和国国家通用语言文字法》规定,广播电台、电视台以(　　　)为基本的播音用语。
A. 现代汉语　　　B. 普通话　　　C. 汉语

4. 依据《汉语拼音方案》,普通话的声调有(　　　)。
A. 阴平、阳平、上声和去声　　　　B. 阴平、阳平、上声、去声和轻声
C. 平声、上声、去声和入声

5.《普通话水平测试等级标准》将普通话水平划分为(　　　)。
A. 三级三等　　　B. 三级六等　　　C. 三级九等

6. 标点符号分点号和标号两类,下列标点符号属于点号的是(　　　)。
A. 逗号(,)　　　B. 省略号(……)　　　C. 着重号(·)

7. 当前国家推广普通话的工作方针是(　　　)。
A. 大力提倡,重点推行,逐步普及　　B. 大力推行,积极普及,逐步提高

8. 经国务院批准,自 1998 年起,每年 9 月份的(　　　)为全国推广普通话宣传周。
A. 第一周　　　B. 第二周　　　C. 第三周　　　D. 第四周

9. 1956 年 2 月 6 日,国务院通过的《关于推广普通话的指示》指出"汉语统一的基础已经存在了,这就是以(　　　)为标准音、以北方话为基础方言、以典范的现代白话文著作为语法规范的普通话"。
A. 北京语音　　　B. 汉语拼音　　　C. 北方语音

10.《中华人民共和国国家通用语言文字法》规定,学校及其他教育机构以(　　　)为基本的教育教学用语用字。法律另有规定的除外。
A. 汉语和汉字　　　　　　　　　　B. 普通话和规范汉字

C. 现代汉语和通用汉字

11.《中华人民共和国国家通用语言文字法》规定,国家推广普通话,推行(　　)。

A. 规范汉字　　　　B. 通用汉字　　　　C. 标准汉字

12. 下列三个成语中,"好"字不读 hǎo 的是(　　)。

A. 好为人师　　　　B. 好事多磨　　　　C. 好自为之

13. 下列三组标点中,全部都是点号(用来点断句子、表示停顿的一类标点符号)的一组是(　　)。

A. 逗号、书名号、顿号　　　　　　　　B. 句号、分号、冒号

C. 书名号、引号、叹号

14. 下列四个词语中,"塞"字读音标注错误的是(　　)。

A. 边塞(sài)　　B. 梗塞(sāi)　　C. 敷衍塞(sè)责　　D. 活塞(sāi)

15. 下列四组成语中,填入下文空白处正确的一组是(　　)。

中国女排取得了好成绩,队领导希望她们_____。

心里急于成功的他一觉醒来,才发现自己刚才做的是_____。

A. 再接再厉　黄粱美梦　　　　　　　B. 再接再利　黄粱美梦

C. 再接再厉　黄梁美梦　　　　　　　D. 再接再励　黄粱美梦

16. 下列三组词语中,所有字的韵母都是后鼻音韵母的一组是(　　)。

A. 长沙　郑重　天堂　成长　　　　　B. 方凳　当兵　生灵　钟声

C. 庆功　丧钟　闪亮　温床

17.《中华人民共和国国家通用语言文字法》规定,信息处理和信息技术产品中使用的国家通用语言文字应当符合(　　)。

A. 个人习惯　　　　　　　　　　　　B. 国家的规范和标准

C. 语言文字专家的研究成果

18. 国家通用语言——普通话的标准音指的是(　　)。

A. 北京话的语音系统　　　　　　　　B. 北京城区的语音

C. 北京人的语音

19. 在普通话中,"血"字在下列三组词语中读音相同的一组是(　　)。

A. 热血沸腾　血案　　　　　　　　　B. 血缘　血淋淋

C. 便血　血浆

20. 普通话里的轻声是一种特殊的变调现象,(　　)一个独立的调类。

A. 是　　　　　　B. 不是　　　　　　C. 在有些词里是,在有些词里不是

21. 在普通话中,下列三组词语里面每个字的声母都是翘舌音的一组是(　　)。

A. 承认、受挫、战士、展示　　　　　B. 失声、招数、入神、盛产

C. 如实、滋生、注视、珠算

22. 下列四个词语中,用字有错误的是(　　)。

A. 薄利多销　　B. 薄礼　　C. 厚此薄彼　　D. 对薄公堂

23. 下列三组词语中,韵母完全相同的一组是(　　)。

A. 进行、亲近、清新、信心　　　　　B. 风筝、奉承、升腾、逞能

C. 轰动、冷冻、生动、工农

24. 下列四个句子中,标点符号使用没有错误的一句是(　　)。

A. 语言,人们用来抒情达意,文字,人们用来记言记事。

B. 现代画家徐悲鸿笔下的马,正如有的评论家所说的那样,"神形兼备,充满生机。"

C. 她看上去只有三、四十岁,与她的实际年龄相去甚远,简直让人不敢相信。

D. 像这样的教师,我们怎么会不喜欢他,怎么会不愿意和他亲近呢?

25. 依据《汉语拼音方案》,下列四个词语中,隔音符号使用错误的是(　　)。

A. 平安(píng'ān)　B. 公安(gōng'ān)　C. 企鹅(qǐ'é)　　D. 成人(chéng'rén)

26. 下列三组词语中,带点的字声母相同的一组是(　　)。

A. 策略、虐待、您好、男女　　　　B. 抓住、拽住、转变、注意

C. 花衣、挂画、佛教、开会

27. 普通话水平测试将普通话水平划分出的最高等级是(　　)。

A. 一级甲等　　　B. 一级一等　　　C. 三级甲等

(二) 说话练习题

说一个由方言引出的笑话。

答案:

1. C　2. A　3. B　4. A　5. B　6. A　7. B　8. C　9. A　10. B　11. A　12. A　13. B　14. B　15. A　16. B　17. B　18. A　19. A　20. B　21. B　22. D　23. B　24. D　25. D　26. B　27. A

三　思悟课堂

古诗文吟诵——了解普通话发展,热爱祖国语言文字

《诗经》的吟诵艺术

吟诵之美

吟诵,是我国传统的读诗文的方法,它是一种独特而行之有效的鉴赏古典文学作品的手段,是我们中华民族宝贵而具有生命力的文化遗产。吟诵有传统吟诵、现代吟诵、自成曲调三种方式。我们今天来了解一下现代吟诵,也就是用普通话来吟诵。

学习吟诵首先要了解诗歌的用韵。《诗经·周南·关雎》全篇有12个韵脚,多次换韵,韵脚参差变化,音韵和谐。其中,"得""服""侧""淑"是入声字,"之"字是虚字脚,不入韵,而以虚字的前一字为韵。

古代汉语的声调分为平声、上声、去声和入声,平声即平声调,就是普通话的阴平和阳平,上声、去声、入声是仄声调,这三声的字现在分别归入了普通话的阴平、阳平、上声、去声四个声调之中,所以普通话中已经没有入声调了。

我们以第一节为例,来讲讲吟诵的要点。吟诵的第一个要求是依字行腔,就是一个字怎么念就怎么唱,第二是除了入声字外,所有的韵脚都要拖长,第三是平长仄短入声促。平长是说平声发音要平缓悠长,仄短是指仄声发音要猛烈急促,比如:关关雎鸠,在河之洲。入声促是指入声发音要短促铿锵,比如:窈窕淑女,君子好逑。

除此之外,吟诵还有一个很重要的特点是缘情而发,因为有情感,所以要表达。君子从略有所思到心怀惆怅再到欣喜若狂,情感流转变化。其中第三节君子的情绪最为复杂,"悠哉悠哉"四个平声,体现了夜晚的漫长,"辗转反侧"四个仄声,可以看出君子内心的煎熬。"得""服""侧"三个入声,表达了君子满腔的惆怅。

这一节君子的感情比较复杂,所以容易表达,但是其他几节文字变化很小,怎么表达出不同的感情呢?

比如第二节"参差荇菜,左右流之。窈窕淑女,寤寐求之",韵脚"流""求"是平声调,需要拖长,句尾字"菜"是仄声,要短促,"之"是虚字脚,要轻而短,此刻君子遇到了淑女,心向往之。第四节"参差荇菜,左右采之。窈窕淑女,琴瑟友之"的韵脚"采"是得到的意思,说明此刻君子的求婚,淑女已经答应了,君子欣喜若狂。第五节"参差荇菜,左右芼之。窈窕淑女,钟鼓乐之"中的"芼"和"乐"都是去声韵,去声是一种长的高降调,表示坚决、分明,君子和淑女终于走进了婚姻的殿堂,君子好像在说:我一定会让你快乐、幸福!

吟诵的行腔使调别具韵味,因声而入境,让人徜徉其中体验到古典文学世界的意境之美。叶嘉莹先生说:"我理解的吟诵的目的不是为了给别人听,而是为了使自己的心灵与作品中诗人的心灵能借着吟诵的声音达到一种更为深微密切的交流和感应。"这就是吟诵的魅力。

素质拓展

社团活动:"四海同音是一家"诗歌朗诵活动

活动目标:学习国家通用语言文字,讲好普通话,铸牢中华民族共同体意识。

活动要求:3~5人为一小组进行诗歌朗诵,朗诵要求语音清晰准确、抑扬顿挫、情感丰富、仪表得体大方具有感染力。

活动地点:社团活动室

诵读内容:与民族团结有关的诗歌

推荐篇目:《中华民族一家亲》

中华民族一家亲
56个民族/56朵花①
绽放在祖国的沃土上
各族人民和睦相处/心手相连
用勤劳的双手/编织精彩的时代画卷
用智慧的头脑/开创美好的未来生活

56个民族/凝聚力量/砥砺奋进
同心共筑中国梦

---

① 注:"/"表示朗诵中的停顿。

56 个民族/团结友爱/互相帮助
血脉相连是一家
筑牢中华民族/迎难而上的信心和决心
共同建设美丽中国/让祖国走向繁荣富强

56 个民族/同呼吸、共命运、心连心
在中国共产党的坚强领导下/团结协作/乘风破浪
促进了祖国的繁荣发展
开拓了祖国的大好河山
创造了灿烂的中国文化

56 个兄弟姐妹/在这个温暖的大家庭中/汇成了一句铿锵有力的话
"爱我中华"/爱我国家
56 个民族/风雨同舟/并肩奋进
谱写新时代中华民族一家亲的崭新篇章!

学习普通话

第二章 语音标准夯基础

学习目标

素质目标：

1. 体会普通话的标准语音，树立规范意识；
2. 具有自觉规范使用国家通用语言文字的意识。

知识目标：

1. 了解普通话声母、韵母的分类；
2. 了解普通话声母、韵母与本人所在方言区声韵母发音的区别；
3. 掌握声母和韵母的发音特点及发音要领；
4. 掌握普通话的声调及音变规律。

能力目标：

1. 能找到自己在声母、韵母发音中存在的问题；
2. 能根据发音要领标准或比较标准地发出声母和韵母；
3. 能熟练识别普通话的声调，做到调值准确，调声稳定，时值到位；
4. 能准确对"一""不"以及上声进行变调，正确发出儿化和轻声以及语气词"啊"的变读。

课前导学

在生活中，说好普通话非常重要，如果发音不标准的话，轻则导致听感上的不适，重则造成语义上的误解。我们在普通话的语音训练中主要是学习声母、韵母、声调的正确发音。声母包括辅音声母和零声母，其中平翘舌音、边鼻音和舌面音等是难点。韵母包括单韵母、复韵母和鼻韵母，其中韵头 i 和 u 的发音、前后鼻音的区分以及后鼻音 eng 和 ong 的区分都是难点。声调方面要读准四个声调，掌握变调、轻声、儿化规律以及"啊"的变读。本章节学习的知识点多，基础训练强度大，希望大家能不怕困难，挑战自我，学有所获。

📖 知识链接

第一节　语音概说

语音概说

　　语音是由人的发音器官发出来的、能够表示一定意义的声音,它具有生理性质、物理性质和社会性质。语言的交际作用是通过语音来实现的。使用语言进行交际,是人类有别于其他动物的标志之一。

一、语音的生理性质

　　语音是人的生理器官活动的产物,所以我们可以从生理的角度来观察语音的性质。

　　人的发音器官可以分为三大组成部分:一是呼吸器官,包括产生气流的肺和输送气流的气管等;二是喉头和声带,声带由两片富有弹性的肌肉构成,颤动时能发出响亮的乐音;三是口腔和鼻腔,在发音时起共鸣的作用,使声音充分地传播出来。

二、语音的物理性质

　　语音同其他声音一样,是一种物理现象。物体振动产生气流而形成声波,传到耳内,刺激了听觉神经,使人听到了声音。从客观上说,声音是物体振动而产生的声波;从主观上说,声音是听觉器官所产生的感觉。

　　声音有音高、音强、音长、音色四种要素。

　　音高是声音的高低,决定于发声体在一定时间里振动的次数。次数越多,声音越高,次数越少,声音越低。人们的音高受声带的影响和控制。声带短、薄或拉紧时,同一单位时间内振动的次数多,所以声音就高;声带长、厚或放松时,同一单位时间内振动的次数少,所以声音就低。

　　音强是声音的大小,是由一定时间里发声体振动幅度的大小决定的。语音的音强同说话时用力的大小有关。

　　音长是声音的长短,是由声波存在的时间决定的。语音的音长是指发某个音的发音动作延续的时间。

　　音色是声音的特性,是由发声体的材料、结构和振动方式等因素决定的。每个人或每种乐器发出的声音各不相同,这就是音色的区别。

　　分析语音可以从以上四个方面来进行。例如:普通话里字音的声调,主要是由音高的变化造成的,如"昌(chāng)""长(cháng)""厂(chǎng)""畅(chàng)",在朗读时我们能够明显听到音高的变化;又如:普通话的轻声,是由音强的变化造成的,如"打算""窗户""桌子""妈妈",后一个音节由于发音时用力小,就成了轻声;又如:音长在普通话里可以用来表达不同的语气。同是一个"啊"音,音长较短时表示应答或惊讶,音长较长时则表示沉吟或迟疑。再如:普通话里各种不同的声母和韵母,都是属于音色的区别。说"a"时口腔大开、嘴唇不圆,说"ü"时口腔开度很小,嘴唇拢圆,这样就形成了不同的音色。

对音高、音强、音长、音色这四个方面,我们在观察、分析的时候,既要弄清楚它们的区别,也要注意它们的联系。因为在实际交流中,这四种语音现象都不是孤立存在的,而是相互影响的。例如:重读的音要加大音量,是"音强"现象;又要说得稍长一些,这就是"音长"现象了;同时,重读的音也要说得高一些,又影响了"音高";而上述的所有现象,又伴随着"音色"的变化。

三、语音的社会性质

语音不同于一般声音,在社会交往中它必须代表一定的意义。所以,社会性质是语音的本质特点,也是语音区别于其他声音的重要标志。

语音是一种社会现象。分析语音,就不能离开使用这种语音的人群的社会习惯。因为一定的语音只有同一定的语义结合起来才有表意功能,而这种表意功能则是人类社会赋予它的,是使用这种语言的社会成员约定俗成的,与声音的生理、物理特征没有必然的联系。

在说话时,语音是由一个单位接着一个单位发出来的,一个听觉上最容易分辨出来的语音单位就是一个音节,是自然感到的最小语音片段。一般来说,一个汉字就是一个音节。

对音节的结构进行分析,一直到不能再分了,便得到了音素。音素是语音的最小单位,音素分元音、辅音两大类型。

例如:"一吐为快"是四个音节,一个音节写成一个汉字,每个音节里都有一个比较响亮的中心:"一"只有一个音素 i(y 只起隔音作用,不是音素),"吐"包括两个音素(t、u),"为"包括三个音素(u、e、i),"快"包括四个音素(k、u、a、i)。普通话共有 32 个音素:10 个元音音素,22 个辅音音素。21 个辅音声母和一个零声母,39 个韵母,4 个声调。普通话常用音节有 400 多个,配上声调(不包括儿化音节)的读音有一千余个。

下面我们来具体学习普通话声母、韵母、声调、音变等基本内容。

第二节　声　　母

声母

一、声母的分类

声母指音节开头的辅音。如 pǔ tōng huà,三个音节的声母分别为 p、t、h。辅音在普通话音节中,既充当声母,也和一些元音组合成鼻韵母,在《现代汉语规范字典》中对"辅"的解释是辅佐、协助的意思,在音节中,辅音协助元音,共同使字音发得准确、清晰、完整。普通话中共有 22 个辅音,其中 ng 不作声母,所以只有 21 个辅音声母。从物理学层面分析,辅音一般有"成阻→持阻→除阻"三个发音阶段。声母的发音是由发音部位和发音方法决定的。"发音部位"是辅音发音时发音器官形成阻碍的部分,主要部位有上下唇、上下齿背、上齿龈、硬腭的前部、软腭、舌尖和舌根等(图 2-1)。辅音发音时,气流通过口腔受到发音器官的阻碍,气流必须克服这些阻碍才能发音。"发音方法"是指辅音发音时构成和克服阻碍气流的方式,也就是发音器官的某些部位是如何阻碍气流、气流又是怎样破除阻碍的,因而各个辅音的发音情况也不相同。

声母的分类有两个标准:一是根据声母的发音部位分类,二是根据声母的发音方法分类。

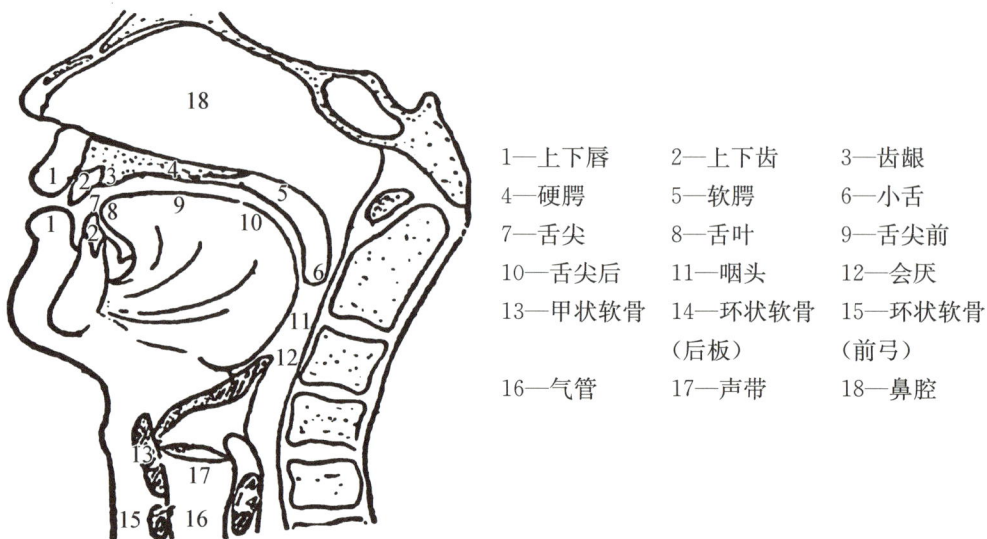

图 2‑1 发音器官部位示意图

1—上下唇　2—上下齿　3—齿龈
4—硬腭　5—软腭　6—小舌
7—舌尖　8—舌叶　9—舌尖前
10—舌尖后　11—咽头　12—会厌
13—甲状软骨　14—环状软骨（后板）　15—环状软骨（前弓）
16—气管　17—声带　18—鼻腔

（一）根据发音部位分类

根据发音部位，普通话的声母可以分成七类：

1. 双唇音：b、p、m

这三个声母的发音部位是上下唇，所以叫双唇音。

b　发音时，双唇紧闭，然后突然打开，气流爆发而出，但冲出的气流比较微弱，声带不颤动（图 2‑2）。例如：

巴 bā　　波 bō　　笔 bǐ　　布 bù
辨别 biànbié　摆布 bǎibù　本部 běnbù　不必 bùbì　卑鄙 bēibǐ

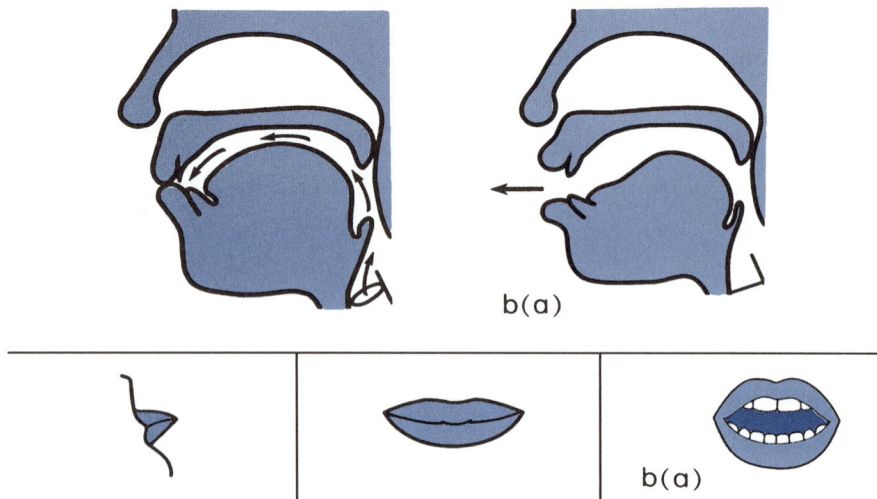

图 2‑2 双唇音 b 发音示意图

p 发音与 b 大体相同，只是双唇打开时，冲出的气流较强（图 2–3）。例如：

趴 pā   破 pò   皮 pí   普 pǔ

乒乓 pīngpāng   批判 pīpàn   澎湃 péngpài   爬坡 pápō   匹配 pǐpèi

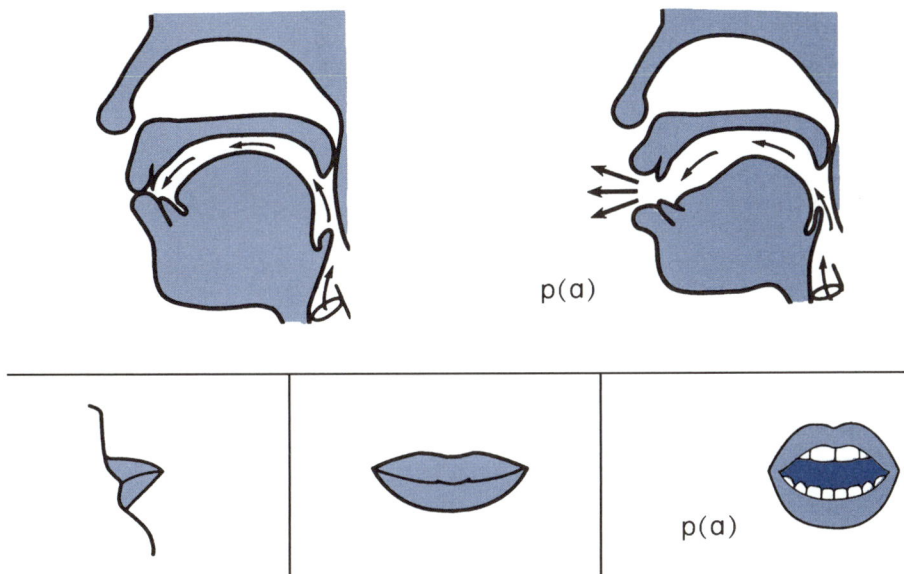

图 2–3 双唇音 p 发音示意图

m 发音时，双唇紧闭，软腭下垂，气流由鼻腔流出，声带颤动（图 2–4）。例如：

马 mǎ   墨 mò   米 mǐ   木 mù

美满 měimǎn   埋没 máimò   牧民 mùmín   渺茫 miǎománg   磨灭 mómiè

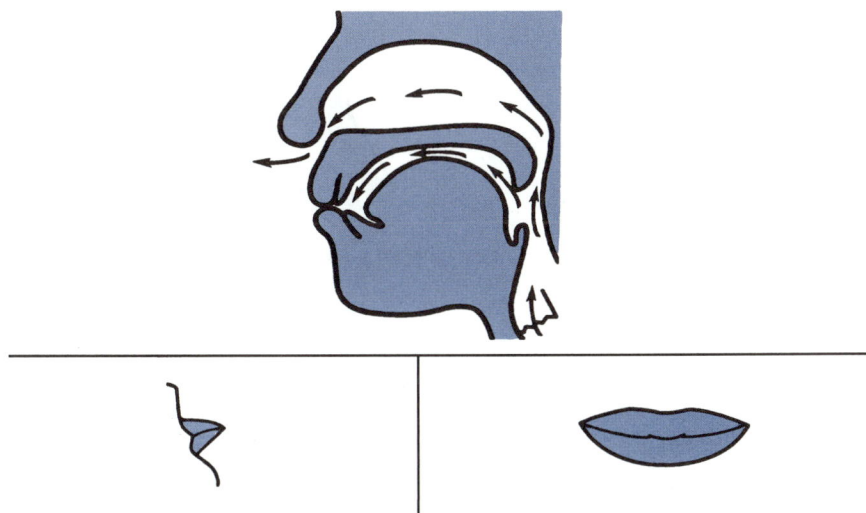

图 2–4 双唇音 m 发音示意图

2. **唇齿音：f**

它的发音部位是上齿和下唇，所以叫唇齿音。《汉语拼音方案》中的 v 也是唇齿音，但只用来拼写外来语、少数民族语言和方言，不在普通话中使用。

f　发 f 音时，上齿挨着下唇内缘，气流从窄缝里摩擦成音，声带不颤动（图 2-5）。如：

法 fǎ　　　　佛 fó　　　　福 fú　　　　飞 fēi　　　　否 fǒu

奋发 fènfā　　丰富 fēngfù　　肺腑 fèifǔ　　发放 fāfàng　　非凡 fēifán

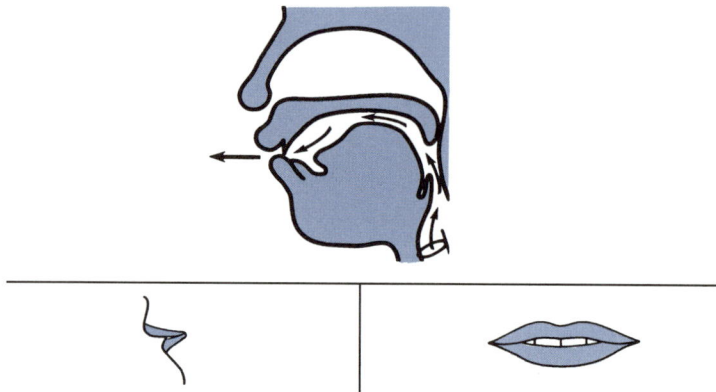

图 2-5　唇齿音 f 发音示意图

3. **舌尖前音：z、c、s**

这三个声母的发音部位是舌尖和下齿背，所以叫舌尖前音；由于发音时舌头是平的，所以又叫平舌音。

z　发音时，舌尖前伸，抵住下齿背，然后气流冲开一条适度的缝隙，摩擦成音，声带不颤动（图 2-6）。例如：

杂 zá　　　　泽 zé　　　　字 zì　　　　足 zú

自尊 zìzūn　　最早 zuìzǎo　　总则 zǒngzé　　宗教 zōngjiào　　祖宗 zǔzong

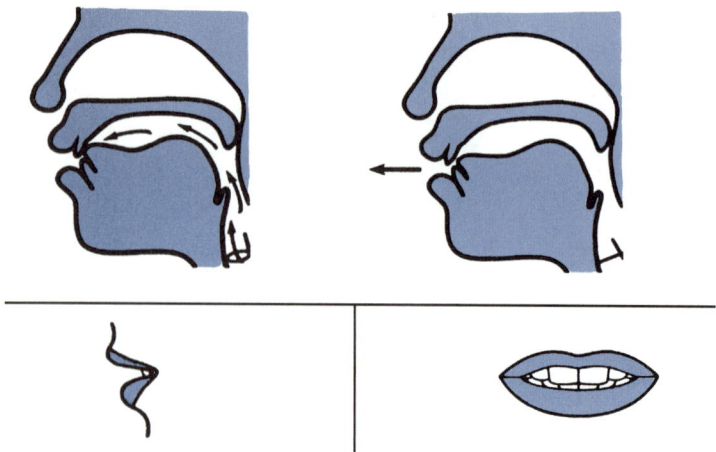

图 2-6　舌尖前音 z 发音示意图

c　发音时与 z 大体相同,只是阻碍解除时气流较强(图 2-7)。例如:

擦 cā　　　　　侧 cè　　　　　瓷 cí　　　　　粗 cū
层次 céngcì　　猜测 cāicè　　草丛 cǎocóng　　苍翠 cāngcuì　　参差 cēncī

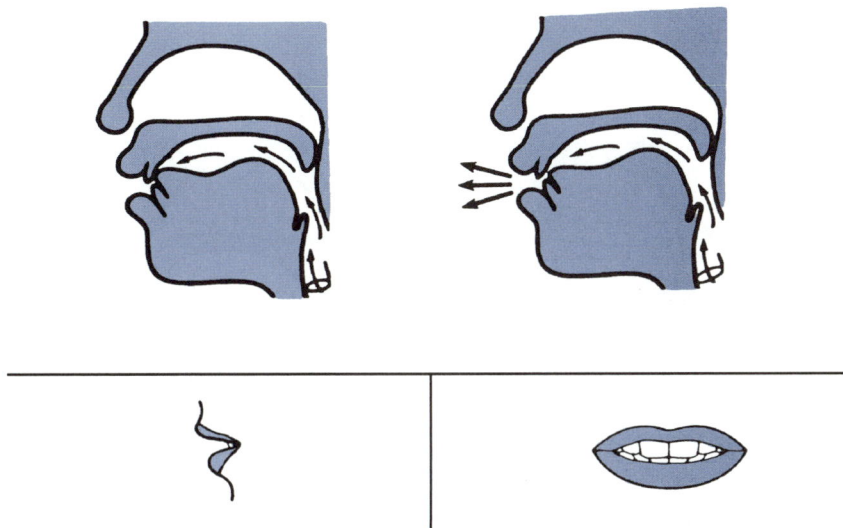

图 2-7　舌尖前音 c 发音示意图

s　发音时,舌尖轻抵下舌背,构成适度的缝隙,气流摩擦成音,声带不颤动(图 2-8)。例如:

洒 sǎ　　　　色 sè　　　　丝 sī　　　　苏 sū
思索 sīsuǒ　　色素 sèsù　　四散 sìsàn　　松散 sōngsǎn　　洒扫 sǎsǎo

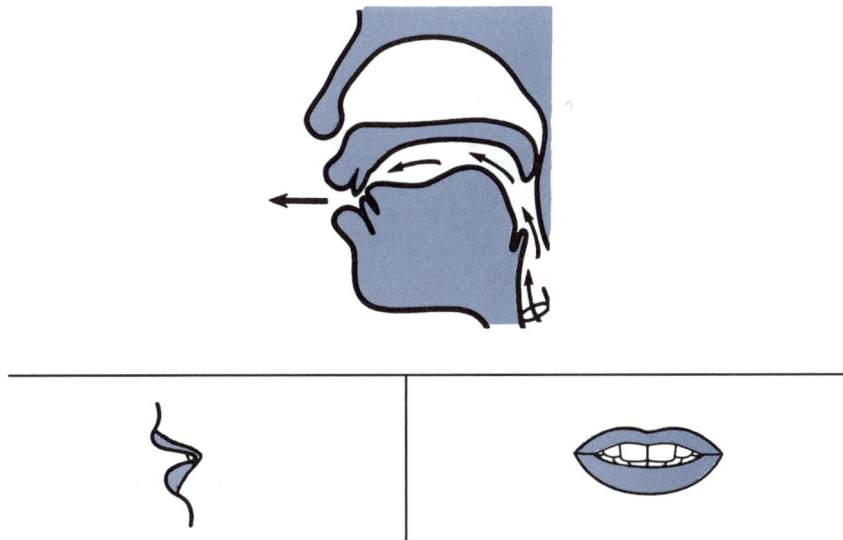

图 2-8　舌尖前音 s 发音示意图

4. 舌尖中音：d、t、n、l

这四个声母的发音部位是舌尖和上齿龈，所以叫舌尖中音。

d 发音时，舌尖抵住上齿龈，然后突然放开，气流爆发而出，但冲出的气流较微弱，声带不颤动（图 2-9）。例如：

大 dà　　　　德 dé　　　　底 dǐ　　　　读 dú
担当 dāndāng　电灯 diàndēng　搭档 dādàng　到达 dàodá　奠定 diàndìng

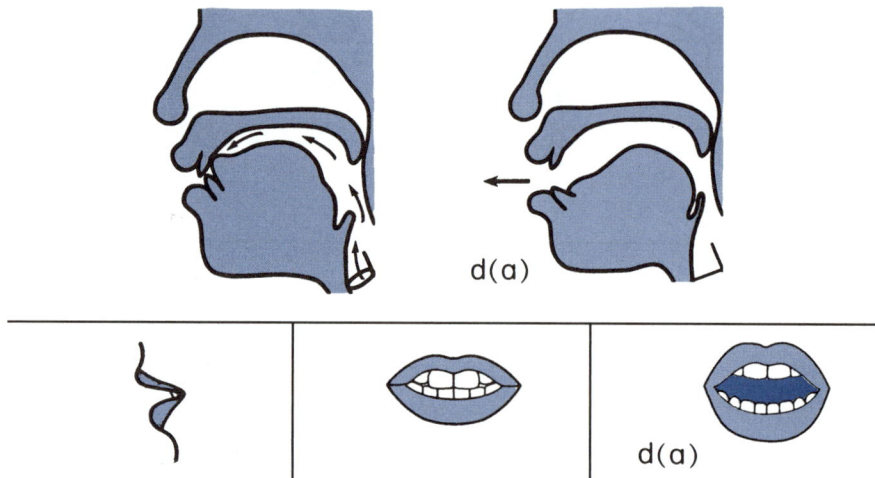

图 2-9　舌尖中音 d 发音示意图

t 发音时跟 d 大体一样，只是阻碍解除时气流较强（图 2-10）。例如：

塔 tǎ　　　特 tè　　　踢 tī　　　图 tú
铁蹄 tiětí　团体 tuántǐ　淘汰 táotài　图腾 túténg　梯田 tītián

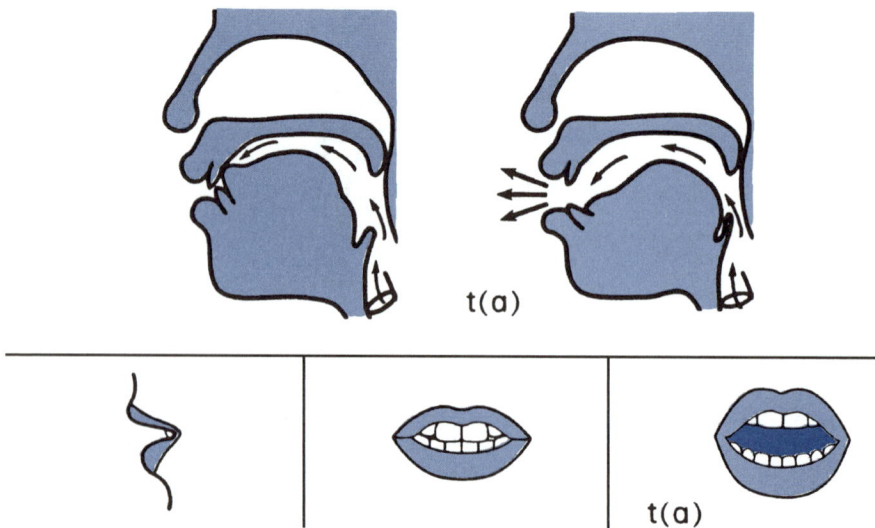

图 2-10　舌尖中音 t 发音示意图

n　发音时,舌尖抵住上齿龈,软腭下垂,开放鼻腔通道,气流从鼻腔透出,声带颤动 (图 2-11)。例如:

拿 ná　　　　　　讷 nè　　　　　　你 nǐ　　　　　　奴 nú　　　　　　女 nǚ
奶娘 nǎiniáng　　泥泞 nínìng　　袅娜 niǎonuó　　拿捏 nániē　　恼怒 nǎonù

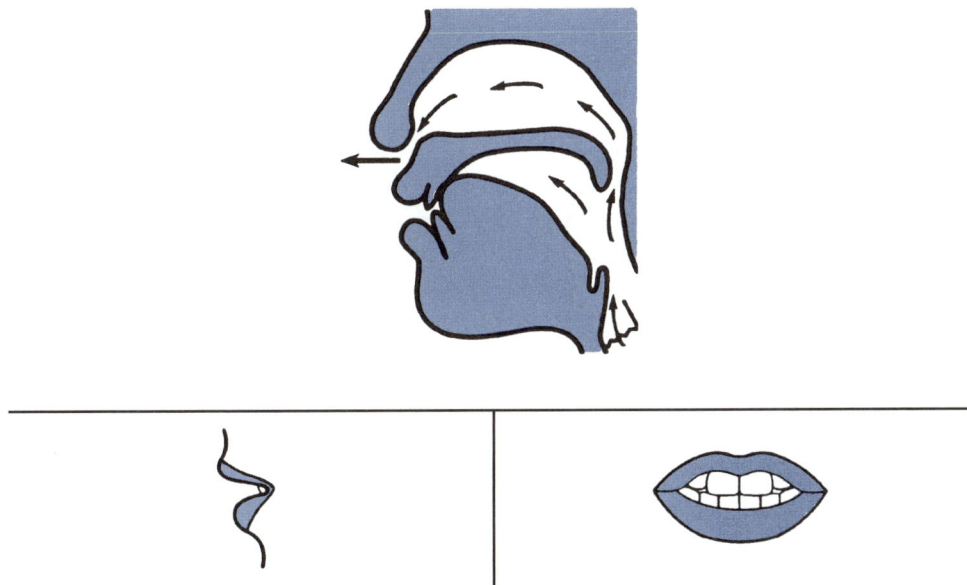

图 2-11　舌尖中音 n 发音示意图

l　发音时,舌尖抵住上齿龈,软腭上升,关闭鼻腔通道,气流从舌头两边流出,声带颤动(图 2-12)。例如:

拉 lā　　　　　　乐 lè　　　　　　李 lǐ　　　　　　路 lù　　　　　　吕 lǚ
理论 lǐlùn　　　琉璃 liúlí　　　勒令 lèlìng　　榴莲 liúlián　　冷落 lěngluò

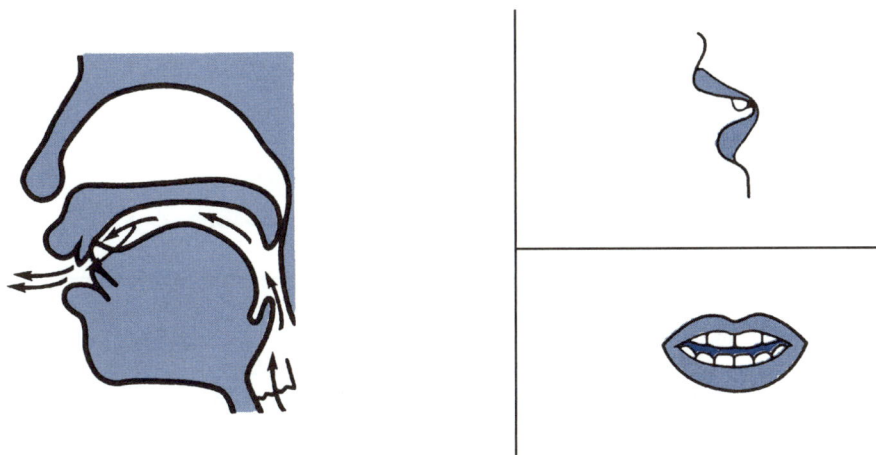

图 2-12　舌尖中音 l 发音示意图

5. 舌尖后音：zh、ch、sh、r

这四个声母的发音部位是舌尖和硬腭前部，所以叫舌尖后音；因为发音时舌尖翘起，又叫翘舌音。

zh　发音时，舌尖翘起抵住硬腭前部，较弱的气流冲破舌尖的阻碍，保持适度的缝隙，摩擦成音，声带不颤动（图 2-13）。例如：

炸 zhà　　　　　折 zhé　　　　　纸 zhǐ　　　　　猪 zhū
转折 zhuǎnzhé　　正直 zhèngzhí　　主张 zhǔzhāng　　庄重 zhuāngzhòng

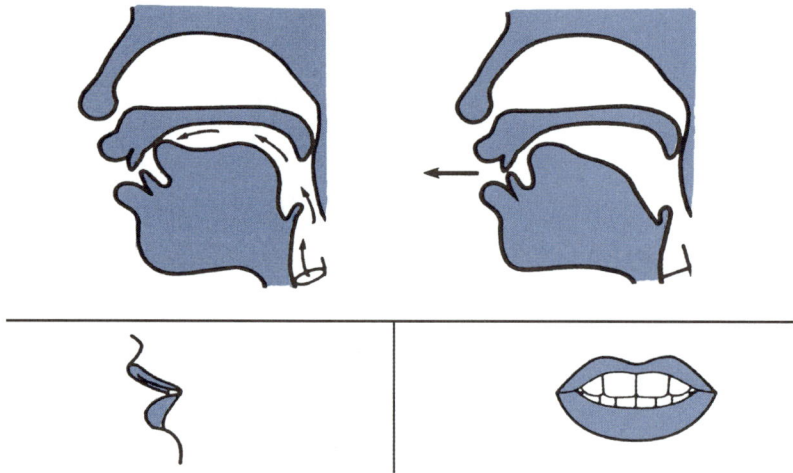

图 2-13　舌尖后音 zh 发音示意图

ch　发音时跟 zh 大体相同，只是阻碍解除时气流较强（图 2-14）。例如：

查 chá　　　　撤 chè　　　　吃 chī　　　　除 chú
城池 chéngchí　戳穿 chuōchuān　蟾蜍 chánchú　长城 chángchéng　抽查 chōuchá

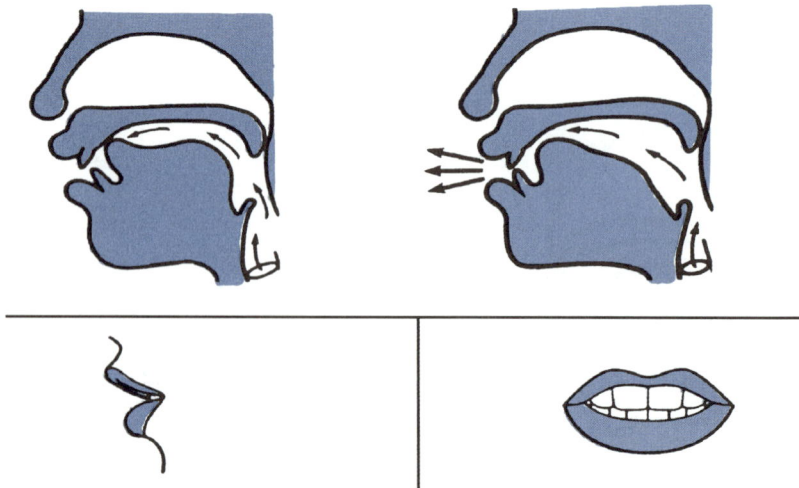

图 2-14　舌尖后音 ch 发音示意图

sh　发音时,舌尖翘起靠近硬腭前部,形成适度的缝隙,气流摩擦成音,声带不颤动(图2−15)。例如:

傻 shǎ　　　　　　舌 shé　　　　　市 shì　　　　　书 shū
双手 shuāngshǒu　审视 shěnshì　手术 shǒushù　少数 shǎoshù　设施 shèshī

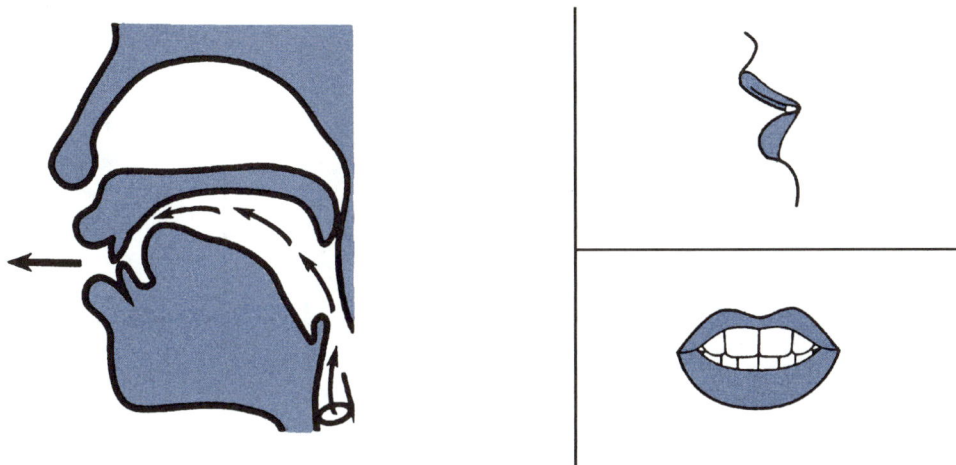

图 2−15　舌尖后音 sh 发音示意图

r　发音时跟 sh 大体相同,不同的是声带颤动(图2−16)。例如:

热 rè　　　　　日 rì　　　　　如 rú　　　　　忍 rěn　　　　　蕊 ruǐ
柔软 róuruǎn　仍然 réngrán　如若 rúruò　容忍 róngrěn　闰日 rùnrì

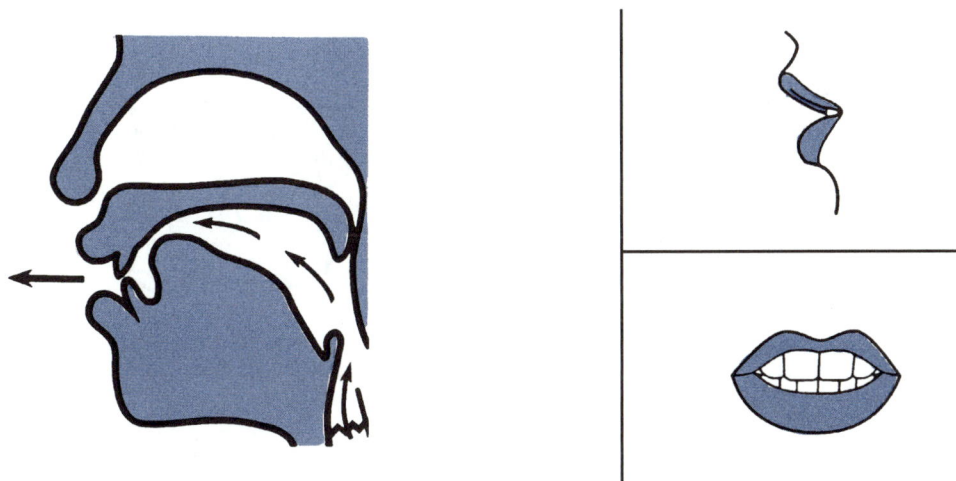

图 2−16　舌尖后音 r 发音示意图

6. 舌面前音：j、q、x

这三个声母的发音部位是舌面和硬腭，所以叫舌面前音。

j 发音时，舌面前部抵住硬腭前部，然后气流冲开一条适度的缝隙，摩擦成音，声带不颤动（图 2-17）。例如：

基 jī   聚 jù   解 jiě   绝 jué

焦距 jiāojù   进军 jìnjūn   加紧 jiājǐn   经济 jīngjì   窘境 jiǒngjìng

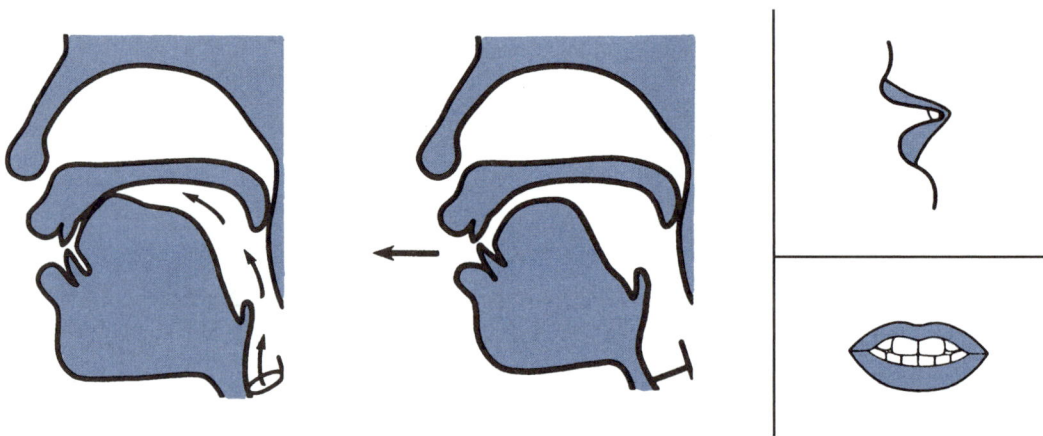

图 2-17 舌面前音 j 发音示意图

q 发音时跟 j 一样，只是阻碍解除时气流较强（图 2-18）。例如：

掐 qiā   切 qiē   奇 qí   趣 qù

恰巧 qiàqiǎo   欠缺 qiànquē   铅球 qiānqiú   乞求 qǐqiú   妻妾 qīqiè

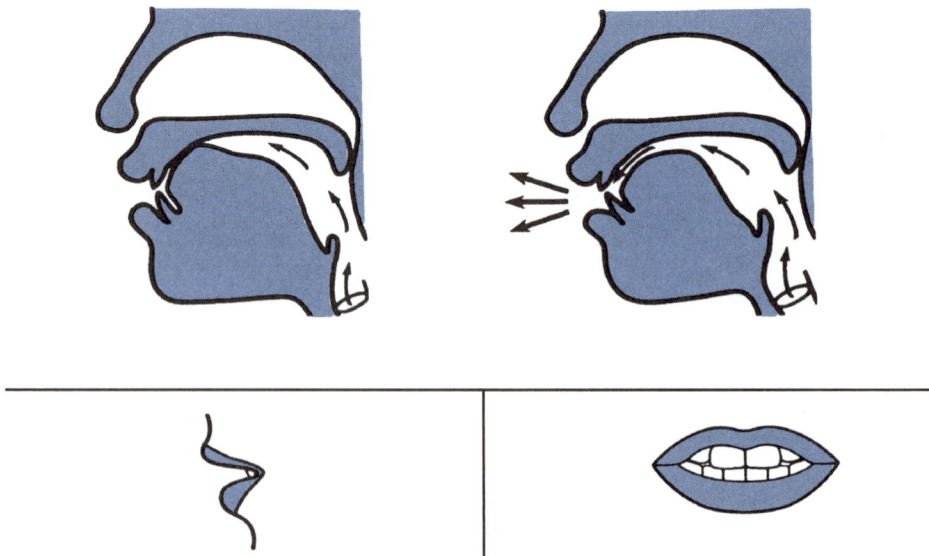

图 2-18 舌面前音 q 发音示意图

　　x　　发音时,舌面前部靠近硬腭前部,形成适度的缝隙,气流摩擦成音,声带不颤动(图2-19)。例如:

写 xiě　　　　霞 xiá　　　　西 xī　　　　徐 xú
学习 xuéxí　　信心 xìnxīn　　鲜血 xiānxuè　　相信 xiāngxìn　　嬉戏 xīxì

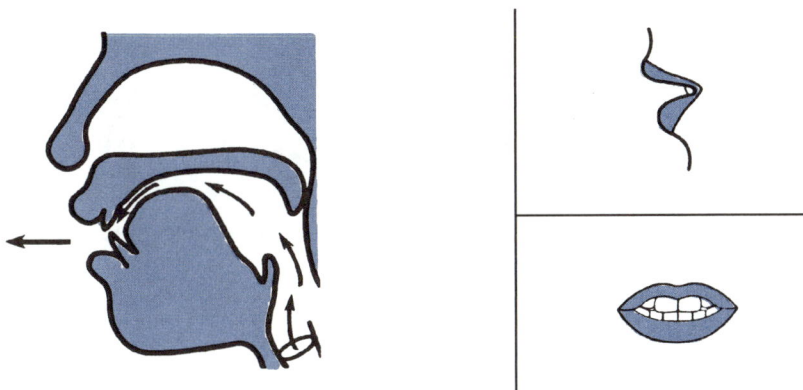

图 2-19　舌面前音 x 发音示意图

7. 舌面后音:g、k、h

　　这三个声母的发音部位是舌面后部和软腭。

　　g　　发音时,舌面后部抬起抵住软硬腭交界处,然后突然放开,气流爆发而出,但冲出的气流较弱,声带不颤动(图 2-20)。例如:

嘎 gǎ　　　　歌 gē　　　　孤 gū　　　　贵 guì
规格 guīgé　　巩固 gǒnggù　　梗概 gěnggài　　骨骼 gǔgé　　灌溉 guàngài

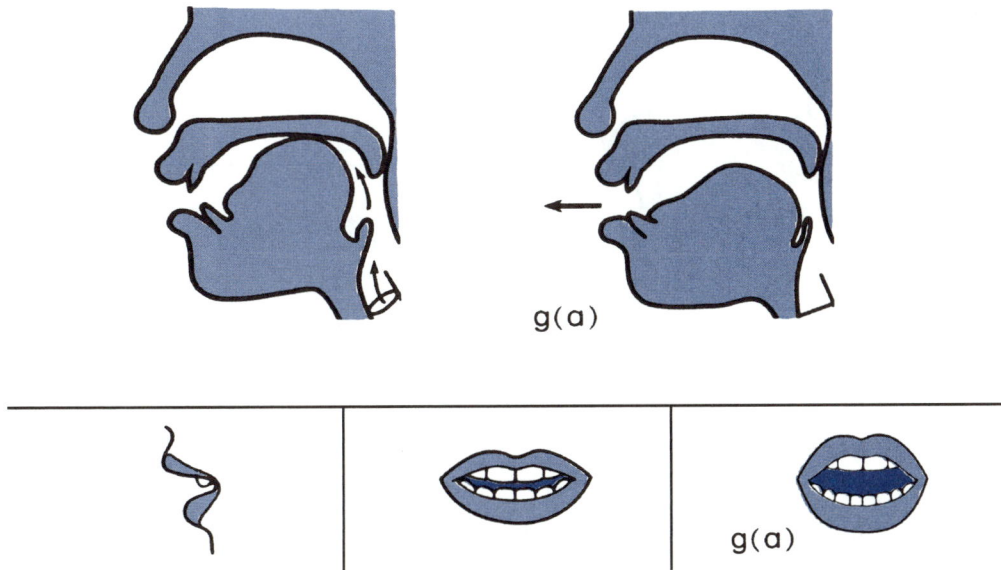

g(a)

g(a)

图 2-20　舌面后音 g 发音示意图

k 发音时跟 g 大体相同，只是阻碍解除时气流较强（图 2 - 21）。例如：

卡 kǎ   科 kē   苦 kǔ   快 kuài

开垦 kāikěn   困苦 kùnkǔ   慷慨 kāngkǎi   苛刻 kēkè   空旷 kōngkuàng

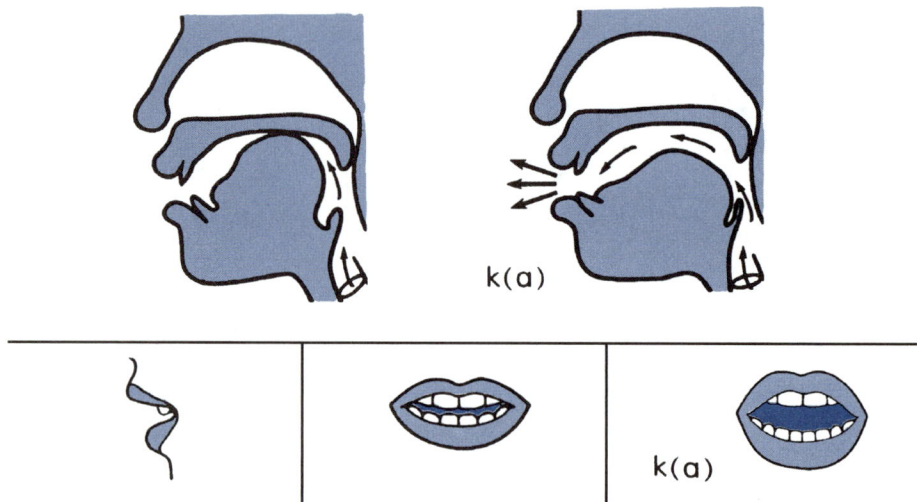

图 2 - 21 舌面后音 k 发音示意图

h 发音时，舌面后部隆起接近软腭与硬腭的交界处，形成窄缝，气流从缝隙中摩擦成声，声带不颤动（图 2 - 22）。例如：

哈 hā   何 hé   呼 hū   或 huò

红花 hónghuā   航海 hánghǎi   混合 hùnhé   浩瀚 hàohàn   辉煌 huīhuáng

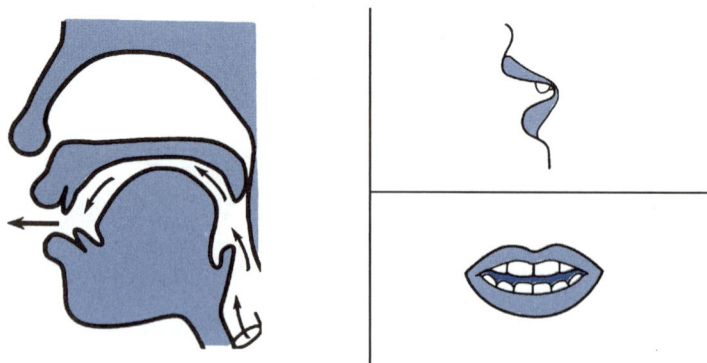

图 2 - 22 舌面后音 h 发音示意图

此外，普通话中少数音节没有声母，如"安"（an）、"欧"（ou）、"恩"（en）。音节开头就是元音，这样的音节，叫作零声母音节。同样，以元音 i、u、ü 开头的零声母音节，拼写音节时要在前面分别加上 y、w，如"烟"（ian—yan）、"弯"（uan—wan）、"阴"（in—yin）、"乌"（u—wu）、"晕"（ün—yun）。然而，y 和 w 并不是辅音，所以不能看作声母，它们只是起隔音作用的字母。

(二) 根据发音方法分类

还可以根据发音方法给声母分类。所谓发音方法,包括阻碍的构成和突破的方式、气流的强弱、声带是否颤动三个方面。

根据声母的发音方法,可将辅音声母分为六类:

1. 塞音:b、p、d、t、g、k

成阻阶段发音部位完全闭塞,阻住气流,除阻时突然打开闭合部位,使气流爆发而成音。

2. 擦音:f、h、x、sh、s

成阻阶段发音部位不完全阻塞,形成一条窄缝,除阻时气流从窄缝中间挤出,摩擦成音。

3. 塞擦音:z、c、zh、ch、j、q

成阻阶段发音部位完全闭塞,除阻时气流先把阻碍部位冲出一条窄缝,然后从窄缝中间挤出,摩擦成音。

4. 鼻音:m、n、(ng)

成阻阶段发音部位完全闭塞,软腭下降,除阻时打开鼻腔通道,气流振动声带,从鼻腔透出成音。

5. 边音:l

成阻时,舌尖抵住上齿龈,软腭上升,阻塞鼻腔通道,除阻时让气流从舌头两边流出成音。

6. 近音:r

成阻阶段发音器官接近,口腔通道变窄,留有适度的缝隙,未达到形成湍流的程度,气流通过时只产生轻微的摩擦。

除了上述两种分类外,声母还可以根据发音时声带是否颤动,将辅音声母分为清音和浊音两类。声母发音时,声带颤动的,叫做浊音(m、n、l、r),其余声母发音时声带不颤动,叫做清音(b、p、f、d、t、g、k、h、j、q、x、zh、ch、sh、z、c、s 共十七个);还可以根据发音时气流强弱的不同,分为送气音和不送气音。发音时,冲出的气流较强的,叫做送气音(p、t、k、q、ch、c),发音时,冲出的气流较弱的,叫做不送气音(b、d、g、j、zh、z)。

根据上述发音部位和方法,可以列出普通话的 21 个辅音声母发音部位和发音方法总表,如表 2-1 所示。

表 2-1 普通话 21 个辅音声母发音部位和发音方法总表

发音方法＼发音部位			双唇音	唇齿音	舌尖中音	舌面后音	舌面前音	舌尖前音	舌尖后音
塞音	清音	不送气	b		d	g			
		送气	p		t	k			
塞擦音	清音	不送气					j	z	zh
		送气					q	c	ch

续　表

发音方法	发音部位	双唇音	唇齿音	舌尖中音	舌面后音	舌面前音	舌尖前音	舌尖后音
擦音	清音		f		h	x	s	sh
近音	浊音							r
鼻音	浊音	m		n	(ng)			
边音	浊音			l				

二、声母的方音辨正

普通话是以北京语音为标准音的，它的发音标准只有一个，而各个方言的声韵系统与普通话不尽相同，因此学好普通话的关键是解决好方言发音与普通话发音的差别问题。从声母系统来看，各地方言存在的主要问题有：舌尖前音 z、c、s 和舌尖后音 zh、ch、sh 不分；鼻音 n 与边音 l 不分；唇齿音 f 与舌面后音 h 不分；舌面前音 j、q、x 与舌尖前音 z、c、s 不分等。

（一）分清舌尖前音 z、c、s 和舌尖后音 zh、ch、sh

平翘舌音

南方人学习普通话声母，通常发不好舌尖后音 zh、ch、sh，因为南方方言中基本没有这组音，很多时候被误读成舌尖前音 z、c、s；例如人们读"战歌 zhàngē—赞歌 zàngē""春装 chūnzhuāng—村庄 cūnzhuāng""深林 shēnlín—森林 sēnlín"这三组词语时，分不清它们的读音有什么区别。要解决这个问题，首先要认真练习 zh、ch、sh 声母的发音，准确掌握它们的发音部位，并在发音时将舌尖后缩，舌根后移，嘴角微展。

1. z、c、s 和 zh、ch、sh 的辨音

z—zh

资源 zīyuán—支援 zhīyuán　　　　　　阻力 zǔlì—主力 zhǔlì

暂时 zànshí—战时 zhànshí　　　　　　早稻 zǎodào—找到 zhǎodào

栽花 zāihuā—摘花 zhāihuā　　　　　　造就 zàojiù—照旧 zhàojiù

c—ch

春装 chūnzhuāng—村庄 cūnzhuāng　　　推辞 tuīcí—推迟 tuīchí

木材 mùcái—木柴 mùchái　　　　　　丛生 cóngshēng—重生 chóngshēng

粗布 cūbù—初步 chūbù　　　　　　　不曾 bùcéng—不成 bùchéng

s—sh

近似 jìnsì—近视 jìnshì　　　　　　　三角 sānjiǎo—山脚 shānjiǎo

塞子 sāizi—筛子 shāizi　　　　　　　司长 sīzhǎng—师长 shīzhǎng

桑叶 sāngyè—商业 shāngyè　　　　　搜集 sōují—收集 shōují

2. 读准下列词语

尊重 zūnzhòng　　　沼泽 zhǎozé　　　世俗 shìsú　　　痤疮 cuóchuāng

春蚕 chūncán	种植 zhòngzhí	追踪 zhuīzōng	碎石 suìshí
深邃 shēnsuì	磁场 cíchǎng	船舱 chuáncāng	宗旨 zōngzhǐ
著作 zhùzuò	宿舍 sùshè	收缩 shōusuō	采茶 cǎichá

3. 绕口令练习

宿舍前面有三十三棵桑树,宿舍后面有四十四棵枣树。我的小侄子分不清桑树和枣树,把三十三棵桑树叫枣树,把四十四棵枣树叫桑树。

长长虫围着砖堆转三转,短长虫在里面钻砖堆窜十窜;长长虫转完了三转钻砖堆,短长虫窜完了十窜再围着砖堆转十转。

司小四要拿四十四斤四两西红柿换史小世十四斤四两蚕丝;史小世说我十四斤四两蚕丝可以织绸织缎又抽丝。

山腰住的三哥三嫂子借给山下三小子三斗三升酸枣子。

石狮寺前有四十四个石狮子,寺前树上结了四十四个涩柿子,四十四个石狮子不吃四十四个涩柿子,四十四个涩柿子倒吃四十四个石狮子。

4. 常用平翘舌音汉字练习

（1）平舌音汉字

在	作	子	所	三	自	从	四	最	总	次	资	组	做	则	色	造	增
思	再	采	速	走	才	算	素	酸	族	存	斯	层	参	随	苏	死	罪
字	材	怎	左	早	司	足	似	送	财	损	杂	策	曾	责	草	载	坐
测	丝	诉	错	村	散	菜	阻										

（2）翘舌音汉字

是	这	中	上	时	生	出	成	主	说	产	种	十	之	着	水	实	制
使	政	社	事	重	数	正	质	只	者	直	程	展	常	什	收	证	转
场	身	车	真	至	示	声	张	整	传	石	织	装	持	众	书	商	深
周	省	支	史	市	除	称	准	值	查	置	始	专	状	厂	识	适	属
住	照	首	失	神	势	师	注	施	树	止	士	视	章	朝	试	舍	充
差	致	输	城	船	占	吃	春	职	助	升	初	创	站	述	射	冲	承
双	超	州	轴	找	础	胜	陈	逐	终	察	洲	甚	室	守	纸	针	唱
审	茶	善	掌	人	如	然	日	任	热	认	容	让	仍	若	绕		

（二）分清鼻音 n 与边音 l

普通话的鼻音 n 与边音 l 不分的现象在我国各地(四川、湖北、湖南、福建、江西、南京等)的表现不一样,有的是有 l 无 n,有的是有 n 无 l。鼻音 n 与边音 l 是一对发音部位相同的浊辅音,都是舌尖抵住上齿龈发出的音,其发音方法有所不同。由于发音时气流的通道不同,在很多方言中读音易相混,如把"老人(lǎorén)"读成"恼人(nǎorén)",把"连长(liánzhǎng)"读成"年长(niánzhǎng)"。在普通话中,l 声母的字要多于 n 声母的字。

边鼻音

1. n 和 l 的辨音

鼻音 n 的训练:

南宁 nánníng	牛奶 niúnǎi	难耐 nánnài	呢喃 nínán
年内 niánnèi	拿捏 nániē	扭扭捏捏 niǔniǔniēniē	

边音 l 的训练：

伦理 lúnlǐ	冷落 lěngluò	流泪 liúlèi	老龄 lǎolíng
力量 lìliàng	裸露 luǒlù	哩哩啦啦 līlīlālā	

n 与 l 对比：

南天 nántiān—蓝天 lántiān	水牛 shuǐniú—水流 shuǐliú
无奈 wúnài—无赖 wúlài	浓重 nóngzhòng—隆重 lóngzhòng
女客 nǚkè—旅客 lǚkè	留念 liúniàn—留恋 liúliàn

2. 读准下列词语

奴隶 núlì	冷暖 lěngnuǎn	脑力 nǎolì	遛鸟 liùniǎo
哪里 nǎlǐ	理念 lǐniàn	能量 néngliàng	临难 línnàn
男篮 nánlán	列宁 lièníng	烂泥 lànní	年龄 niánlíng
岭南 lǐngnán	尼龙 nílóng	凌虐 língnüè	农历 nónglì

3. 绕口令练习

楼前有四辆两轮车，你爱拉哪两辆就拉哪两辆。

牛郎恋刘娘，刘娘念牛郎，牛郎年年恋刘娘，刘娘年年念牛郎，郎恋娘来娘念郎，念娘恋娘，念郎恋郎，念恋娘郎。

吕教练在男篮训练刘楠，蓝教练在女篮训练吕楠。

老脑筋可以改造成新脑筋，新脑筋不学习就会变成老脑筋。

老龙恼怒闹老农，老农恼怒闹老龙，农怒龙恼农更怒，龙恼农怒龙怕农。

（三）分清唇齿音 f 与舌面后音 h

我国四川、湖南、湖北、广东、江西等地的部分地区方言声母系统中没有唇齿音 f 声母，人们在说普通话时用舌面后音 h 声母代替 f，如把"理发（lǐfà）"读成"lǐhuà"，"发现（fāxiàn）"读成"huāxiàn"。因此要分清唇齿音 f 与舌面后音 h，则要先掌握这两个辅音的发音特点。这两个音都是清擦音，区别在于发音部位不同，唇齿音 f 的成阻部位是"唇齿"，舌面后音 h 的成阻部位是"舌根"。相比较而言，普通话中 h 声母的字要多于 f 声母的字。

1. f 和 h 的辨音

唇齿音 f 的训练：

防范 fángfàn	风帆 fēngfān	福分 fúfèn	复方 fùfāng
翻番 fānfān	仿佛 fǎngfú		

舌面后音 h 的训练：

黄河 huánghé	后悔 hòuhuǐ	豪华 háohuá	花卉 huāhuì
黄昏 huánghūn	绘画 huìhuà		

f 与 h 对比：

飞鱼 fēiyú—黑鱼 hēiyú	奋战 fènzhàn—混战 hùnzhàn
空泛 kōngfàn—空幻 kōnghuàn	幅度 fúdù—弧度 húdù
富丽 fùlì—互利 hùlì	开发 kāifā—开花 kāihuā

2. 读准下列词语

凤凰 fènghuáng	护肤 hùfū	祸福 huòfú	繁华 fánhuá

唇齿音和舌面后音

划分 huàfēn	洪峰 hóngfēng	返回 fǎnhuí	混纺 hùnfǎng
分红 fēnhóng	孵化 fūhuà	防护 fánghù	互访 hùfǎng
横幅 héngfú	丰厚 fēnghòu	海风 hǎifēng	荒废 huāngfèi

3. 绕口令练习

抱着灰鸡上飞机,飞机起飞,灰鸡要飞。

粉红墙上画凤凰,红凤凰,粉凤凰,粉红凤凰,花凤凰。

黑化肥发灰,灰化肥发黑,黑化肥发灰会挥发,灰化肥挥发会发黑。

学会了理发不一定会理化,因为理化不同于理发。

奋发商店卖混纺,有红混纺,黄混纺,粉红混纺,花混纺,纷繁的混纺让大娘着了慌。仿佛进了混纺的大世界,眼也花,手也忙,吩咐女儿快快来,赶快帮我挑混纺。

一班有个黄贺,二班有个王克,黄贺、王克二人搞创作,黄贺搞木刻,王克写诗歌。黄贺帮助王克写诗歌,王克帮助黄贺搞木刻。由于二人搞协作,黄贺完成了木刻,王克写好了诗歌。

(四) 分清舌尖后、浊、近音 r 和舌尖中、浊、边音 l

上海方言中没有 r 声母,而在江苏、江西、浙江、湖南、山东个别地区,很多人存在 r、l 不分的发音问题。r 和 l 两个浊音的相混主要是由于发音部位掌握不准,找不准 r 的发音部位,舌尖又不习惯向上翘,因此,舌尖靠前落到了发舌尖中音 l 的部位,在音节里就形成 r、l 不分的现象了。在普通话中,l 声母字要多于 r 声母字。

1. r 和 l 的辨音

舌尖后音 r 的训练:

| 让人 ràngrén | 仍然 réngrán | 融入 róngrù | 容忍 róngrěn |
| 荣辱 róngrǔ | 濡染 rúrǎn | | |

舌尖中音 l 的训练:

| 琉璃 liúlí | 利率 lìlǜ | 另类 lìnglèi | 靓丽 liànglì |
| 轮流 lúnliú | 料理 liàolǐ | | |

r 与 l 对比:

褥子 rùzi—路子 lùzi	仍旧 réngjiù—棱角 léngjiǎo
侮辱 wǔrǔ—粗鲁 cūlǔ	出入 chūrù—暴露 bàolù
如果 rúguǒ—炉火 lúhuǒ	天然 tiānrán—天蓝 tiānlán

2. 读准下列词语

蹂躏 róulìn	乳酪 rǔlào	腊肉 làròu	缭绕 liáorào
羸弱 léiruò	凛然 lǐnrán	扰乱 rǎoluàn	锐利 ruìlì
利润 lìrùn	热烈 rèliè	燃料 ránliào	冷热 lěngrè
熔炉 rónglú	落日 luòrì	录入 lùrù	立论 lìlùn

3. 诗词朗读练习

白日依山尽,黄河入海流。欲穷千里目,更上一层楼。(王之涣《登鹳雀楼》)

(五) 分清舌面前音 j、q、x 与舌尖前音 z、c、s

声母 j、q、x 跟 i、ü 或以 i、ü 起头的韵母相拼,叫团音;声母 z、c、s 跟 i、ü 或以 i、ü 起头

舌面前音

的韵母相拼,叫尖音。其实在普通话中声母 z、c、s 不与 i、ü 或以 i、ü 起头的韵母相拼,也就是说只有声母 j、q、x 可以与 i、ü 或以 i、ü 起头的韵母相拼。

1. j、q、x 和 z、c、s 的辨音

舌面前音 j、q、x 的训练:

交接 jiāojiē	家具 jiājù	坚决 jiānjué	讲解 jiǎngjiě
洁净 jiéjìng	积极 jījí	情趣 qíngqù	恰巧 qiàqiǎo
弃权 qìquán	崎岖 qíqū	确切 quèqiè	窃取 qièqǔ
喜讯 xǐxùn	详细 xiángxì	行星 xíngxīng	歆羡 xīnxiàn
小溪 xiǎoxī	学校 xuéxiào		

舌尖前音 z、c、s 的训练:

资源 zīyuán	阻力 zǔlì	造就 zàojiù	推辞 tuīcí
粗布 cūbù	近似 jìnsì	桑叶 sāngyè	搜集 sōují
不曾 bùcéng	木材 mùcái		

2. 读准下列词语

接待 jiēdài	钢枪 gāngqiāng	线条 xiàntiáo	国际 guójì
趣味 qùwèi	秀美 xiùměi	将来 jiānglái	凑巧 còuqiǎo
谈笑 tánxiào	美酒 měijiǔ	千秋 qiānqiū	象征 xiàngzhēng
虚心 xūxīn	急件 jíjiàn	捷径 jiéjìng	欠缺 qiànquē

3. 诗词朗读练习

枯藤老树昏鸦,小桥流水人家,古道西风瘦马。夕阳西下,断肠人在天涯。(马致远《天净沙·秋思》)

(六)零声母

我们把那些不用辅音充当声母的字称为"零声母字"。普通话中的零声母字在一些方言里被读成辅音声母字,如"安、昂、爱、欧、袄"等。有的方言中,零声母字还被加上了 m、ng 之类的声母。如"闻(wén)"读成"门(mén)"、"恩(ēn)"读成"ngēn"等。

1. 零声母字对比辨音

爱人 àirén—耐人 nàirén	海岸 hǎi'àn—海难 hǎinàn
傲气 àoqì—闹气 nàoqì	疑心 yíxīn—离心 líxīn
文风 wénfēng—门风 ménfēng	余味 yúwèi—愚昧 yúmèi
每晚 měiwǎn—美满 měimǎn	五味 wǔwèi—妩媚 wǔmèi

2. 读准下列词语

癌症 áizhèng	谙熟 ānshú	翱翔 áoxiáng	呕吐 ǒutù
厄运 èyùn	恩情 ēnqíng	耳垂 ěrchuí	鸭绒 yāróng
沿用 yányòng	钥匙 yàoshi	诬陷 wūxiàn	谣言 yáoyán
幽雅 yōuyǎ	唯物 wéiwù	莴苣 wōjù	阿谀 ēyú

3. 诗词朗读练习

黑云压城城欲摧,甲光向日金鳞开。角声满天秋色里,塞上燕脂凝夜紫。半卷红旗临易水,霜重鼓寒声不起。报君黄金台上意,提携玉龙为君死。(李贺《雁门太守行》)

附录 1 声母难点音类推表

zh 声 母

丈—zhàng 丈、仗、杖

专—zhuān 专、砖；zhuǎn 转（转身、转达）；zhuàn 转（转动）、传（传记）、啭

支—zhī 支、枝、肢

止—zhǐ 止、芷、址、趾

中—zhōng 中（中央）、忠、钟、盅、衷；zhǒng 种（种子）、肿；zhòng 中（打中、中暑）、种（种植）、仲

长—zhāng 张；zhǎng 长（生长）、涨（涨潮）；zhàng 胀、帐、涨

主—zhǔ 主、拄；zhù 住、注、炷、柱、驻、蛀

正—zhēng 正（正月）、怔、征、症（症结）；zhěng 整；zhèng 正、证、政、症

占—zhān 沾、毡、粘（粘贴）；zhàn 占（占据）、战、站；zhēn 砧

只—zhī 只（两只手、只身）、织；zhí 职；zhǐ 只（只有）；zhì 帜

召—zhāo 招、昭；zhǎo 沼；zhào 召（号召）、诏、照

执—zhí 执；zhì 贽、挚、鸷；zhé 蛰

至—zhí 侄；zhì 至、郅、致、窒、蛭

贞—zhēn 贞、侦、祯、桢、帧

朱—zhū 朱、诛、侏、洙、茱、珠、铢、蛛

争—zhēng 争、挣（挣扎）、峥、狰、铮、睁、筝；zhèng 诤、挣（挣脱）

志—zhì 志、痣

折—zhē 折（折腾）；zhé 折（折磨）、哲、蜇；zhè 浙

者—zhě 者、赭；zhū 诸、猪、潴；zhǔ 渚、煮；zhù 著、箸

直—zhí 直、值、植、殖；zhì 置

知—zhī 知、蜘；zhì 智

珍—zhēn 珍；zhěn 诊、疹

真—zhēn 真；zhěn 缜；zhèn 镇

振—zhèn 振、赈、震

章—zhāng 章、漳、彰、獐、嫜、璋、樟、蟑；zhàng 障、嶂、幛、瘴

啄—zhuō 涿；zhuó 诼、啄、琢（雕琢）；zuó 琢（琢磨）

z 声 母

子—zī 孜；zǐ 子、仔（仔细）、籽

匝—zā 匝；zá 砸

宗—zōng 宗、综（综合）、棕、踪、鬃；zòng 粽

卒—zú 卒；zuì 醉

责—zé 责、啧

兹—zī 兹、滋、孳

祖—zū 租；zǔ 诅、阻、组、祖、俎

资—zī 咨、姿、资、趑；zì 恣

造—zào 造；cāo 糙

尊—zūn 尊、遵、樽

曾—zēng 曾(姓)、憎、增、缯；zèng 赠

赞—zǎn 攒、趱；zàn 赞

澡—zǎo 澡、藻；zào 噪、燥、躁

ch 声 母

叉—chā 叉(鱼叉)、杈；chà 杈(树杈)、衩(衩衣)；chāi 钗

斥—chì 斥；chè 坼；chāi 拆

出—chū 出；chǔ 础；chù 绌、黜

池—chí 池、弛、驰

产—chǎn 产、铲

场—cháng 肠；chǎng 场(会场)；chàng 畅

成—chéng 成、诚、城、盛(盛东西)

抄—chāo 抄、吵(吵吵)、钞；chǎo 吵(吵架)、炒

辰—chén 辰、宸、晨；chún 唇

呈—chéng 呈、程、酲；chěng 逞

昌—chāng 昌、阊、菖、猖、鲳；chàng 倡、唱

垂—chuí 垂、陲、捶、棰、锤

啜—chuò 啜、辍、惙

春—chūn 春、椿；chǔn 蠢

除—chú 除、滁、蜍

绸—chóu 惆(惆怅)、绸、稠

谄—chān 搀；chán 谗、馋

朝—cháo 朝(朝前)、潮、嘲

揣—chuāi 揣(揣在怀里)；chuǎi 揣(揣测)；chuǎn 喘

筹—chóu 踌、畴、筹、俦

厨—chú 厨、蹰

c 声 母

才—cái 才、材、财

寸—cūn 村；cǔn 忖；cùn 寸

仓—cāng 仓、沧、苍、舱、伧

从—cōng 苁、枞；cóng 从(服从)、丛

此—cī 疵；cǐ 此

采—cǎi 采(采茶)、彩、睬、踩；cài 菜

参—cān 参(参观)；cǎn 惨；cēn 参(参差)

挫—cuò 挫、锉

曹—cáo 曹、漕、嘈、槽、螬

崔—cuī 崔、催、摧；cuǐ 璀

窜—cuān 撺、蹿；cuàn 窜

搓—cuō 搓、磋；cī 差(参差)

慈—cí 慈、糍、鹚

粹—cuì 淬、悴、萃、啐、瘁、粹、翠；cù 猝

蔡—cā 擦、嚓；cài 蔡

醋—cù 醋；cuò 措、错

sh 声 母

山—shān 山、舢；shàn 讪、汕、疝

少—shǎo 少(少数)；shào 少(少年)；shā 沙(沙土)、莎、纱、痧、砂、裟、鲨

市—shì 市、柿、铈

申—shēn 申、伸、呻、绅、砷；shén 神；shěn 审、谉、婶

生—shēng 生、牲、胜(胜任)、笙、甥；shèng 胜(胜利)

召—sháo 苕(红苕)、韶；shào 召(姓)、邵(姓)、劭、绍

式—shì 式、试、拭、轼、弑

师—shī 师、狮；shāi 筛

抒—shū 抒、纾、舒

诗—shī 诗；shí 时、埘、鲥；shì 侍、恃

叔—shū 叔、淑、菽

尚—shǎng 赏；shang 裳(衣裳)

受—shòu 受、授、绶

舍—shē 猞；shě 舍(舍己救人)；shè 舍(宿舍)；shá 啥

刷—shuā 刷；shuà 刷(刷白)；shuàn 涮

珊—shān 删、姗、珊、栅(栅极)、跚(蹒跚)

扇—shān 扇(动词)、煽；shàn 扇(扇子)

捎—shāo 捎、梢、稍(稍微)、筲、艄、鞘；shào 哨、潲

孰—shú 孰、塾、熟

率—shuāi 摔；shuài 率(率领)、蟀(蟋蟀)

善—shàn 善、缮、膳、蟮、鳝

暑—shǔ 暑、署、薯、曙

s 声 母

四—sì 四、泗、驷

司—sī 司；sì 伺、饲、嗣

孙—sūn 孙、荪、狲

松—sōng 忪、松、凇；sòng 颂

思—sāi 腮、鳃；sī 思、锶

叟—sōu 溲、搜、嗖、馊、飕、螋、艘；sǒu 叟；sǎo 嫂

素—sù 素、愫、嗉

唆—suō 唆、梭；suān 酸

桑—sāng 桑；sǎng 搡、嗓、颡

遂—suí 遂(半身不遂)；suì 遂(遂心)、隧、燧、邃

散—sā 撒(撒手)；sǎ 撒(撒种)；sǎn 散(散文)、馓；sàn 散(散会)

斯—sī 斯、厮、澌、撕、嘶

锁—suǒ 唢、琐、锁

n 声 母

乃—nǎi 乃、奶

奈—nài 奈；nà 捺

内—nèi 内；nè 讷；nà 呐、纳、衲、钠

宁—níng 宁、拧、咛、狞、柠；nìng 宁(宁可)、泞

尼—ní 尼、泥、呢(呢子)

奴—nú 奴、孥、驽；nǔ 努；nù 怒

农—nóng 农、浓、脓

那—nǎ 哪；nà 那；nuó 娜

纽—niū 妞；niǔ 扭、纽、钮

念—niǎn 捻；niàn 念

南—nán 南、喃、楠

诺—nuò 诺；nì 匿

懦—nuò 懦、糯

脑—nǎo 恼、瑙、脑

l 声 母

力—lì 力、荔、历、沥；liè 劣；lèi 肋；lè 勒

立—lì 立、粒、笠；lā 拉、垃、啦

里—lí 厘、狸；lǐ 里、理、鲤；liàng 量

利—lí 梨、犁、蜊；lì 利、俐、痢

离—lí 离、璃、篱

仑—lūn 抡；lún 伦、沦、轮；lùn 论

兰—lán 兰、拦、栏；làn 烂

览—lǎn 览、揽、缆、榄

蓝—lán 蓝、篮；làn 滥

龙—lóng 龙、咙、聋、笼；lǒng 陇、拢、垄

隆—lóng 隆、窿

卢—lú 卢、泸、庐、芦、炉、颅；lǘ 驴

录—lù 录、禄、碌；lǜ 绿、氯

路—lù 路、鹭、露

令—líng 伶、玲、铃、羚、聆、蛉、零、龄；lǐng 岭、领；lìng 令；lěng 冷；lín 邻；lián 怜

菱—líng 菱、凌、陵；léng 棱

老—lǎo 老、姥

劳—lāo 捞；láo 劳、痨；lào 涝

列—liě 咧；liè 烈、列、裂；lì 例

吕—lǚ 吕、侣、铝

良—liáng 良、粮；láng 郎、廊、狼、琅、榔、螂；lǎng 朗；làng 浪

两—liǎng 两、俩(伎俩)；liàng 辆；liǎ 俩

凉—liáng 凉；liàng 谅、晾；lüè 掠

连—lián 连、莲；liàn 链

炼—liàn 炼、练

恋—liàn 恋；luán 孪、鸾、峦、滦

脸—liǎn 脸、敛；liàn 殓

廉—lián 廉、濂、镰

林—lín 林、淋、琳、霖；lán 婪

鳞—lín 鳞、嶙、璘、辚、潾

罗—luó 罗、逻、萝、锣、箩

洛—luò 洛、落、络、骆；lào 烙、酪；lüè 略

娄—lóu 娄、喽、楼；lǒu 搂、篓；lǚ 缕、屡

刺—lǎ 喇；là 刺、辣、瘌；lài 赖、癞、籁

腊—là 腊、蜡；liè 猎

流—liú 流、琉、硫

留—liū 溜；liú 留、馏、榴、瘤

累—lèi 累；luó 骡、螺

雷—léi 雷、镭；lěi 蕾；lèi 擂

h 声 母

火—huǒ 火、伙

户—hù 户、沪、护、戽

乎—hū 乎、呼、滹

虎—hǔ 虎、唬、琥

忽—hū 忽、惚、唿

胡—hú 胡、湖、葫、猢、瑚、糊、蝴

化—huā 花、哗；huá 华、哗(喧哗)、铧；huà 化、华(姓)、桦

灰—huī 灰、恢、诙

回—huí 茴、蛔；huái 徊

会—huì 会、绘、烩、桧(秦桧)

挥—huī 挥、辉；hūn 荤；hún 浑

悔—huǐ 悔；huì 海、晦

红—hóng 红、虹、鸿

洪—hōng 哄(哄动)、烘；hóng 洪；hǒng 哄(哄骗)；hòng 哄(起哄)

怀—huái 怀；huài 坏；huán 还、环

奂—huàn 奂、涣、换、唤、焕、痪

昏—hūn 昏、阍、婚

混—hún 馄、混；hùn 混

荒—huāng 荒、慌；huǎng 谎

皇—huáng 皇、凰、湟、惶、徨、煌、蝗

晃—huǎng 晃、恍、幌；huàng 晃(摇晃)

黄—huáng 黄、璜、潢、磺、蟥、簧

f 声 母

凡—fān 帆；fán 凡、矾、钒

反—fǎn 反、返；fàn 饭、贩

番—fān 番、蕃、藩、翻

方—fāng 方、芳、坊(牌坊)；fáng 防、妨、坊(油坊)、房、肪；fǎng 访、仿、纺、舫；fàng 放

夫—fū 夫、肤、麸；fú 芙、扶

父—fǔ 斧、釜；fù 父

付—fú 符；fǔ 府、腑、俯、腐；fù 付、附

弗—fú 弗、拂、佛、氟；fó 佛；fèi 沸、狒、费

伏—fú 伏、茯、袱

甫—fū 敷；fǔ 甫、辅；fù 傅、缚

孚—fū 孵；fú 孚、俘、浮

复—fù 复、腹、蝮、馥、覆

福—fú 福、幅、辐、蝠；fù 富、副

分—fēn 分、芬、吩、纷；fěn 粉；fèn 份、忿

乏—fá 乏；fàn 泛

发—fā 发；fèi 废

伐—fá 伐、阀、筏

风—fēng 风、枫、疯；fěng 讽

非—fēi 非、菲、啡、绯、扉、霏、蜚；fěi 诽、匪、斐、翡；fèi 痱
丰—fēng 丰、峰、烽、锋、蜂

第三节 韵 母

一、韵母的分类

按照汉语音韵学传统的字音分析方法,把一个音节分成前后两段,前段称为声母,后段称为韵母。普通话中共有 39 个韵母,韵母由元音或元音加鼻辅音构成。大多数韵母可以自成音节,即"零声母"音节。

韵母按结构分,可以分为单韵母、复韵母和鼻韵母。由一个元音构成的韵母叫"单韵母";有的韵母不止一个元音,这类韵母叫"复韵母";有的韵母在元音后面还附着辅音"n"或"ng",这类韵母叫做"鼻韵母"。

按照韵母开头的元音发音口形,又可分为开口呼、齐齿呼、合口呼、撮口呼四类。

(一) 按韵母结构分类

1. 单韵母

普通话中有 10 个单韵母。根据发音时舌头起作用的部位和方式的不同分为舌面元音、舌尖元音和卷舌元音三个小类。

(1) 舌面元音韵母。

发音时舌面起主要作用。普通话中有 7 个舌面元音 a、o、e、ê、i、u、ü。

(2) 舌尖元音韵母。

发音时舌尖起主要作用。普通话中有 2 个舌尖元音-i(前)、-i(后)。

(3) 卷舌元音韵母。

发音时舌尖向硬腭卷起。普通话中有 1 个卷舌元音 er。r 是表示卷舌动作的符号,而不是表示辅音,因此 er 虽然用两个字母标写,但仍是单元音。

2. 复韵母

普通话中有 13 个复韵母。发单韵母时口型始终不变,而发复韵母时不仅口型有变化,而且几个元音有主次,不是两三个单元音简单地相连,而是由一个元音的舌位向另一个元音舌位滑动。复韵母根据发音时主要元音位置的不同分为前响复韵母、后响复韵母和中响复韵母三个小类。

(1) 前响复韵母。

发音时前一元音响亮而清晰,后一元音短而轻。普通话中有 4 个前响复韵母 ai、ei、ao、ou。

(2) 后响复韵母。

发音时前一元音短而轻,后一元音响亮而清晰。普通话中有 5 个后响复韵母 ia、ie、ua、uo、üe。

(3) 中响复韵母。

由三个元音结合在一起组成,中间的一个是主要元音,发音时中间的元音响亮而清

晰。普通话中有 4 个中响复韵母 iao、iou、uai、uei。

3. 鼻韵母

普通话中有 16 个鼻韵母。鼻韵母是由一个或两个元音和鼻辅音 n 或 ng 组成的。鼻韵母分为前鼻音韵母和后鼻音韵母。

（1）前鼻音韵母。

韵尾为鼻辅音 n 的韵母。普通话中有 8 个前鼻音韵母 an、en、in、ün、ian、uan、uen、üan。

（2）后鼻音韵母。

韵尾为鼻辅音 ng 的韵母。普通话中有 8 个后鼻音韵母 ang、eng、ing、ong、iang、uang、ueng、iong。

（二）按韵母开头的元音发音口型分类

这是我国传统音韵学对韵母的一种分类方法，也称为"四呼"，把韵母开头的元音发音按唇形和舌位的不同分为开口呼、齐齿呼、合口呼、撮口呼四类。

开口呼：韵母不是 i、u、ü 和不以 i、u、ü 起头的韵母。

齐齿呼：i 或以 i 起头的韵母。

合口呼：u 或以 u 起头的韵母。

撮口呼：ü 或以 ü 起头的韵母。

《普通话韵母总表》对普通话 39 个韵母的分类作了清楚的表述，见表 2－2。

表 2－2　普通话韵母总表

	开口呼	齐齿呼	合口呼	撮口呼
单韵母	-i(前)、-i(后)	i	u	ü
	a			
	o			
	e			
	ê			
	er			
复韵母		ia	ua	
			uo	
		ie		üe
	ai		uai	
	ei		uei	

	开口呼	齐齿呼	合口呼	撮口呼
复韵母	ao	iao		
	ou	iou		
鼻韵母	an	ian	uan	üan
	en	in	uen	ün
	ang	iang	uang	
	eng	ing	ueng	
			ong	iong

二、韵母的发音

根据普通话韵母结构的分类,我们将其分为单韵母、复韵母、鼻韵母三部分进行具体的发音讲解。

(一) 单韵母的发音

1. 舌面元音：a、o、e、ê、i、u、ü

舌面元音的不同主要是由不同的口形及舌位造成的,舌位的高低、舌位的前后和唇形的圆展都可以形成不同音色的元音,这些要素一般用"元音舌位图"来表示(图 2-23)。

单韵母

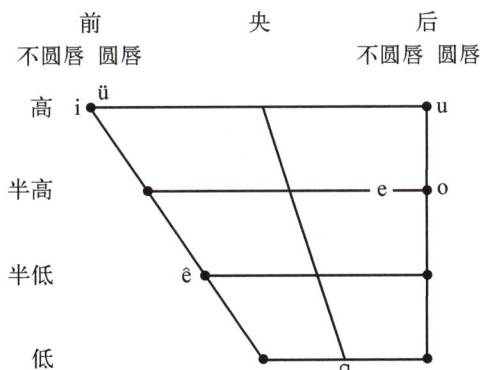

图 2-23　元音舌位图

以下逐一分析舌面元音的发音方法。

a　舌面、央、低、不圆唇元音(舌面元音、央元音、低元音、不圆唇元音的简称,以下类推)。

发音时,口腔大开,舌位低,舌头居中,唇形不圆(图2-24)。例如:

法 fǎ   马 mǎ   踏 tà   拔 bá   厦 shà
沙发 shāfā   大坝 dàbà   发达 fādá   拉萨 lāsà   打蜡 dǎlà

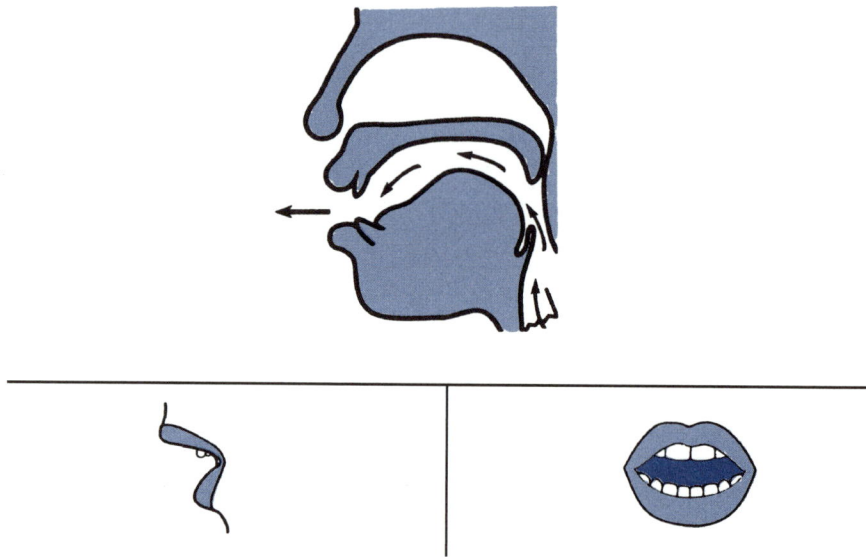

图 2 - 24　舌面元音 ɑ 发音示意图

o　舌面、后、半高、圆唇元音。

发音时,口腔半闭,舌位半高,舌头后缩,唇拢圆(图2-25)。例如:

迫 pò   波 bō   佛 fó   巨 pǒ   摩 mó
薄膜 bómó   磨墨 mómò   伯伯 bóbo   默默 mòmò   泼墨 pōmò

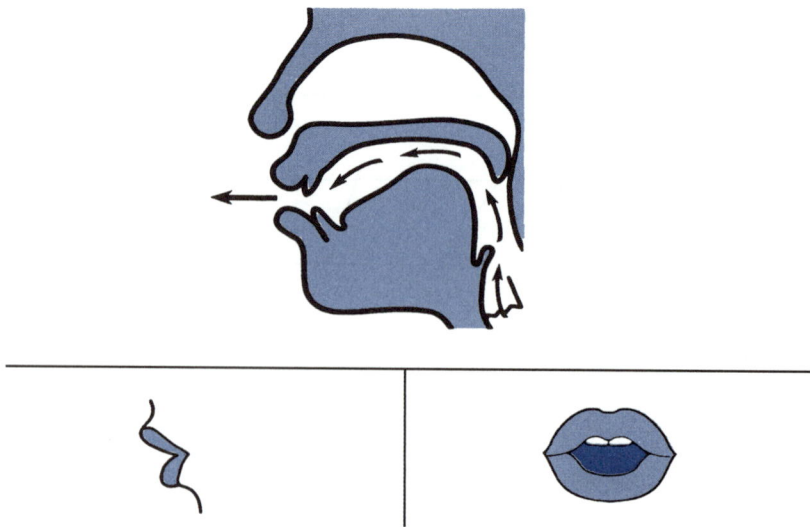

图 2 - 25　舌面元音 o 发音示意图

e　舌面、后、半高、不圆唇元音。

发音状况与 o 大体相同,但双唇要自然展开成扁形(图 2 - 26)。例如:

哥 gē	渴 kě	哲 zhé	设 shè	德 dé
合格 hégé	特色 tèsè	苛刻 kēkè	可乐 kělè	折射 zhéshè

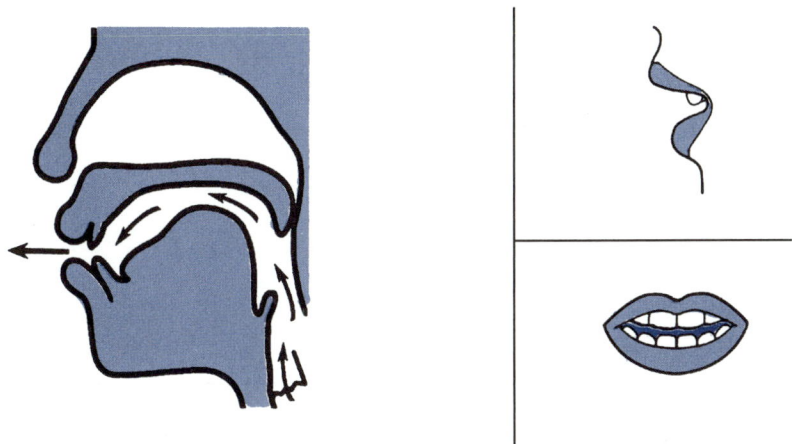

图 2 - 26　舌面元音 e 发音示意图

ê　舌面、前、半低、不圆唇元音。

发音时,口半开,舌位半低,舌头前伸使舌尖抵住下齿背,唇形不圆(图 2 - 27)。在普通话中,ê 很少单独使用,只有"欸"这个字念 ê(零声母)。ê 经常出现在 i、ü 的后面构成复韵母,此时 ê 的书写要省去符号"ˆ"。

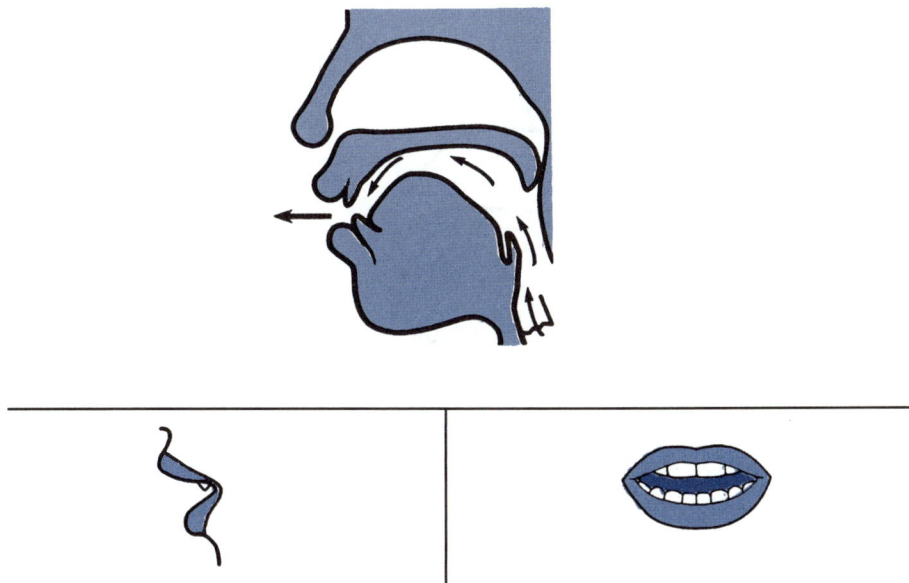

图 2 - 27　舌面元音 ê 发音示意图

i 舌面、前、高、不圆唇元音。

发音时，口腔开度很小，舌位高、舌头前伸抵住下齿背，唇形呈扁平状（图2-28）。例如：

比 bǐ　　　　皮 pí　　　　觅 mì　　　　你 nǐ　　　　滴 dī

喜气 xǐqì　　集体 jítǐ　　利益 lìyì　　嬉戏 xīxì　　比拟 bǐnǐ

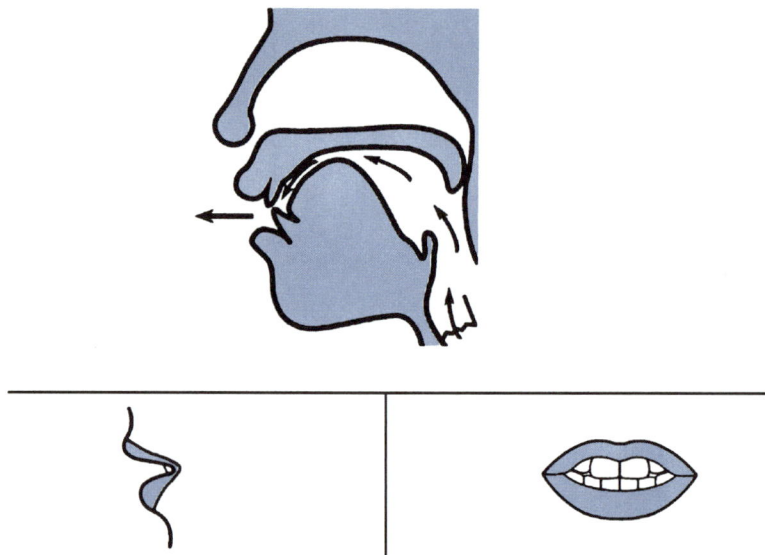

图 2-28　舌面元音 i 发音示意图

u 舌面、后、高、圆唇元音。

发音时，口腔开度很小，舌头后缩，使舌面后部接近软腭，唇拢圆（图2-29）。例如：

补 bǔ　　　　铺 pū　　　　木 mù　　　　福 fú　　　　努 nǔ

图书 túshū　　互助 hùzhù　　朴素 pǔsù　　服务 fúwù　　住宿 zhùsù

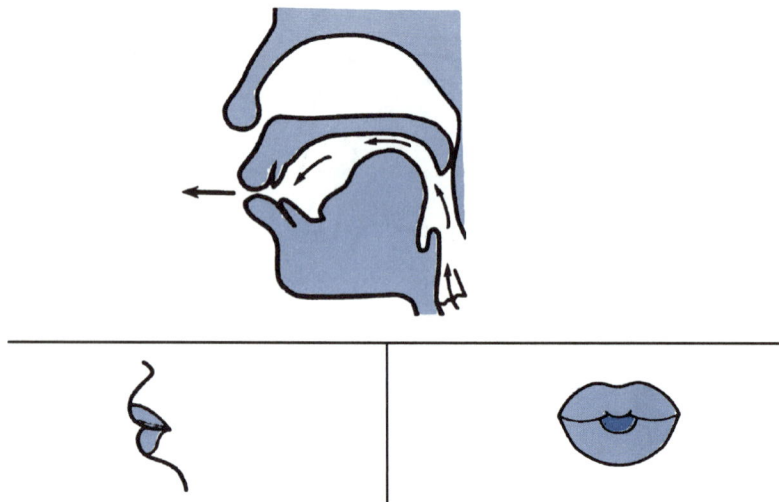

图 2-29　舌面元音 u 发音示意图

ü　舌面、前、高、圆唇元音。

发音状况和 i 基本相同,但唇形拢圆(图 2 - 30)。例如:

女 nǚ　　　　律 lǜ　　　　举 jǔ　　　　驱 qū　　　　叙 xù

语句 yǔjù　　须臾 xūyú　　区域 qūyù　　序曲 xùqǔ　　旅居 lǚjū

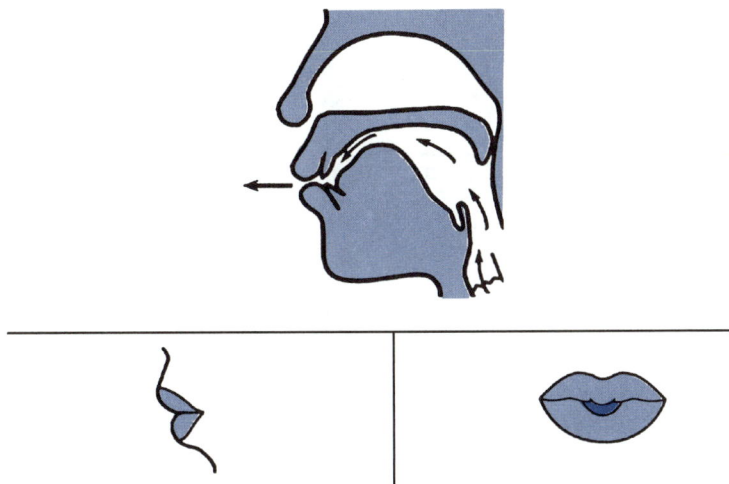

图 2 - 30　舌面元音 ü 发音示意图

2. 舌尖元音:-i(前)、-i(后)

-i(前)　舌尖前、高、不圆唇元音。

发音时,口略开,舌尖前伸靠近上齿背,嘴唇向两边展开(图 2 - 31)。这个韵母不能自成音节,只出现在 z、c、s 声母之后。例如:

字 zì　　　　词 cí　　　　丝 sī　　　　紫 zǐ　　　　慈 cí

自私 zìsī　　此次 cǐcì　　子嗣 zǐsì　　字词 zìcí　　刺字 cìzì

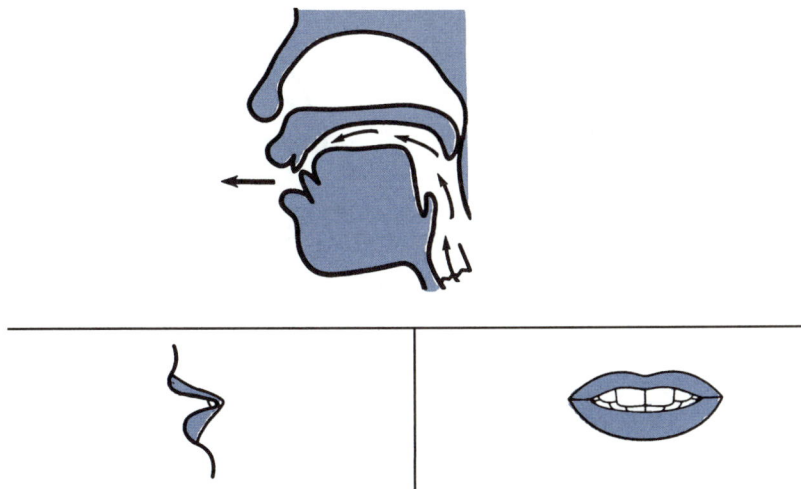

图 2 - 31　舌尖元音-i(前)发音示意图

-i(后)　舌尖后、高、不圆唇元音。

发音时,口略开,舌尖上翘靠近硬腭前部,嘴唇向两边展开(图 2 - 32)。这个韵母也不能自成音节,只出现在 zh、ch、sh、r 声母之后。例如:

纸 zhǐ　　　持 chí　　　使 shǐ　　　至 zhì　　　师 shī

知识 zhīshi　　支持 zhīchí　　制止 zhìzhǐ　　值日 zhírì　　实施 shíshī

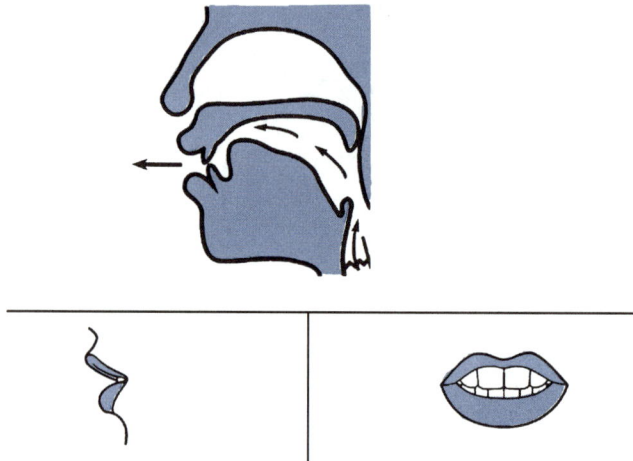

图 2 - 32　舌尖元音-i(后)发音示意图

3. 卷舌元音:er

er　卷舌、央、中、不圆唇元音。

发音时,口腔半开,开口度比 ê 略小,舌位居中,舌头稍后缩,唇形不圆(图 2 - 33)。在发 e 的同时,舌尖向硬腭轻轻卷起,注意这两个动作是同时进行的。er 是个带有卷舌色彩的央元音,只能自成音节,不和任何声母相拼。例如:

儿 ér　　耳 ěr　　二 èr　　而 ér　　尔 ěr

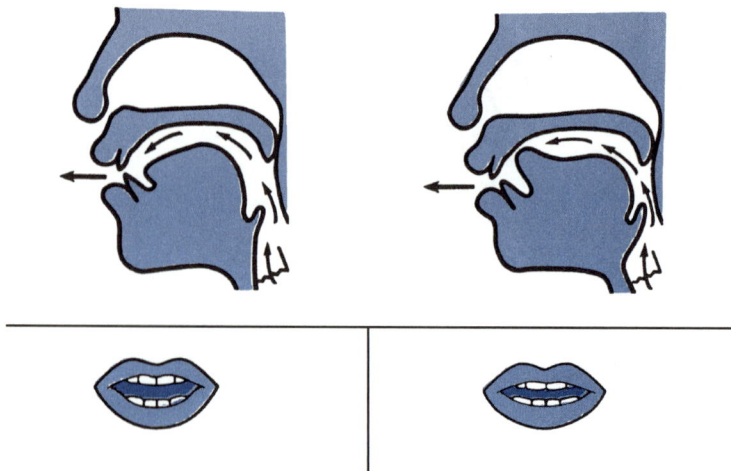

图 2 - 33　卷舌元音 er 发音示意图

（二）复韵母的发音

1. 前响复韵母：ai、ei、ao、ou

它们的共同特点是前一个元音清晰响亮，发出前面的元音后立刻滑向后面的元音，后一个元音轻而短，只表示舌位滑动的方向，并不是实际音标所代表的舌位；在结构上，是韵腹与韵尾的组合。

ai　发音时，先发 a，这里的 a 舌位靠前，念得长而响亮，然后舌位向 i 的方向滑动，但不到 i 的高度（图 2 - 34）。例如：

| 来 lái | 该 gāi | 买 mǎi | 逮 dǎi | 胎 tāi |
| 白菜 báicài | 海带 hǎidài | 爱戴 àidài | 开采 kāicǎi | 拍卖 pāimài |

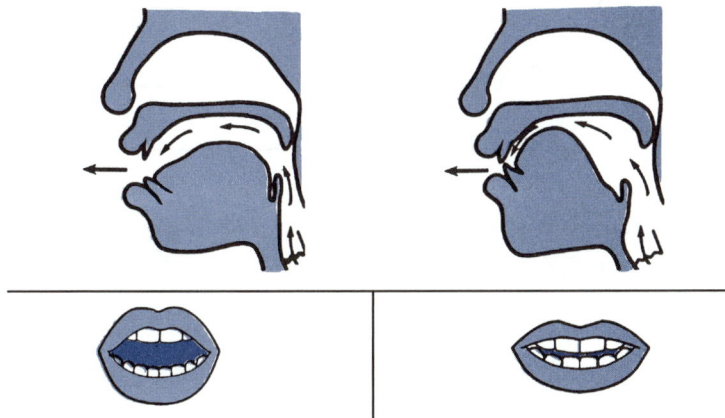

图 2 - 34　前响复韵母 ai 发音示意图

ei　发音时，先发 e，比单念 e 时舌位靠前一点，然后舌位升高，向 i 的方向滑动（图 2 - 35）。例如：

| 杯 bēi | 眉 méi | 培 péi | 内 nèi | 磊 lěi |
| 配备 pèibèi | 北美 běiměi | 蓓蕾 bèilěi | 妹妹 mèimei | 肥美 féiměi |

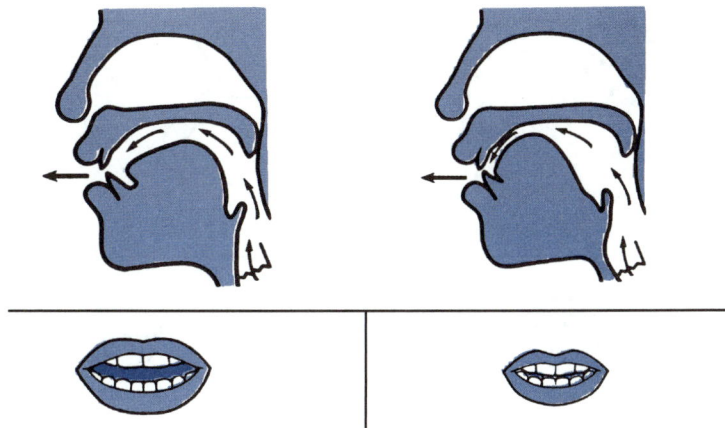

图 2 - 35　前响复韵母 ei 发音示意图

ao 发音时,先发 a,这里的 a 舌位靠后,是个后元音,发得响亮,接着向 u(汉语拼音写作 o,实际发音接近 u)的方向滑动升高(图 2-36)。例如:

宝 bǎo	泡 pào	猫 māo	到 dào	靠 kào
高潮 gāocháo	报道 bàodào	吵闹 chǎonào	烧烤 shāokǎo	早操 zǎocāo

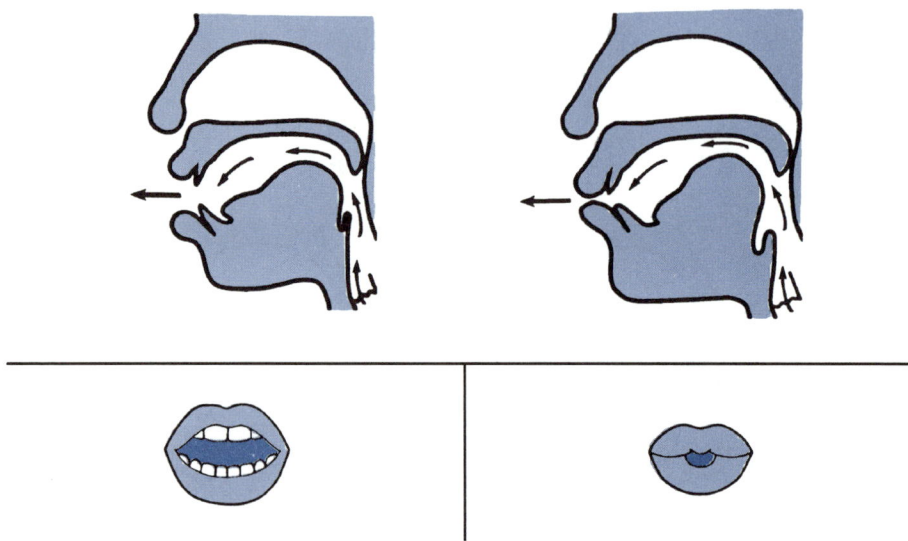

图 2-36 前响复韵母 ao 发音示意图

ou 发音时,先发 o,这里的 o 比单元音 o 的舌位略高、略靠前,接着向 u 的方向滑动,舌位不到 u 即停止发音(图 2-37)。例如:

某 mǒu	都 dōu	头 tóu	楼 lóu	厚 hòu
收购 shōugòu	漏斗 lòudǒu	丑陋 chǒulòu	口头 kǒutóu	守候 shǒuhòu

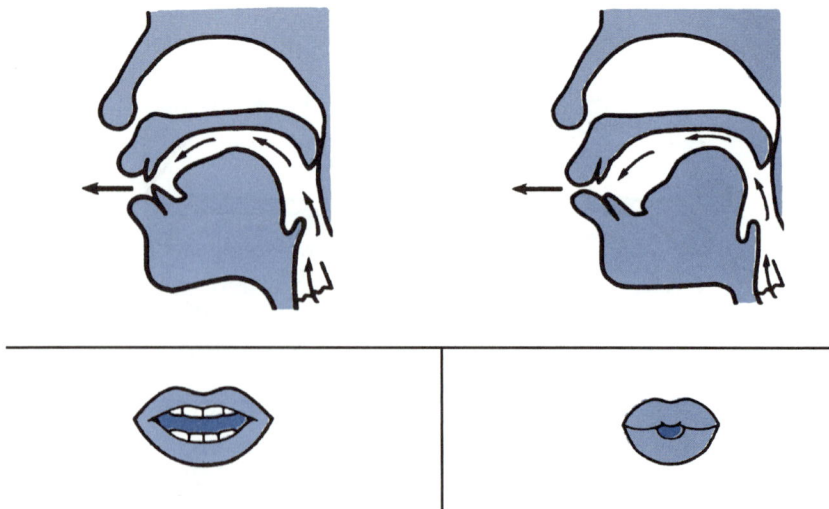

图 2-37 前响复韵母 ou 发音示意图

2. **后响复韵母**：ia、ie、ua、uo、üe

它们的共同特点是前面的元音轻短，后面的一个元音清晰响亮，舌位都是由高向低滑动，且前后两个元音的舌位都比较稳定。

在这 5 个后响复韵母中，开头的元音音素 i、u、ü 都是高元音，由于处在韵头位置，发音不太响亮，比较短促。在结构上，它们是韵头与韵腹的组合。

后响复韵母在自成音节时，韵头 i、u、ü 改写成 y、w、yu。

ia 发音时，先发 i，发得轻短，很快滑向 a，a 发得长而响亮（图 2 - 38）。例如：

家 jiā	洽 qià	霞 xiá	嫁 jià	吓 xià
假牙 jiǎyá	压价 yājià	恰恰 qiàqià	下架 xiàjià	掐架 qiāijià

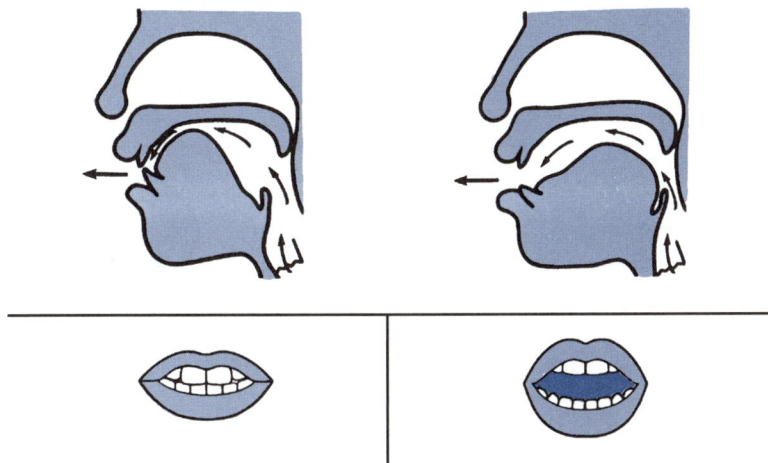

图 2 - 38 后响复韵母 ia 发音示意图

ie 发音时，先发 i，发得轻短，很快滑向 ê，ê 发得长而响亮（图 2 - 39）。例如：

憋 biē	蝶 dié	蔑 miè	捏 niē	杰 jié
结业 jiéyè	贴切 tiēqiè	铁鞋 tiěxié	趔趄 lièqie	谢谢 xièxie

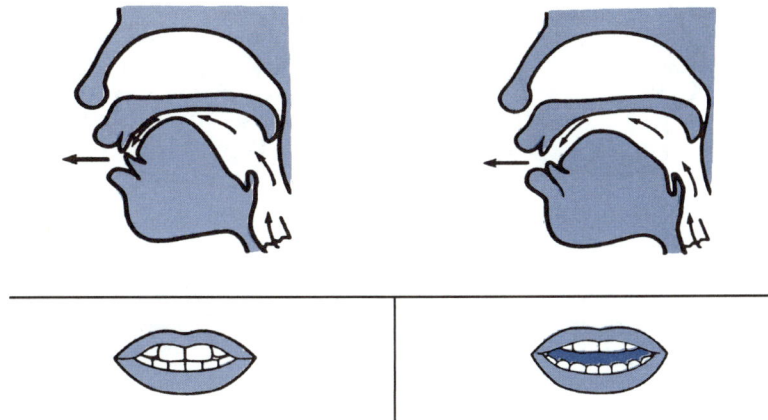

图 2 - 39 后响复韵母 ie 发音示意图

ua　发音时,先发 u,发得轻短,很快滑向 a,a 发得长而响亮。唇形由最圆逐步展开到不圆(图 2－40)。例如:

夸 kuā	蛙 wā	瓦 wǎ	抓 zhuā	卦 guà
挂花 guàhuā	娃娃 wáwa	哗哗 huāhuā	耍滑 shuǎhuá	画刷 huàshuā

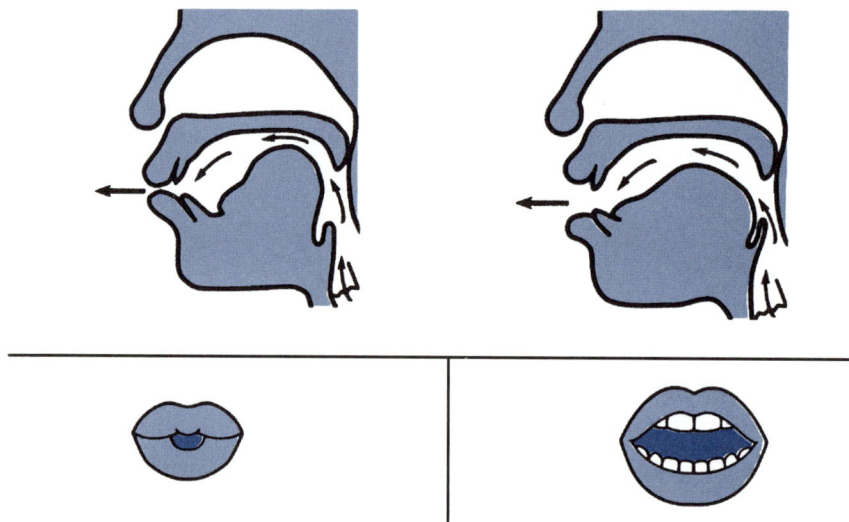

图 2－40　后响复韵母 ua 发音示意图

uo　发音时,先发 u,发得轻短,舌位很快降到 o,o 发得长而响亮。发音过程中,保持圆唇,开头最圆,结尾圆唇度略减(图 2－41)。例如:

多 duō	妥 tuǒ	糯 nuò	国 guó	火 huǒ
过错 guòcuò	活捉 huózhuō	阔绰 kuòchuò	硕果 shuòguǒ	陀螺 tuóluó

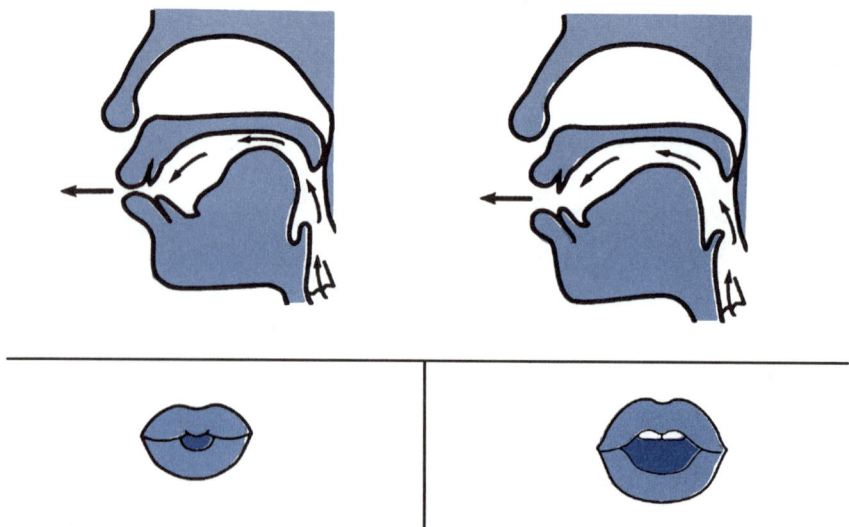

图 2－41　后响复韵母 uo 发音示意图

üe 发音时,先发高元音 ü,发得轻短,舌位很快降到 ê,ê 发得长而响亮。唇形由圆到不圆(图 2－42)。例如:

曰 yuē	决 jué	确 què	薛 xuē	掠 lüè
雀跃 quèyuè	约略 yuēlüè	绝学 juéxué	雪靴 xuěxuē	缺月 quēyuè

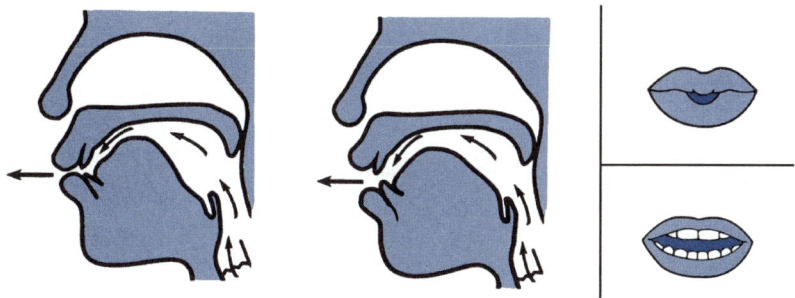

图 2－42　后响复韵母 üe 发音示意图

3. 中响复韵母:iao、iou、uai、uei

它们共同的发音特点是前一个元音轻短,中间的主要元音清晰响亮,收尾的元音音值不太固定,只表示舌位滑动的方向。在主要元音之前是韵头,在主要元音之后是韵尾,它们是韵头、韵腹、韵尾的组合。

中响复韵母在自成音节时,韵头 i、u 改写成 y、w。复韵母 iou、uei 前面加声母的时候,要省写成 iu、ui。

iao 发音时,先发 i,紧接着舌位降至元音 ɑ,这里的 ɑ 舌位靠后,然后再向 u 的方向滑升,使三个元音结合成一个整体。发音过程中,舌位先降后升,由前到后,曲折幅度大(图 2－43)。例如:

标 biāo	庙 miào	钓 diào	调 tiáo	袅 niǎo
巧妙 qiǎomiào	小鸟 xiǎoniǎo	教条 jiàotiáo	疗效 liáoxiào	苗条 miáotiáo

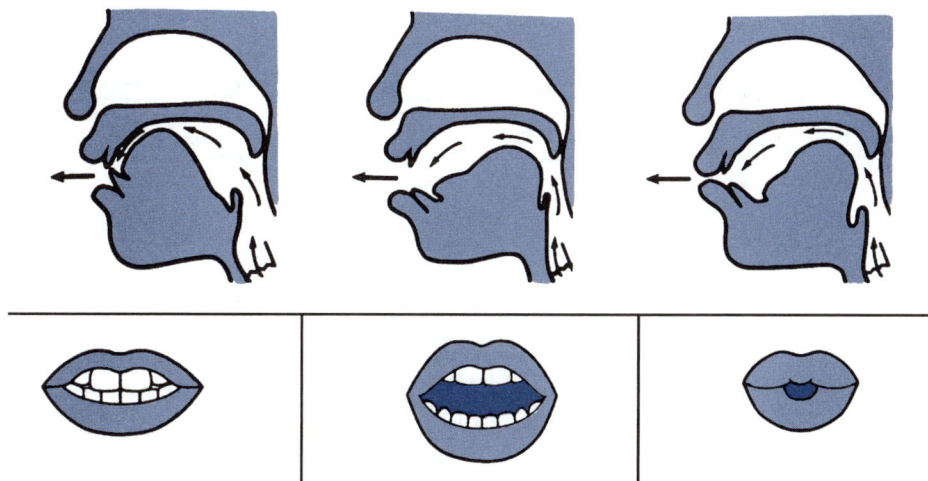

图 2－43　中响复韵母 iao 发音示意图

iou 发音时,先发 i,紧接着舌位降至元音 o,然后再向 u 的方向滑升,使三个元音紧密结合成一个复韵母。发音过程中,舌位先降后升,由前到后,曲折幅度较大(图 2-44)。例如:

妞 niū	六 liù	酒 jiǔ	裘 qiú	秀 xiù
优秀 yōuxiù	久留 jiǔliú	牛油 niúyóu	悠久 yōujiǔ	绣球 xiùqiú

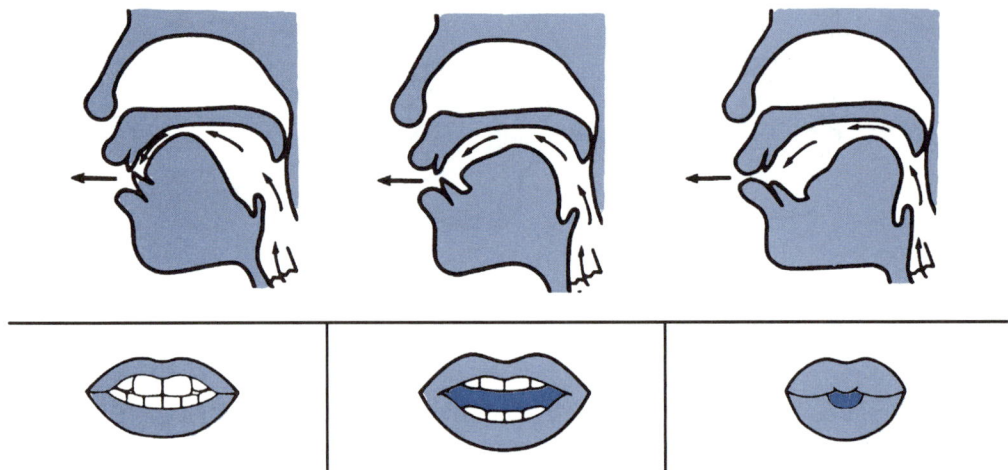

图 2-44 中响复韵母 iou 发音示意图

uai 发音时,先发 u,紧接着舌位降至元音 a,这里的 a 舌位靠前,然后再向 i 的方向滑升,使三个元音结合成一个整体。发音过程中,舌位先降后升,由后到前,曲折幅度大(图 2-45)。例如:

淮 huái	筷 kuài	帅 shuài	怪 guài	歪 wāi
外快 wàikuài	摔坏 shuāihuài	乖乖 guāiguāi	怀揣 huáichuāi	

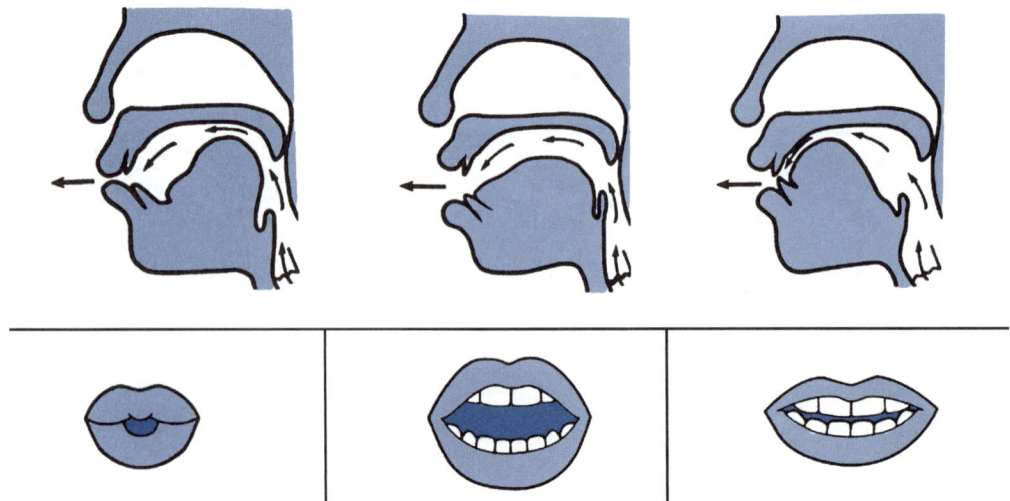

图 2-45 中响复韵母 uai 发音示意图

uei 发音时,先发 u,紧接着舌位降至元音 e,这里的 e 舌位靠前,然后再向 i 的方向滑升,使三个元音紧密结合成一个整体。发音过程中,舌位先降后升,由后到前,曲折幅度较大(图 2－46)。例如:

| 腿 tuǐ | 慧 huì | 椎 zhuī | 睡 shuì | 围 wéi |
| 归队 guīduì | 追随 zhuīsuí | 荟萃 huìcuì | 推诿 tuīwěi | 水位 shuǐwèi |

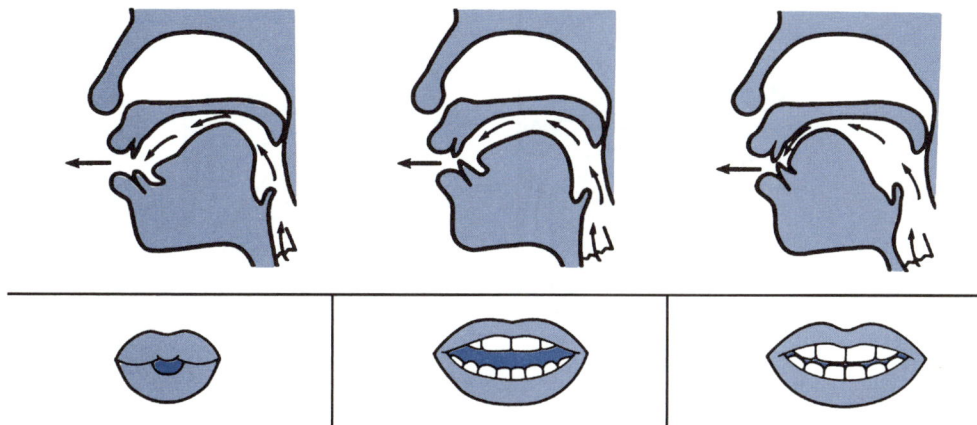

图 2－46 中响复韵母 uei 发音示意图

(三) 鼻韵母的发音

1. 前鼻音韵母:an、en、in、ün、ian、uan、uen、üan

前鼻音韵母的韵尾是鼻辅音-n,韵尾-n 的发音同声母 n 基本相同,只是-n 的部位比声母 n 靠后,一般是舌面前部接触硬腭。

in、ün、ian、uan、uen、üan 自成音节时,写成 yin、yun、yan、wan、wen、yuan。uen 前面加辅音声母的时候,要省写成 un。

an 发音时,先发 a,这里的 a 舌位靠前,然后舌尖向上齿龈移动,最后抵住上齿龈发鼻音 n。口形开合度由大渐小,舌位动程较大(图 2－47)。例如:

| 班 bān | 蛋 dàn | 反 fǎn | 禅 chán | 善 shàn |
| 感叹 gǎntàn | 灿烂 cànlàn | 展览 zhǎnlǎn | 淡然 dànrán | 谈判 tánpàn |

鼻韵母

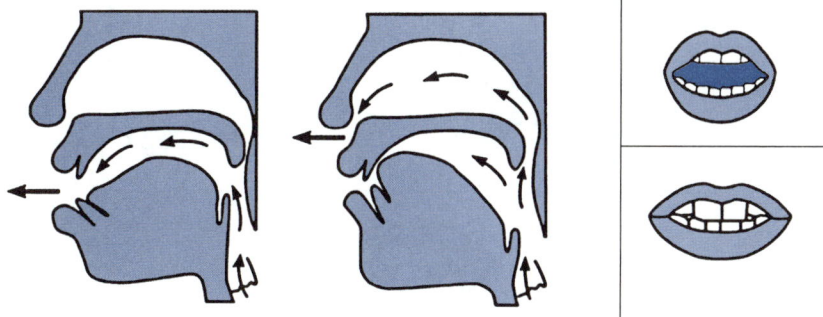

图 2－47 前鼻音韵母 an 发音示意图

en　发音时,先发 e,这里的 e 舌位略微靠前,然后舌尖向上齿龈移动,抵住上齿龈发鼻音 n。口形开合度由大渐小,舌位动程较小(图 2－48)。例如:

肯 kěn	盆 pén	珍 zhēn	嫩 nèn	晨 chén
认真 rènzhēn	根本 gēnběn	深沉 shēnchén	振奋 zhènfèn	人参 rénshēn

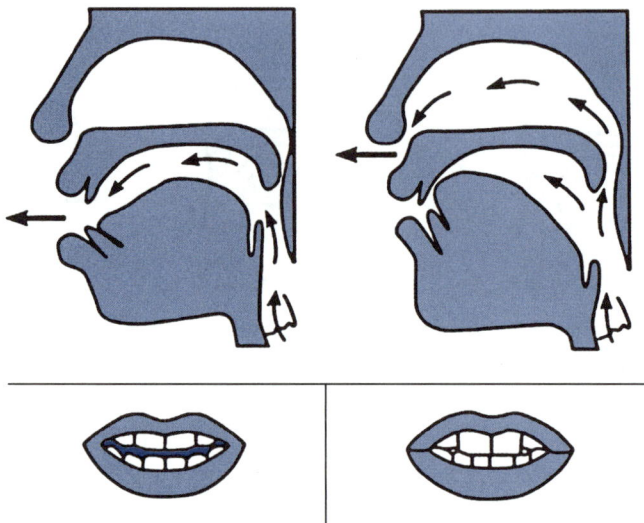

图 2－48　前鼻音韵母 en 发音示意图

in　发音时,先发 i,然后舌尖向上齿龈移动,抵住上齿龈发鼻音 n。口形开合度始终很小,几乎没有变化,舌位动程很小(图 2－49)。例如:

宾 bīn	品 pǐn	您 nín	金 jīn	琴 qín
拼音 pīnyīn	信心 xìnxīn	亲近 qīnjìn	殷勤 yīnqín	引进 yǐnjìn

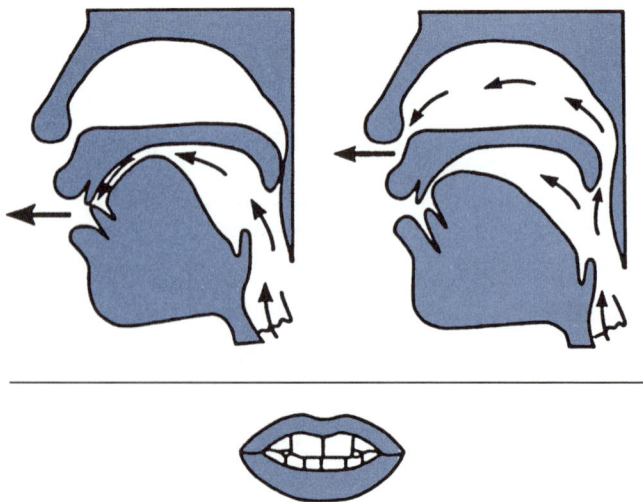

图 2－49　前鼻音韵母 in 发音示意图

ün　发音时，先发 ü，然后舌尖向上齿龈移动，抵住上齿龈发鼻音 n。ün 与 in 的发音状况相似，只是唇形变化不同，ün 唇形从 ü 开始逐步展开，而 in 始终展唇（图 2－50）。例如：

| 君 jūn | 裙 qún | 迅 xùn | 韵 yùn | 允 yǔn |
| 均匀 jūnyún | 军训 jūnxùn | 芸芸 yúnyún | 循循 xúnxún | 逡巡 qūnxún |

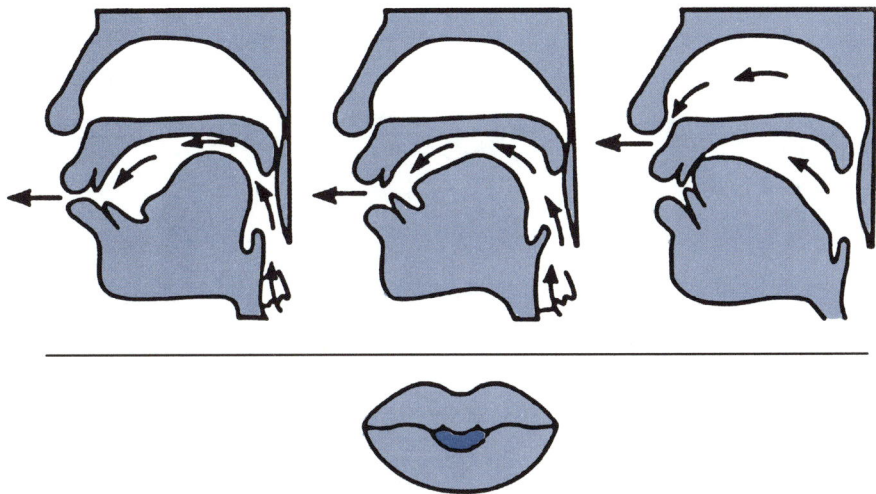

图 2－50　前鼻音韵母 ün 发音示意图

ian　发音时，在韵母 an 前面加一个较短的韵头 i。a 的舌位因同时受到 i 和 n 的影响，处于较前且较高的位置，即前元音[æ]的位置。归音时舌位升高贴向硬腭前部，舌尖向上轻抵上齿龈形成鼻音 n（图 2－51）。例如：

| 辨 biàn | 篇 piān | 田 tián | 潜 qián | 间 jiān |
| 前线 qiánxiàn | 检验 jiǎnyàn | 先天 xiāntiān | 偏见 piānjiàn | 前天 qiántiān |

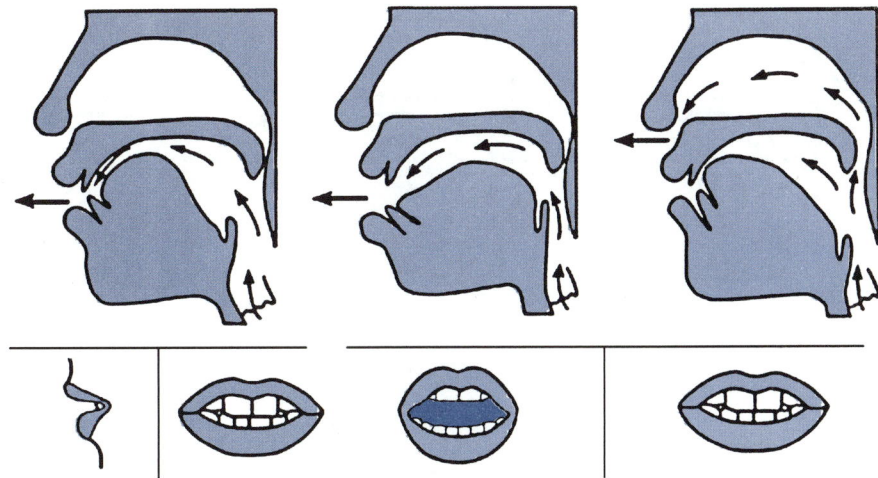

图 2－51　前鼻音韵母 ian 发音示意图

uan 在韵母 an 前加了一个轻短的韵头 u。受 u 的影响,a 的舌位比单发时靠前,发音过程中,口腔开度由合渐开,唇形由圆渐展。uan 的发音动程较大,但和缓(图 2 - 52)。例如:

暖 nuǎn   卵 luǎn   官 guān   赚 zhuàn   欢 huān

贯穿 guànchuān   婉转 wǎnzhuǎn   酸软 suānruǎn   专款 zhuānkuǎn   乱窜 luàncuàn

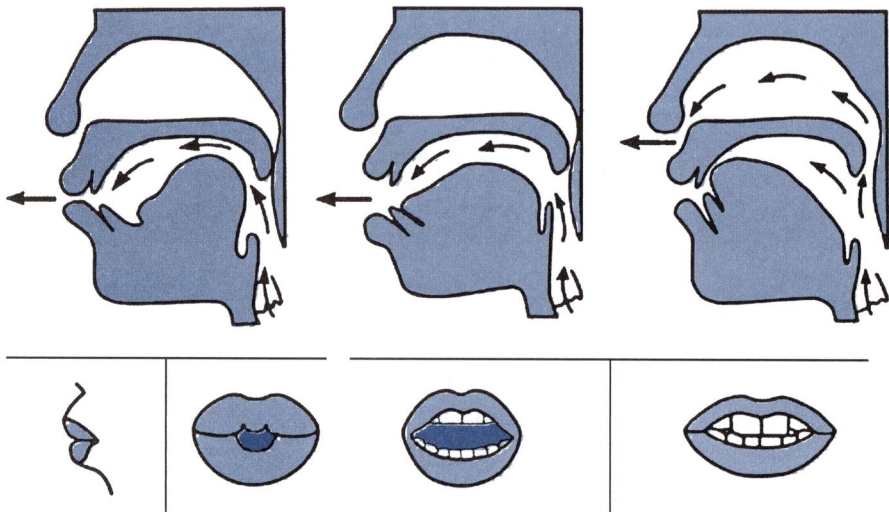

图 2 - 52 前鼻音韵母 uan 发音示意图

uen 在韵母 en 前加了韵头 u。由后高圆唇元音 u 开始,舌位向央元音[ə]滑动,随后舌位升高,前伸接触上齿龈,软腭下降,打开鼻腔通路,发出鼻音 n(图 2 - 53)。例如:

稳 wěn   豚 tún   顿 dùn   顺 shùn   准 zhǔn

春笋 chūnsǔn   温存 wēncún   馄饨 húntun   论文 lùnwén   昆仑 kūnlún

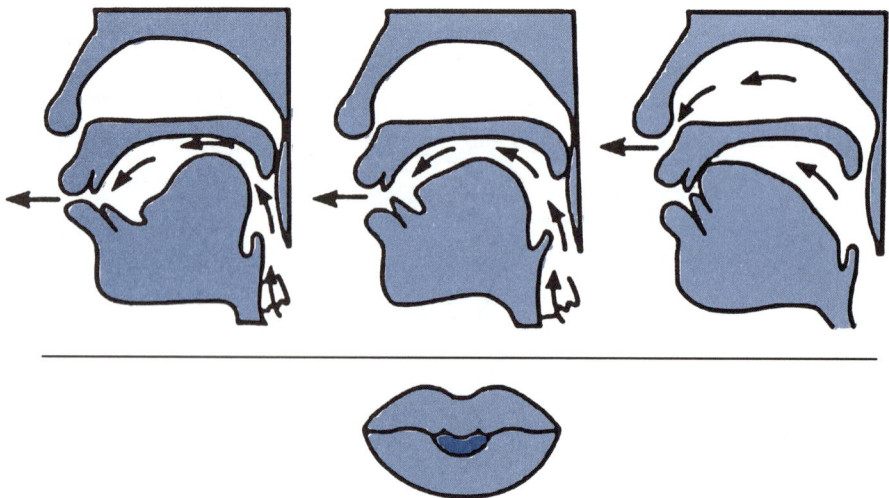

图 2 - 53 前鼻音韵母 uen 发音示意图

　　üan　在韵母 an 前加了一个较短的韵母 ü。受撮口音 ü 的影响,a 的舌位比单发时偏高,略在中部,即前元音[æ]。由高元音 ü 的舌位向前元音[æ]滑动,舌位下降后再升到前鼻韵尾-n 的位置。撮口 ü 也影响到 a 的唇形,在实际发音时,a 的口腔开度稍大,有利于字音更加响亮、清晰(图 2-54)。例如:

眷 juàn	犬 quǎn	旋 xuán	圆 yuán	宣 xuān
轩辕 xuānyuán	全权 quánquán	源泉 yuánquán	涓涓 juānjuān	渊源 yuānyuán

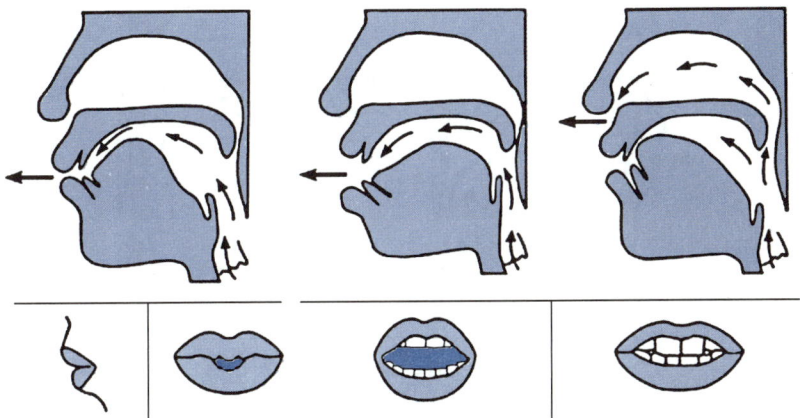

图 2-54　前鼻音韵母 üan 发音示意图

　　2. 后鼻音韵母:ang、eng、ing、ong、iang、iong、uang、ueng

　　后鼻音韵母的韵尾是鼻辅音-ng,韵尾-ng 在普通话中不作声母,只能用作韵尾。ing、iang、uang、ueng、iong 自成音节时,写成 ying、yang、wang、weng、yong。

　　ang　发音时,先发 a,这里的 a 舌位稍靠后,舌头逐渐后缩,舌根抵住软腭,发后鼻音 ng,气流从鼻腔流出。开口度由大渐小,舌位动程较大(图 2-55)。例如:

庞 páng	芳 fāng	糖 táng	朗 lǎng	畅 chàng
厂房 chǎngfáng	沧桑 cāngsāng	帮忙 bāngmáng	当场 dāngchǎng	苍茫 cāngmáng

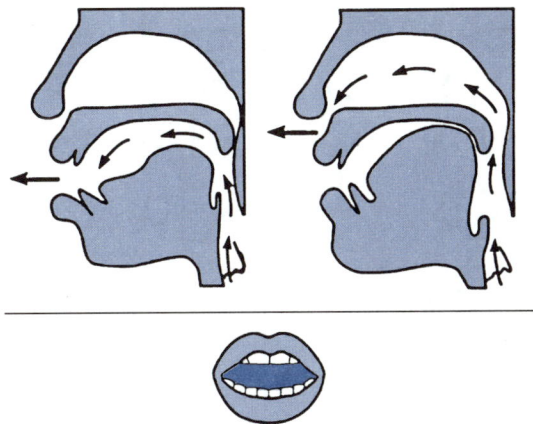

图 2-55　后鼻音韵母 ang 发音示意图

eng 发音时,先发 e,这里的 e 比单元音 e 的舌位略低,舌体后缩,舌根向软腭移动,抵住软腭;紧接着软腭下降,打开鼻腔通路,发后鼻音 ng,气流从鼻腔流出。舌位动程较小(图 2－56)。例如:

萌 méng	声 shēng	蹦 bèng	梦 mèng	捧 pěng
更正 gēngzhèng	生冷 shēnglěng	丰盛 fēngshèng	承蒙 chéngméng	升腾 shēngténg

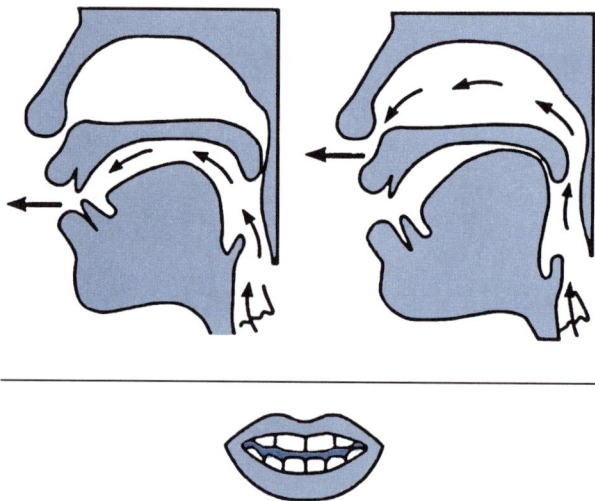

图 2－56　后鼻音韵母 eng 发音示意图

ing 发音时,先发 i,舌头后缩,舌根抵住软腭,发后鼻音 ng,气流从鼻腔流出。口腔没有明显变化(图 2－57)。例如:

秉 bǐng	名 míng	庭 tíng	幸 xìng	景 jǐng
定型 dìngxíng	命令 mìnglìng	叮咛 dīngníng	精英 jīngyīng	清净 qīngjìng

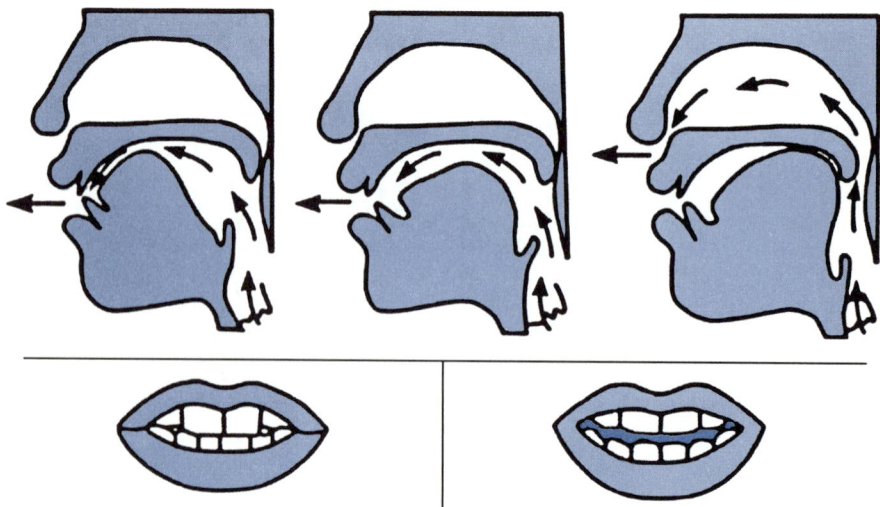

图 2－57　后鼻音韵母 ing 发音示意图

ong 发音时,先发 o,这里的 o 比单元音 o 的舌位略高,舌头后缩,舌根抬高抵住软腭,发后鼻音 ng,气流从鼻腔流出。唇形始终拢圆(图 2-58)。例如:

懂 dǒng   童 tóng   忠 zhōng   荣 róng   龙 lóng

共同 gòngtóng   隆重 lóngzhòng   农工 nónggōng   轰动 hōngdòng   通融 tōngróng

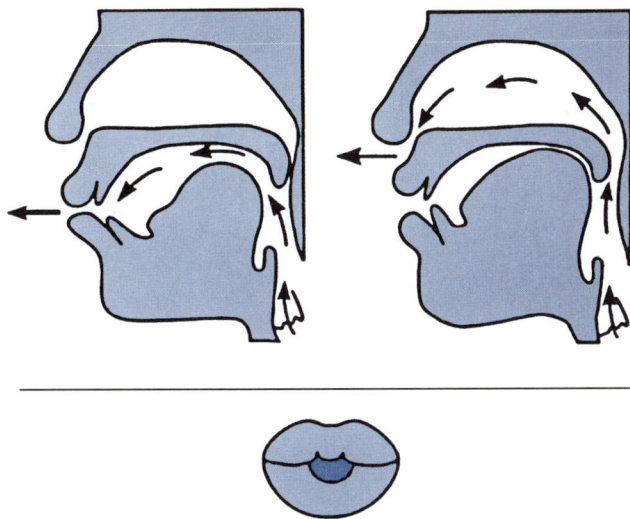

图 2-58 后鼻音韵母 ong 发音示意图

iang 在韵母 ang 前加了一个轻短的韵头 i 结合而成。发音时,iang 的发音动程较大,ang 受到 i 的影响,唇形偏扁(图 2-59)。例如:

酿 niàng   良 liáng   奖 jiǎng   香 xiāng   阳 yáng

亮相 liàngxiàng   想象 xiǎngxiàng   洋相 yángxiàng   两样 liǎngyàng   强项 qiángxiàng

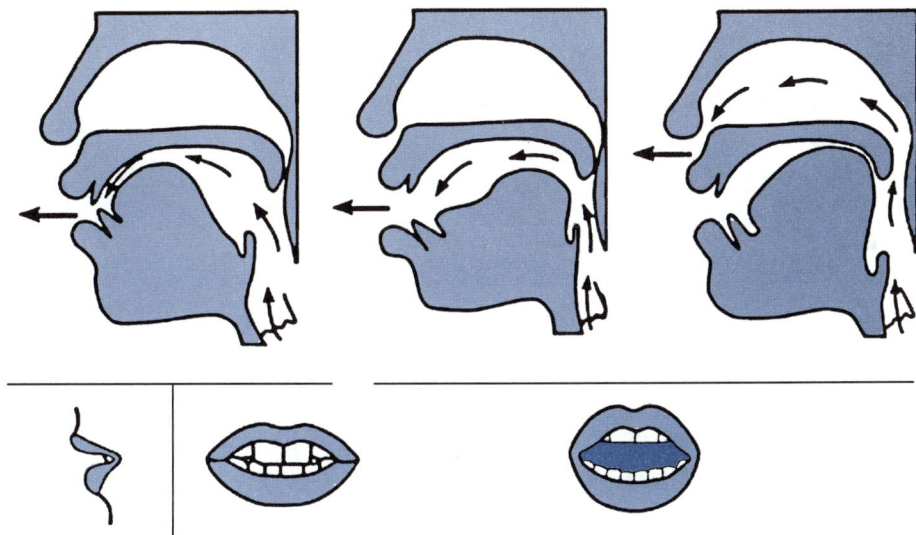

图 2-59 后鼻音韵母 iang 发音示意图

iong　iong 不是元音 i 与 ong 的简单结合，前高元音 i 由于受到后面圆唇元音 o 的影响，由展唇变为圆唇，唇形略撮，类似 ü 的发音动程（图 2-60）。例如：

窘 jiǒng　　　　琼 qióng　　　　雄 xióng　　　　永 yǒng　　　　雍 yōng

汹涌 xiōngyǒng　炯炯 jiǒngjiǒng　穷凶 qióngxiōng　熊熊 xióngxióng

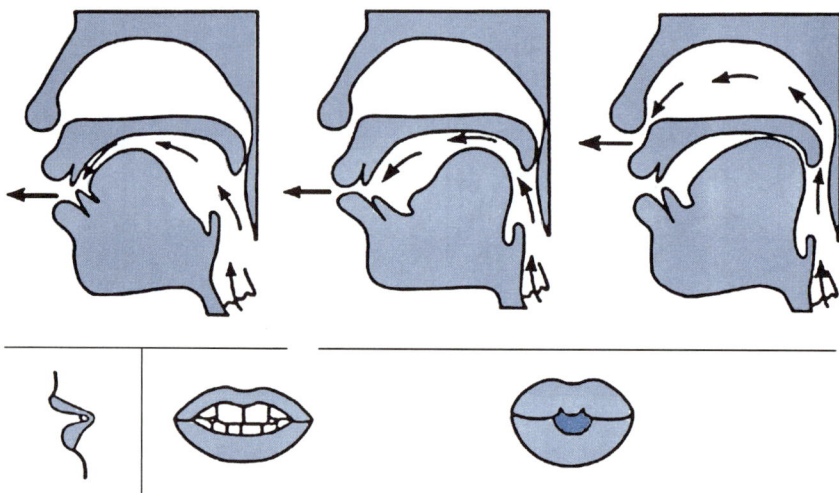

图 2-60　后鼻音韵母 iong 发音示意图

uang　在韵母 ang 前加了一个轻短的韵头 u 结合而成。发音时，uang 的发音动程较大，由高到低再到高。ang 受到 u 的影响，a 的唇形较圆（图 2-61）。例如：

广 guǎng　　　　　皇 huáng　　　　　壮 zhuàng

窗 chuāng　　　　旺 wàng

状况 zhuàngkuàng　　双簧 shuānghuáng　　狂妄 kuángwàng

装潢 zhuānghuáng　　矿床 kuàngchuáng

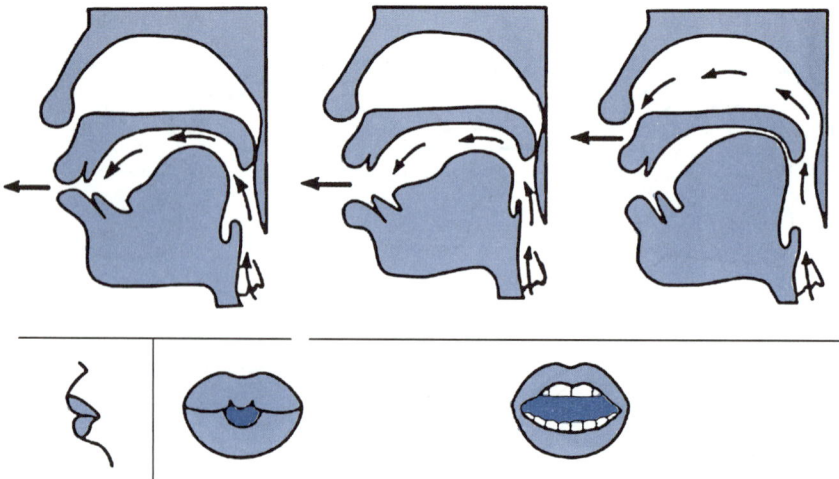

图 2-61　后鼻音韵母 uang 发音示意图

ueng ueng 是韵母 eng 前加上韵头 u 结合而成的。由后高圆唇元音 u 向下滑动,降到比单发的 e 靠前略低的位置,而后舌根与软腭接触,软腭下垂,打开鼻腔通路,发出鼻音 ng(图 2－62)。ueng 自成音节,不与辅音声母相拼,写作 weng。例如:

翁 wēng　　瓮 wèng　　嗡 wēng

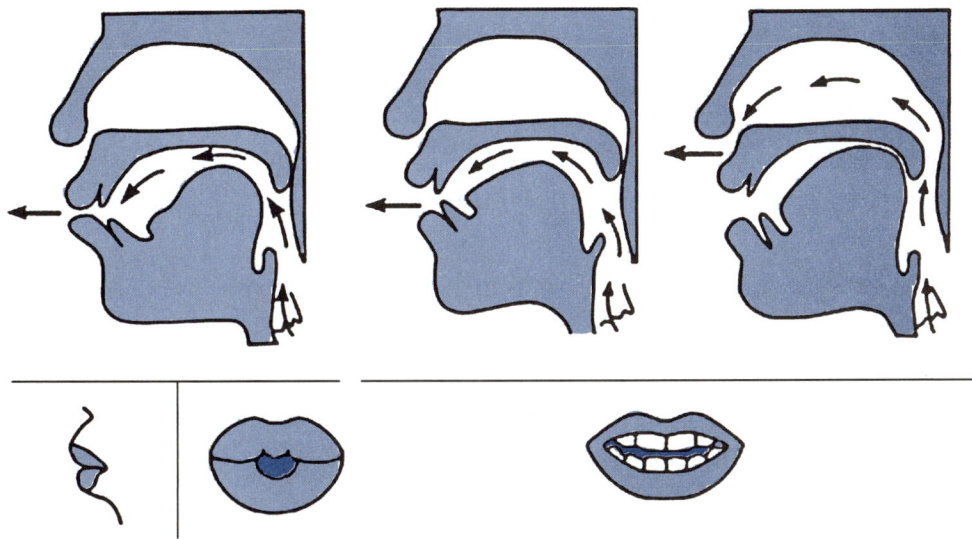

图 2－62　后鼻音韵母 ueng 发音示意图

三、韵母的方音辨正

从韵母系统来看,各地方言存在的问题主要有:单韵母 i 和 ü 不分,o 和 e 不分;前鼻音韵母 an、en、in 和后鼻音韵母 ang、eng、ing 不分;后鼻音韵母 eng 和 ong 不分;单韵母 u 和复韵母 ou 不分;单韵母 o 和复韵母 ai 不分;复韵母 iu(iou)、ui(uei)韵头的丢失等。

(一) 单韵母 i 和 ü

闽方言、客家方言和西南一些地区的方言没有单元音 ü,因此这些地方的人常常把普通话里的 ü 读成 i。i 和 ü 都是舌面前高元音,它们的区别在于唇形,发音时,i 不圆唇,ü 要圆唇。不习惯发 ü 的人,可用唇形变化的方法来练习:先发 i 的音,舌位保持不变,慢慢把嘴唇拢圆,就能发出 ü 的音了。

1. i 和 ü 的辨音

名义 míngyì—名誉 míngyù	前面 qián·miàn—全面 quánmiàn
季节 jìjié—拒绝 jùjué	盐分 yánfèn—缘分 yuánfèn
生意 shēngyi—生育 shēngyù	仪式 yíshì—于是 yúshì

2. 读准下列词语

继续 jìxù	纪律 jìlǜ	谜语 míyǔ	体育 tǐyù	例句 lìjù
崎岖 qíqū	利率 lìlǜ	曲艺 qǔyì	预计 yùjì	比喻 bǐyù

3. 绕口令练习

这天天下雨，体育局穿绿雨衣的女小吕，去找穿绿运动衣的女老李。穿绿雨衣的女小吕，没找到穿绿运动衣的女老李，穿绿运动衣的女老李，也没见着穿绿雨衣的女小吕。

（二）单韵母 e 和 o

北方地区有些方言会把韵母 o 念成 e，如"坡、破、摸"的韵母读成 e；西南地区有些方言会把韵母 e 念成 o，如"哥、和、颗、喝"的韵母读成 o。o 和 e 发音情况大致相同，区别在于发 o 音时唇形圆，发 e 音时唇形不圆。因此我们可以用唇形变化的方法来练习，掌握这两个韵母的正确发音。

另外，普通话的韵母 o 只跟 b、p、m、f 拼合，而韵母 e 却相反，不能和这四个声母拼合（"什么"的"么"字除外）。学习时，掌握这个规律也有利于这两个音的辨别。

1. 读准下列词语

破格 pòɡé	波折 bōzhé	磨合 móhé	隔膜 ɡémó	薄荷 bòhe
胳膊 ɡēbo	折磨 zhémó	刻薄 kèbó	叵测 pǒcè	墨盒 mòhé

2. 绕口令练习

打南坡走过来个老婆婆，俩手托着俩笸箩。左边笸箩里装的菠萝，右边笸箩里装的萝卜。你说说，是左边笸箩里的菠萝多，还是右边笸箩里的萝卜多？说的对，送给你一笸箩菠萝；说的不对，罚你替老婆婆把两笸箩菠萝和萝卜送到大北坡。

（三）鼻音韵尾 -n 和 -ng

很多地区方言的发音分不清"陈旧"和"成就"、"人民"和"人名"、"弹琴"和"谈情"等词汇，这是由于前鼻音韵尾 -n 和后鼻音韵尾 -ng 相混所致。如上海话中一般把 eng 和 ing 的韵尾读成 -n，南京话不能区分 an 和 ang，而宁夏话会把 en、in、uen、ün 的韵尾读成后鼻音韵尾 -ng。

辨别这两类鼻韵母，关键在于发好韵尾 -n 和 -ng。发韵尾 -n 时，舌尖轻轻抵住上齿龈，由舌尖和上齿龈构成阻碍；发韵尾 -ng 时，舌根向上抬起，后缩抵住软腭，由舌根和软腭构成阻碍。此外，前鼻音韵母的主要元音的舌位偏前，后鼻音韵母的主要元音的舌位一般偏后，明确二者区别对我们发准鼻韵母都是有帮助的。

学会分辨前后鼻音的发音之后，还必须记住哪些字是前鼻音韵母，哪些字是后鼻音韵母，我们也可利用汉字的声旁来帮助记忆，如"青"的韵尾是 -ng，那么以"青"作声旁的字（清、请、情、晴、精、睛等）韵尾大多数都是 -ng。"分"的韵尾是 -n，那么以"分"作声旁的字（份、粉、纷、氛、盆、芬等）的韵尾多为 -n。这样只要记住一些代表字，就可以类推出一大批字的读音来。

1. 前后鼻音韵母的辨音

烂漫 lànmàn—浪漫 lànɡmàn	开饭 kāifàn—开放 kāifànɡ
清真 qīnɡzhēn—清蒸 qīnɡzhēnɡ	人参 rénshēn—人生 rénshēnɡ
亲近 qīnjìn—清静 qīnɡjìnɡ	信服 xìnfú—幸福 xìnɡfú
春天 chūntiān—冲天 chōnɡtiān	伦敦 lúndūn—隆冬 lónɡdōnɡ

2. 读准下列词语

杠杆 ɡànɡɡǎn	汤碗 tānɡwǎn	深层 shēncénɡ	真正 zhēnzhènɡ

奔腾 bēnténg	进行 jìnxíng	平民 píngmín	阴影 yīnyǐng
清新 qīngxīn	心灵 xīnlíng	运用 yùnyòng	甜香 tiánxiāng
盼望 pànwàng	通讯 tōngxùn	艳阳 yànyáng	滚筒 gǔntǒng

3. 绕口令练习

(1) an 和 ang。

三娘在山上放三只山羊,三只山羊翻过山梁,三娘翻过山梁去找三只山羊,三只山羊躲在杉树旁,三娘到杉树旁才找到三只山羊。

(2) en 和 eng。

老彭拿着一个盆,路过老陈住的棚,盆碰棚,棚碰盆,棚倒盆碎棚压盆,老陈要赔老彭的盆,老彭不要老陈来赔盆,老陈陪着老彭去补盆,老彭帮着老陈来修棚。

(3) in 和 ing。

小金到北京看风景,小京到天津买纱巾。看风景,用眼睛,还带一个望远镜;买纱巾,带现金,到了天津把商店进。买纱巾,用现金,看风景,用眼睛,巾、金、睛、景要分清。

(4) un 和 ong。

说你会炖我的炖冻豆腐,来炖我的炖冻豆腐,不会炖我的炖冻豆腐,别胡炖乱炖假充会炖我的炖冻豆腐,炖坏了我的炖冻豆腐,那就吃不成我的炖冻豆腐。

(5) eng 和 ing。

高高山上一条藤,藤条头上挂铜铃。风吹藤动铜铃动,风停藤停铜铃停。

(6) en 和 ing。

桌上放个盆,盆里有个瓶,砰砰啪啪,啪啪砰砰,不知是瓶碰盆,还是盆碰瓶。

(7) 后鼻音训练。

天上看,满天星,地下看,有个坑;坑里看,有盘冰。坑外长着一老松,松上落着一只鹰,松下坐着一老僧,僧前放着一部经,经前点着一盏灯,墙上钉着一根钉,钉上挂着一张弓。说刮风,就刮风,刮得男女老少难把眼睛睁。刮散了天上的星,刮平了地上的坑,刮化了坑里的冰,刮倒了坑外的松,刮飞了松上的鹰,刮走了松下的僧,刮乱了僧前的经,刮灭了经前的灯,刮掉了墙上的钉,刮翻了钉上的弓。这是一个星散、坑平、冰化、灯倒、鹰飞、僧走、经乱、灯灭、钉掉、弓翻的绕口令。

4. 常用前后鼻音汉字练习

(1) 常用前鼻音汉字练习(in、en、un、ün)。

民 品 因 进 新 亲 引 仅 紧 尽 金 心 印 频 银 侵 斤 信
临 今 林 阴 秦 音 近 人 很 任 门 分 怎 跟 神 粉 陈 认
甚 身 审 沉 针 伸 份 阵 镇 深 真 根 本 问 文 温 稳 吨
论 轮 准 春 纯 顺 润 孙 混 存 村 损 云 运 迅 训 盾 菌
均 军 群

(2) 常用后鼻音汉字练习(ing、eng、ueng)。

政 争 整 证 征 蒸 增 成 程 称 城 承 曾 层 生 声 省 升
胜 兵 病 并 平 评 名 明 命 丁 定 顶 听 停 庭 宁 领 令
另 灵 景 晶 精 境 井 静 京 径 经 竟 情 青 清 氢 庆 请

轻 星 兴 刑 行 型 性 形 硬 迎 映 营 英 影 应 横 盟 衡
灯 丰 冷 封 正 能 更 风 等 仍 翁

（四）后鼻音韵母 eng 和 ong

不少方言区的人把"风（fēng）"读成"fōng"，读这两个音节时，要注意 eng 为不圆唇音，ong 为圆唇音。另外要记住一条声韵拼合规律，即鼻韵母"ong"不能和唇音声母 b、p、m、f 相拼构成音节，因此，凡遇到唇音声母相拼的字，一律读成"eng"就对了。例如"崩、朋、猛、风"等字，韵母只能是 eng。

1. eng 和 ong 的辨音

更正 gēngzhèng—公众 gōngzhòng   登峰 dēngfēng—东风 dōngfēng
恒星 héngxīng—红星 hóngxīng   征用 zhēngyòng—中用 zhōngyòng
正视 zhèngshì—重视 zhòngshì   征程 zhēngchéng—忠诚 zhōngchéng

2. 读准下列词语

耕种 gēngzhòng   冷冻 lěngdòng   郑重 zhèngzhòng   灯笼 dēnglong
疼痛 téngtòng   争宠 zhēngchǒng   终生 zhōngshēng   称颂 chēngsòng

3. 绕口令练习

（1）eng。

丝瓜藤，绕丝绳，丝绳绕上丝瓜藤。藤长绳长绳藤绕，绳长藤伸绳绕藤。

（2）ong。

桐木桶，桶有洞，补洞用桐不用铜。用铜补洞补不住，用桐补桶桶无洞。

（3）eng 和 ong。

刮着大风放风筝，风吹风筝挣断绳。

风筝断绳风筝松，断绳风筝随风送。

风不停，筝不停，风停风筝自不行。

青龙洞中龙做梦，青龙做梦出龙洞，做了千年万载梦，龙洞困龙在深洞。

自从来了新愚公，愚公捅开青龙洞，青龙洞中涌出龙，龙去农田做农工。

（五）避免复韵母韵头 i 和 u 的丢失

有些方言区的人学说普通话时往往会丢失韵头 i 或 u，例如湖北方言中把"家、敲"读成"gā、kāo"，不但丢失了韵头，甚至连声母都改变了。西南方言区的人往往把"对（duì）"读成"dèi"；吴方言区的人常常把"推（tuī）"读成"tēi"，把"春笋（chūnsǔn）"读成"cēnsěn"。u 韵头的丢失，原因比较简单，主要是为了发音便利，而丢掉韵头。i 韵头的有无则比较复杂，除了与 u 韵头丢失原因相同外，还有一部分字没有韵头是由于语音演变造成的。辨音时，应该注意学好两类韵母的发音，弄清字音的韵母有无 i 或 u 韵头，还应注意将本地方言与普通话的读音进行比较，找出对应规律，进行系统地纠正。

1. 读准下列词语

摔掉 shuāidiào—筛掉 shāidiào   踝骨 huáigǔ—骸骨 háigǔ
损坏 sǔnhuài—损害 sǔnhài   奇怪 qíguài—乞丐 qǐgài
黑色 hēisè—灰色 huīsè   不给 bùgěi—不轨 bùguǐ
电话 diànhuà—淡化 dànhuà   天上 tiānshàng—摊上 tānshàng

2. 绕口令练习

（1）ia 和 ua。

天空飘着一片霞，水上游来一群鸭。霞是五彩霞，鸭是麻花鸭，麻花鸭游进五彩霞，五彩霞网住麻花鸭。乐坏了鸭，拍碎了霞，分不清是鸭还是霞。

（2）un(uen) 和 en。

门背后有根闷棍开门别碰闷棍。

（3）ian 和 üan。

男演员、女演员，同台演戏说方言。男演员说吴方言，女演员说闽南言。男演员演飞行员，女演员演研究员。研究员、飞行员；吴方言、闽南言。你说男女演员演得全不全？

（4）ui 和 ei。

黑肥混灰肥，灰肥混黑肥。黑肥混灰肥，黑肥灰又黑。黑肥混灰肥，肥比黑肥灰；灰肥混黑肥，肥比灰肥黑。

四、容易读错声母、韵母的词语

哀悼 āidào	蛏子 chēngzi	琥珀 hǔpò	姘居 pīnjū
船舶 chuánbó	褫夺 chǐduó	戛然 jiárán	剖析 pōuxī
粗糙 cūcāo	尺蠖 chǐhuò	饯别 jiànbié	蹊跷 qīqiao
胆怯 dǎnqiè	炽热 chìrè	疖子 jiēzi	角色 juésè
脐带 qídài	雕塑 diāosù	檄文 xíwén	私囊 sīnáng
孑孓 jiéjué	结束 jiéshù	荨麻 qiánmá	模具 mújù
雪橇 xuěqiāo	粳米 jīngmǐ	掮客 qiánkè	悬腕 xuánwàn
歼灭 jiānmiè	椽子 chuánzi	颧骨 quángǔ	埋怨 mányuàn
船埠 chuánbù	腈纶 jīnglún	妊娠 rènshēn	晌午 shǎngwǔ
邋遢 lāta	蹂躏 róulìn	纤维 xiānwéi	愚氓 yúméng
大氅 dàchǎng	髋骨 kuāngǔ	偌大 ruòdà	安瓿 ānbù
癫痫 diānxián	内踝 nèihuái	杉篙 shāgāo	谙练 ānliàn
跌宕 diēdàng	颞骨 niègǔ	疝气 shànqì	似的 shìde
白癣 báixuǎn	恫吓 dònghè	蘖枝 nièzhī	贲门 bēnmén
侗族 dòngzú	啮齿 nièchǐ	猞猁 shēlì	鼻衄 bínù
讣告 fùgào	牛蒡 niúbàng	社稷 shèjì	编纂 biānzuǎn
付讫 fùqì	牛腩 niúnǎn	神龛 shénkān	濒临 bīnlín
疱疹 pàozhěn	市侩 shìkuài	觇标 chānbiāo	沙瓤 shāráng
盥洗 guànxǐ	捧哏 pěnggén	嗜好 shìhào	乳臭 rǔxiù
蟾蜍 chánchú	囫囵 húlún	纰漏 pīlòu	暂时 zànshí
秫秸 shújie	思忖 sīcǔn	眼睑 yǎnjiǎn	模样 múyàng
玉玺 yùxǐ	誊清 téngqīng	榫眼 sǔnyǎn	谒见 yèjiàn
薏米 yìmǐ	特赦 tèshè	炭疽 tànjū	衣钵 yībō
绦虫 tāochóng	肄业 yìyè	侦缉 zhēnjī	痈疽 yōngjū

延髓 yánsuǐ	臀部 túnbù	莜麦 yóumài	肆虐 sìnüè
萎谢 wěixiè	褶皱 zhězhòu	水泵 shuǐbèng	发酵 fājiào
涡流 wōliú	砧板 zhēnbǎn	香椿 xiāngchūn	墒情 shāngqíng
斡旋 wòxuán	箴言 zhēnyán	献媚 xiànmèi	舢板 shānbǎn
污秽 wūhuì	柞蚕 zuòcán	龋齿 qǔchǐ	佐证 zuǒzhèng
租赁 zūlìn	下颌 xiàhé	诠释 quánshì	媲美 pìměi
铣床 xǐchuáng	蜷曲 quánqū	砒霜 pīshuāng	自刎 zìwěn
吸吮 xīshǔn	锖水 qiāngshuǐ	抨击 pēngjī	作揖 zuòyī
锡纸 xīzhǐ	犄角 jījiǎo	弩弓 nǔgōng	辎重 zīzhòng
乌拉草 wùlacǎo	积攒 jīzǎn	句读 jùdòu	奴婢 núbì
赘婿 zhuìxù	晤面 wùmiàn	跻身 jīshēn	装殓 zhuāngliàn
荟萃 huìcuì	碾砣 niǎntuó	撰著 zhuànzhù	污垢 wūgòu
黄芪 huángqí	匿迹 nìjì	贮藏 zhùcáng	倭寇 wōkòu
寰宇 huányǔ	蛲虫 náochóng	紊乱 wěnluàn	奶酪 nǎilào
肘腋 zhǒuyè	文牍 wéndú	枸杞 gǒuqǐ	临摹 línmó
痔瘘 zhìlòu	围歼 wéijiān	咖喱 gālí	老茧 lǎojiǎn
桎梏 zhìgù	涎水 xiánshuǐ	蜚声 fēishēng	谰言 lányán
甄别 zhēnbié	网兜 wǎngdōu	扉页 fēiyè	岿然 kuīrán
蛰伏 zhéfú	外债 wàizhài	阿胶 ējiāo	糠秕 kāngbǐ
笊篱 zhàoli	唾弃 tuòqì	肚脐 dùqí	咯血 kǎxiě
笃信 dǔxìn	酵母 jiàomǔ	渣滓 zhāzǐ	蜕变 tuìbiàn
抽噎 chōuyē	缄默 jiānmò	造诣 zàoyì	稗子 bàizi
推崇 tuīchóng	苍术 cāngzhú	豢养 huànyǎng	驮子 duòzi
造孽 zàoniè	头颅 tóulú	鹁鸪 bógū	荏苒 rěnrǎn
糟粕 zāopò	铁锨 tiěxiān	星宿 xīngxiù	惬意 qièyì
秩序 zhìxù	戏谑 xìxuè	熨斗 yùndǒu	箍紧 gūjǐn
饲料 sìliào	瑕疵 xiácī	贿赂 huìlù	殷红 yānhóng
跳蚤 tiàozao	商榷 shāngquè	巷道 hàngdào	桅杆 wéigān
信笺 xìnjiān	园圃 yuánpǔ	调羹 tiáogēng	坨子 tuózi
老鸹 lǎoguā	潸然 shānrán	尉迟 yùchí	豆豉 dòuchǐ
粗犷 cūguǎng	拓本 tàběn	字模 zìmú	整饬 zhěngchì
膏肓 gāohuāng	恸哭 tòngkū	轧钢 zhágāng	木铎 mùduó
豇豆 jiāngdòu	瓜蔓 guāwàn	押解 yājiè	迫击炮 pǎijīpào
隽永 juànyǒng	鸟窠 niǎokē	白术 báizhú	恪守 kèshǒu
束缚 shùfù	弄堂 lòngtáng	婀娜 ēnuó	虎跑寺 hǔpáosì
搁浅 gēqiǎn	解剖 jiěpōu	拄杖 zhǔzhàng	禅让 shànràng
蛊惑 gǔhuò		呱呱坠地 gūgūzhuìdì	
讹传 échuán		否极泰来 pǐjítàilái	

附录 2　韵母难点音类推表

en 韵 母

门—mēn 闷(闷热)；mén 门、们(图们江)、扪；mèn 闷(闷闷不乐)、焖；men 们

刃—rěn 忍；rèn 刃、仞、纫、韧、轫

分—pén 盆；fēn 分(分析)、芬、吩、纷、氛；fén 汾、棼；fěn 粉；fèn 分(分内)、份、忿

壬—rén 壬、任(姓)；rěn 荏；rèn 任(任务)、饪、妊、衽

本—běn 本、苯；bèn 笨

申—shēn 申、伸、呻、绅、砷；shěn 审、谂、婶

珍—zhēn 珍；zhěn 诊、疹；chèn 趁

贞—zhēn 贞、侦、祯、桢

艮—gēn 根、跟；gèn 艮、茛；kěn 垦、恳；hén 痕；hěn 很、狠；hèn 恨

辰—chén 辰、宸、晨；zhèn 振、震

枕—zhěn 枕；chén 忱；shěn 沈

肯—kěn 肯、啃

参—cēn 参(参差)；shēn 参(人参)；shèn 渗

贲—bēn 贲；pēn 喷(喷泉)；pèn 喷(喷香)；fèn 愤

甚—zhēn 真；zhěn 缜；zhèn 镇；chēn 嗔；shèn 慎

eng 韵 母

风—fēng 风、枫、疯；fěng 讽

正—zhēng 正(正月)、怔、征、症；zhěng 整；zhèng 正、证、政、症；chéng 惩

生—shēng 生、牲、甥、笙；shèng 胜

成—chéng 成、诚、城、盛(盛饭)；shèng 盛(盛会)

争—zhēng 争、挣(挣扎)、峥、狰、睁、铮、筝；zhèng 诤、挣(挣脱)

丞—chéng 丞；zhēng 蒸；zhěng 拯

亨—pēng 烹；hēng 亨、哼

更—gēng 更(更正)；gěng 埂、绠、哽、梗、鲠；gèng 更(更加)

呈—chéng 呈、程、酲；chěng 逞

庚—gēng 庚、赓

奉—pěng 捧；fèng 奉、俸

朋—bēng 崩、绷(绷带)；běng 绷(绷着脸)；bèng 蹦；péng 朋、棚、硼、鹏

孟—měng 勐、猛、锰、蜢、艋；mèng 孟

峰—péng 蓬、篷；fēng 峰、烽、锋、蜂；féng 逢、缝(缝衣)；fèng 缝(门缝)

乘—chéng 乘；shèng 乘(史乘)、剩、嵊

曾—zēng 曾(姓)、憎、增、缯；zèng 赠；céng 曾(曾经)、嶒；cèng 蹭；sēng 僧

彭—pēng 澎；péng 彭、澎、膨

愣—léng 愣、楞；lèng 愣

登—dēng 灯、登、蹬；dèng 凳、澄(澄清)、磴、镫、瞪；chéng 澄(澄澈)

誊—téng 誊、腾、滕、藤

蒙—mēng 蒙(蒙骗)；méng 蒙(蒙蔽)、濛、檬、曚、朦(朦胧)、艨；měng 蒙(蒙古)、蠓

<h2 style="text-align:center">in 韵 母</h2>

心—xīn 心、芯(灯芯)；xìn 芯(芯子)；qìn 沁

今—jīn 今、衿、矜；jìn 妗；qīn 衾；qín 琴、芩；yín 吟

斤—jīn 斤；jìn 近、靳；qín 芹；xīn 忻、昕、欣、新、薪

民—mín 民、岷；mǐn 抿

因—yīn 因、洇、茵、姻、氤、铟

阴—yīn 阴；yìn 荫

尽—jǐn 尽(尽管)；jìn 尽(尽力)、浕、烬

辛—xīn 辛、莘(莘庄)、锌；shēn 莘(莘莘学子)

林—lín 林、淋、琳、霖；bīn 彬

侵—jìn 浸；qīn 侵；qǐn 寝

宾—bīn 宾、傧、滨、缤、槟、镔；bìn 摈、殡、鬓；pín 嫔

堇—jǐn 堇、谨、馑、瑾、槿；qín 勤；yín 鄞

禽—qín 禽、擒、噙

禁—jīn 襟；jìn 禁、噤

嶙—lín 邻、粼、遴、嶙、璘、辚、磷、鳞、麟

<h2 style="text-align:center">ing 韵 母</h2>

丁—dīng 丁、仃、疔、盯、钉(钉子)、酊(碘酊)；dǐng 顶、酊(酩酊)；dìng 订、钉；tīng 厅、汀

并—bǐng 饼、屏(屏气)；bìng 并、摒(摒除)；píng 瓶、屏(屏风)；pīn 姘

宁—níng 宁(安宁)、拧、咛、狞、柠；nǐng 拧(拧螺丝钉)；nìng 宁(宁可)、泞、拧(拧脾气)

丙—bǐng 丙、炳、柄；bìng 病

平—píng 平、评、苹、坪、枰、萍

令—líng 伶、泠、苓、玲、瓴、铃、鸰、聆、蛉、翎、零、龄；lǐng 令(一令纸)、岭、领；lìng 令(命令)；līn 拎

名—míng 名、茗、铭；mǐng 酩

廷—tíng 廷、庭、霆；tǐng 挺、梃、铤、艇

形—xíng 刑、邢、形、型；jīng 荆

京—jīng 京、惊、鲸；qíng 黥

定—dìng 定、腚、碇、锭

英—yīng 英、媖、瑛、锳

茎—jīng 泾、茎、经；jǐng 颈、刭；jìng 劲（劲敌）、径、胫、痉；qīng 轻、氢

青—qīng 青、清、蜻、鲭；qíng 情、晴、氰；qǐng 请；jīng 菁、睛、精；jìng 靖、静

冥—míng 冥、溟、暝、瞑、螟

亭—tíng 亭、停、渟、葶、婷

凌—líng 凌、陵、菱、绫

竟—jìng 竟、境、镜

营—yīng 莺；yíng 荥、莹、萤、营、萦、滢

婴—yīng 婴、撄、嘤、缨、樱、鹦、罂

敬—jǐng 儆、警；jìng 敬；qíng 擎

景—jǐng 景、憬；yǐng 影

第四节　声　　调

普通话声调

一、声调的性质及其作用

（一）声调的性质

普通话的音节，除了声母和韵母之外，还有一个贯穿整个音节的声调。声调是一个音节高低升降变化的标志。例如："tōng, tóng, tǒng, tòng"四个音节的差异，就在于声调的不同。

（二）声调的作用

在汉语的语音系统里，一般来说，一个汉字就是一个音节，所以声调也叫字调，它起到表意的作用。如"通、瞳、桶、痛"的意义不同，就是声调的不同造成的。所以说相同的声母、韵母组合在一起的音节，因为声调的不同而表示不同的意思。例如："鼓励 gǔlì、孤立 gūlì""艰巨 jiānjù、检举 jiǎnjǔ""菜花 càihuā、才华 cáihuá""登记 dēngjì、等级 děngjí""假装 jiǎzhuāng、嫁妆 jiàzhuang"等。声调有时候还能区别词性。例如："好 hǎo（形容词）、好 hào（动词）""背 bèi（名词）、背 bēi（动词）""磨 mó（动词）、磨 mò（名词）"等。

汉语区别于世界上许多语言的一个重要特点就是有声调。声调反映着普通话或任何一种方言语音的基本特征。由于声调是能区别意义的音高变化，而音高性质具有超音段特征等，这给普通话的学习带来一定的困难。只有在掌握对应规律的基础上加强训练，才能熟练地掌握普通话的声调。

二、调值和调类

（一）调值

调值是声调的实际读法。调值产生于音节的高低、升降、曲直、长短的具体变化形式。

常用的确定调值的方法是语言学家赵元任设计的"五度标记法"。具体是用一条垂直的参照线作为坐标，把这条线分成四格五点，该条线自下而上分别对应低音、半低音、中音、半高音、高音五段，用1、2、3、4、5五度表示，然后在竖线左边画上声调的音高变化曲线，

这样就形象地反映音节的调值。"五度标记法"图示如右图(图2-63)。

(二) 调类与四声

调类是指声调的分类，就是将一种语言中调值相同的音节归纳在一起形成的类别。因此一种语言（或方言）有多少个调值，也就有多少种调类。调类和调值之间存在着互为表里的关系：调值是声调的"实"，调类是声调的"名"。如用普通话读所有的汉字，可以读出四种不同的声调，因而普通话就有四个调类：阴平、阳平、上声、去声，简称四声。普通话里，"阴、阳、上、去"四个字的声调正好是阴平、阳平、上声、去声。这四声人们也习惯按顺序称为第一声、

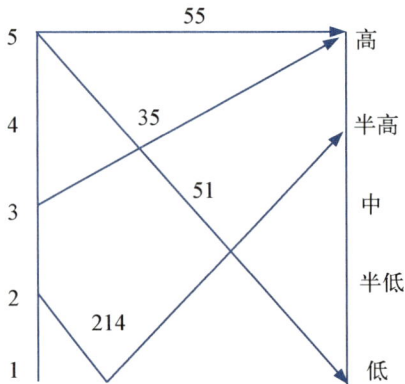

图2-63 普通话声调五度标记法

第二声、第三声、第四声。特定调类与特定调值之间的对应在不同的方言中有不同的表现。调类相同并不意味着调值相同，调值相同也不意味着调类相同。

(三) 调号与标调法

调号就是标记声调的符号。《汉语拼音方案》规定声调通常用四种符号来表示，即用"—"表示阴平，用"/"表示阳平，用"∨"表示上声，用"\"表示去声。

调号应当标在音节的主要元音上。在汉语六个主要元音中，发音最响亮的是a，依次下去是o、e、i、u、ü，标调也按此顺序排列，一个音节有a，调号就标在a上，如mā(妈)；没有a，就标在o或e上，如dòu(豆)、lèi(类)，依次类推。若韵母由两个元音构成，且第一个元音为i、u、ü时，则将声调标示在第二个元音上，如liúshuǐ(流水)，调号如标在i上，i上一点要省去，ü碰到j、q、x、y就去掉ü上两点。下面的顺口溜可以帮助我们记住标调的方法："a母出现莫放过，没有a母找o、e，i、u并排标在后，i上标调把点抹，单个韵母头上画，这样标调不会错。"普通话语流音变中的轻声音节不标调号，如"行李"的"李"拼音为"li"。

三、普通话调值

普通话声调有四种具体不同的读法。

第一声　高平调　阴平

发音时声带绷到最紧，始终保持发高音，基本上没有升降的变化，由5度到5度，也称55调，音长在四声中属次短。

单音节：	yīn 阴	māo 猫	zhī 知	suī 虽	kē 科	xiāng 香	hān 酣	guāi 乖
双音节：	xī'ān 西安	bōyīn 播音	yōngjūn 拥军	gōngshāng 工商	zhēnghūn 征婚			
多音节：	xīngqītiān 星期天	gōngjījīn 公积金	dōngguātāng 冬瓜汤	zhēnxīguāngyīn 珍惜光阴	jū'ānsīwēi 居安思危			

第二声　高升调　阳平

发音时声带逐渐绷紧，声音由中度起音向上扬起，即由3度到5度，也称35调，音长

在四声中属次长。

单音节：	yáng 阳	dí 敌	shén 神	chuáng 床	xié 斜	fáng 房	bái 白	páo 刨

双音节：	shíyóu 石油	móxíng 模型	jiéyú 结余	hégé 合格	tícái 题材

多音节：	Yíhéyuán 颐和园	értóngjié 儿童节	yuánlínjú 园林局	wénrúqírén 文如其人	jiébáiwúxiá 洁白无瑕

第三声　降升调　上声

发音开始时声带略微紧张,立刻松弛下来并稍微延长后迅速绷紧。在发音过程中,声音主要在低音段 1—2 度之间,由半低音 2 度降到低音 1 度,低音 1 度持续时间稍长;再往上升至半高音 4 度,形成一个曲折的调型,也称 214 调。音长在四声中属最长。

单音节：	shǎng 上	hǎn 喊	shěn 沈	jiǎ 甲	xiǎn 险	zhǐ 止	wǎ 瓦	yǔn 允

双音节：	lǐngdǎo 领导	běihǎi 北海	fǔyǎng 抚养	suǒqǔ 索取	gǔzhǎng 鼓掌

多音节：	zhǎnlǎnguǎn 展览馆	Kǒngyǐjǐ 孔乙己	Měnggǔyǔ 蒙古语	qǐyǒucǐlǐ 岂有此理	lǎoyǒusuǒyǎng 老有所养

第四声　全降调　去声

发音开始时声带绷紧,结束时完全松弛。即从最高降到最低,声调由 5 度到 1 度。也称 51 调,音长在四声中属于最短。

单音节：	qù 去	qìn 沁	bài 败	mào 帽	liào 料	hàn 汉	fèi 费	pò 破

双音节：	jìniàn 纪念	zhèngcè 政策	shìfàn 示范	jiànzào 建造	jièjiàn 借鉴

多音节：	bèiwànglù 备忘录	yùndònghuì 运动会	lièshìmù 烈士墓	biànhuànmòcè 变幻莫测	duìzhèngxiàyào 对症下药

普通话四个声调的发音过程中容易出现的问题在于:阴平不够高,阳平上不去,上声硬拐弯,去声下不来。记忆普通话的四声发音要领有如下口诀:第一声是阴平,起音高高一路平。第二声是阳平,由中到高往上升。第三声是上声,先降然后再扬起。第四声是去声,高处降到最低。

普通话的四个基本声调,可以概括如下,见表 2-3。

表 2-3　普通话声调示例表

调类	调　值	调号	例　字	例　词
阴平	高平调 55	—	家 jiā　猜 cāi　抛 pāo　居 jū	端庄 duānzhuāng　芭蕉 bājiāo
阳平	高升调 35	/	勤 qín　肥 féi　楼 lóu　涵 hán	和谐 héxié　红旗 hóngqí
上声	降升调 214	∨	髓 suǐ　美 měi　拐 guǎi　左 zuǒ	隐忍 yǐnrěn　导演 dǎoyǎn
去声	全降调 51	\	顾 gù　败 bài　庆 qìng　刻 kè	祝愿 zhùyuàn　议论 yìlùn

四、普通话的声调辨正

普通话四声阴平、阳平、上声、去声是由古汉语的平、上、去、入四声演变而来的。为了显示普通话四声与古汉语四声的对应关系,才保留了阴平、阳平、上声、去声这样的调类名称。方言声调与普通话声调有许多差别,这些差别一方面表现在调值上,另一方面表现在调类上。因此,普通话声调的辨正必须从调值和调类两方面入手。

普通话的调值与方言的调值存在着许多差别。例如,各方言几乎都有阴平这个调类,但调值就不尽相同,北方方言中的汉口话和普通话调类完全相同,可是调值却不完全一致,汉口话的阴平和普通话的阴平都属于高平;汉口话的阳平是降升调,而普通话的阳平是高升调;汉口话的去声是中升调,而普通话的去声是全降调。因此学习普通话的声调,首先必须读准普通话四声的调值。

从调类上看,普通话有四个基本调类,而有的方言中只有三个调类,如河北滦县话,有的方言中有十个调类,如广西的玉林话。一般来说,以四至五个调类的居多。

方言和普通话中各类声调所包含的字不尽相同。普通话中带有方言语调、奇怪腔调都和没有掌握好普通话声调有直接关系。首先应明确本地方言的调值、调类,然后比照着本地方音和普通话声调的对应关系,读准普通话的四个声调的调值。

其次应记忆方言中与普通话不同声调的字。尽管声调数目不一样,但方言与方言之间、方言与普通话之间在声调方面存在着一定的对应关系。因此,要学好普通话,辨正方言与普通话之间声调的差别是非常重要的。

五、普通话声调综合训练

(一)双音节词语练习

1. 阴平+阴平

zhōngyāng	kāndēng	pīnyīn	fēngōng	jīngzhuāng
中央	刊登	拼音	分工	精装
chūntiān	cēncī	gōngxūn	cānguān	xīnbiān
春天	参差	功勋	参观	新编

2. 阴平+阳平

biān·jí	dānyuán	xuānchuán	zhōngguó	yīnjié
编辑	单元	宣传	中国	音节
bēnchí	xīnniáng	āiqiú	pīpíng	guānmó
奔驰	新娘	哀求	批评	观摩

3. 阴平+上声

cānkǎo	xīnshǎng	diāndǎo	fēngjǐng	yīnxiǎng
参考	欣赏	颠倒	风景	音响
jiāshǔ	tuīlǐ	bāoguǒ	gāngbǐ	zhēnlǐ
家属	推理	包裹	钢笔	真理

4. 阴平+去声

Gānsù	jīxiè	xīnzàng	dōngzhì	chīfàn
甘肃	机械	心脏	冬至	吃饭

guāngxiàn	jīngjù	qīnlüè	bēijù	shīfàn
光线	京剧	侵略	悲剧	师范

5.　阳平＋阴平

chónggāo	fójīng	qíbīng	chángzhēng	xíngxīng
崇高	佛经	骑兵	长征	行星
yuánguī	chuánshuō	huóqī	guógē	chuáncāng
圆规	传说	活期	国歌	船舱

6.　阳平＋阳平

táocí	liánméng	hóngqí	hépíng	yuánzé
陶瓷	联盟	红旗	和平	原则
tiáopí	xúnhuán	báimiáo	huáiyí	límíng
调皮	循环	白描	怀疑	黎明

7.　阳平＋上声

yíngyǎng	míyǔ	nánběi	wénxuǎn	xiázhǎi
营养	谜语	南北	文选	狭窄
máobǐ	chuántǒng	wánměi	fángshǒu	tuánzhǎng
毛笔	传统	完美	防守	团长

8.　阳平＋去声

míngshèng	láodòng	gémìng	yuánliào	chéngkè
名胜	劳动	革命	原料	乘客
hánshòu	dá'àn	xuéshù	ránhòu	háofàng
函授	答案	学术	然后	豪放

9.　上声＋阴平

běifāng	jǐngzhōng	mǎ'ān	jiǔjīng	tǐcāo
北方	警钟	马鞍	酒精	体操
zhǐzhēn	kěnhuāng	gǎngwān	xiǎoshuō	yǔyī
指针	垦荒	港湾	小说	雨衣

10.　上声＋阳平

gǔwén	zǔguó	lěngcáng	lǚxíng	tǎnbái
古文	祖国	冷藏	旅行	坦白
lǎngdú	tǐcái	běnnéng	zhěngjié	dǎngyuán
朗读	体裁	本能	整洁	党员

11.　上声＋上声

jiǎnduǎn	wǎnzhuǎn	bǎoshǒu	zǒngtǒng	jiǎngyǎn
简短	婉转	保守	总统	讲演
jǔshǒu	běnlǐng	zhǎnzhuǎn	gǎixuǎn	gǔdiǎn
举手	本领	辗转	改选	古典

12.　上声＋去声

gǎnxiè	niǔkòu	tǒngzhì	guǐbiàn	bǎozàng
感谢	纽扣	统治	诡辩	宝藏
guǒduàn	jiǎshè	gǒnggù	tiǎozhàn	nǔlì
果断	假设	巩固	挑战	努力

13. 去声＋阴平

tèzhēng 特征	làjiāo 辣椒	yàofāng 药方	xìbāo 细胞	lùjūn 陆军
zhì'ān 治安	dòujiāng 豆浆	jiàoshī 教师	rènzhēn 认真	qìgōng 气功

14. 去声＋阳平

zhòngzhí 种植	jiàocái 教材	jìjié 季节	kètáng 课堂	jiàgé 价格
zhòuwén 皱纹	shìshí 事实	bàodá 报答	tiàoqí 跳棋	pìyáo 辟谣

15. 去声＋上声

Shànghǎi 上海	dìlǐ 地理	làrǎn 蜡染	zìdiǎn 字典	xìqǔ 戏曲
dàocǎo 稻草	pàiqiǎn 派遣	miànfěn 面粉	diànyǐng 电影	bànfǎ 办法

16. 去声＋去声

dìzhèn 地震	gòngxiàn 贡献	jiànshè 建设	mìnglìng 命令	shìjiè 世界
làngfèi 浪费	zhùyì 注意	hùzhù 互助	jìngsài 竞赛	hànzì 汉字

(二) 四音节词语练习

1. 阴平＋阴平＋阴平＋阴平

tāntiānzhīgōng 贪天之功	yōuxīnchōngchōng 忧心忡忡	shēngdōngjīxī 声东击西	chūntiānhuākāi 春天花开

2. 阳平＋阳平＋阳平＋阳平

míngcúnshíwáng 名存实亡	hánhúqící 含糊其辞	háoqíng'ángyáng 豪情昂扬	értóngwénxué 儿童文学

3. 上声＋上声＋上声＋上声

chǐyǒusuǒduǎn 尺有所短	dǎjǐngyǐnshuǐ 打井饮水	zhǎnzhuǎnwǎngfǎn 辗转往返	wěntuǒchǔlǐ 稳妥处理

4. 去声＋去声＋去声＋去声

àihùbèizhì 爱护备至	jiànlìwàngyì 见利忘义	shùnlìbìmù 顺利闭幕	rìyèfènzhàn 日夜奋战

5. 阴平＋阳平＋上声＋去声（四声顺序）

qiānchuíbǎiliàn 千锤百炼	guāngmínglěiluò 光明磊落	xīnzhíkǒukuài 心直口快	fēiqínzǒushòu 飞禽走兽
shēnqiángtǐzhuàng 身强体壮	fēngtiáoyǔshùn 风调雨顺	yīngmíngguǒduàn 英明果断	huāhóngliǔlù 花红柳绿

6. 去声＋上声＋阳平＋阴平（四声逆序）

yìmǎpíngchuān 一马平川	miàoshǒuhuíchūn 妙手回春	mòshǒuchéngguī 墨守成规
kègǔmíngxīn 刻骨铭心	yàowǔyángwēi 耀武扬威	pòfǔchénzhōu 破釜沉舟

7. 四声混合发音练习

<table>
<tr><td>bōlánzhuàngkuò
波澜壮阔</td><td>bàofēngzhòuyǔ
暴风骤雨</td><td>páishāndǎohǎi
排山倒海</td></tr>
<tr><td>míngbùxūchuán
名不虚传</td><td>mǎnyuánchūnsè
满园春色</td><td>shìbìgōngqīn
事必躬亲</td></tr>
</table>

(三) 诗歌练习

声　声　慢
李清照

寻寻觅觅,冷冷清清,凄凄惨惨戚戚。乍暖还寒时候,最难将息。三杯两盏淡酒,怎敌他、晚来风急! 雁过也,正伤心,却是旧时相识。

满地黄花堆积,憔悴损,如今有谁堪摘? 守着窗儿,独自怎生得黑! 梧桐更兼细雨,到黄昏、点点滴滴。这次第,怎一个愁字了得!

(四) 绕口令练习

山上五棵树,架上五壶醋,林中五只鹿,箱里五条裤,伐了山上树,搬下架上醋,射死林中鹿,取出箱中裤。

时事是事实,事实要真实,时时要真实,实际是事实,字字要实际,事事要真实。

妈妈骑马,马慢,妈妈骂马。妞妞骑牛,牛慢,妞妞拧牛。

(五) 辨音练习

辨　音　口　诀

学好声韵辨四声,阴阳上去要分明。
部位方法须找准,开齐合撮属口形。
双唇班报必百波,抵舌当地斗点丁。
舌根高狗工耕故,舌面积结教坚精。
翘舌主争真志照,平舌资则早在增。
擦音发翻飞分复,送气查此产彻称。
合口呼午枯胡古,开口河坡歌安争。
嘴撮需学寻徐稳,齐齿衣优摇业英。
前鼻恩因烟弯尾,后鼻昂迎中拥生。
咬紧字头归字尾,不难达到纯和清。

(六) 容易读错声调的词语

<table>
<tr><td>白桦 báihuà</td><td>鲍鱼 bàoyú</td><td>半拉 bànlǎ</td><td>笨拙 bènzhuō</td></tr>
<tr><td>驳斥 bóchì</td><td>笔筒 bǐtǒng</td><td>庇荫 bìyìn</td><td>摈除 bìnchú</td></tr>
<tr><td>蝙蝠 biānfú</td><td>编辑 biān·jí</td><td>摈弃 bìnqì</td><td>病菌 bìngjūn</td></tr>
<tr><td>不禁 bùjīn</td><td>不遂 bùsuí</td><td>单于 chányú</td><td>谄媚 chǎnmèi</td></tr>
<tr><td>成绩 chéngjì</td><td>乘车 chéngchē</td><td>称职 chènzhí</td><td>船坞 chuánwù</td></tr>
<tr><td>床铺 chuángpù</td><td>创伤 chuāngshāng</td><td>处理 chǔlǐ</td><td>藏掖 cángyē</td></tr>
<tr><td>参与 cānyù</td><td>雌蕊 círuǐ</td><td>挫折 cuòzhé</td><td>从容 cóngróng</td></tr>
</table>

痤疮 cuóchuāng	答复 dáfù	答应 dāying	当做 dàngzuò
提防 dīfang	档案 dàng'àn	灯泡 dēngpào	堆积 duījī
扼要 èyào	帆船 fānchuán	复杂 fùzá	符合 fúhé
梵文 fànwén	风靡 fēngmǐ	斐然 fěirán	孵化 fūhuà
干支 gānzhī	感慨 gǎnkǎi	高涨 gāozhàng	根茎 gēnjīng
公顷 gōngqǐng	供给 gōngjǐ	瑰宝 guībǎo	骨头 gǔtou
怪癖 guàipǐ	蝈蝈 guōguo	勾当 gòu·dàng	骨髓 gǔsuǐ
哈达 hǎdá	号召 hàozhào	寒噤 hánjìn	花蕾 huālěi
华山 huàshān	黄鹂 huánglí	磺胺 huáng'àn	胡同 hútòng
后裔 hòuyì	横财 hèngcái	几乎 jīhū	汲取 jíqǔ
嫉恨 jíhèn	脊梁 jǐ·liáng	夹板 jiābǎn	夹克 jiākè
间断 jiànduàn	痉挛 jìngluán	拘泥 jūnì	矩形 jǔxíng
可憎 kězēng	镂刻 lòukè	漯河 Luòhé	立即 lìjí
猫腰 máoyāo	泯灭 mǐnmiè	内涝 nèilào	内疚 nèijiù
牛鞅 niúyàng	咆哮 páoxiào	毗邻 pílín	蟠桃 pántáo
滂沱 pāngtuó	炮制 páozhì	澎湃 péngpài	平仄 píngzè
匹配 pǐpèi	气氛 qìfēn	曲折 qūzhé	祈求 qíqiú
迄今 qìjīn	潜伏 qiánfú	悄然 qiǎorán	亲昵 qīnnì
侵蚀 qīnshí	祛除 qūchú	绕道 ràodào	褥疮 rùchuāng
狩猎 shòuliè	瘙痒 sàoyǎng	太监 tài·jiàn	桅杆 wéigān
萎靡 wěimǐ	屋脊 wūjǐ	芜杂 wúzá	侮蔑 wǔmiè
肖像 xiàoxiàng	腥臊 xīngsāo	炫耀 xuànyào	穴位 xuéwèi
驯顺 xùnshùn	殉职 xùnzhí	渲染 xuànrǎn	压轴 yāzhòu
筵席 yánxí	眼眶 yǎnkuàng	与会 yùhuì	友谊 yǒuyì
倚仗 yǐzhàng	蚱蜢 zhàměng	召开 zhàokāi	照片 zhàopiàn
脂肪 zhīfáng	质量 zhìliàng	诤友 zhèngyǒu	挣命 zhèngmìng
重荷 zhònghè	卓越 zhuóyuè	只身 zhīshēn	载体 zàitǐ
棕榈 zōnglú			

第五节　音　　变

　　我们说话、朗读都是一个一个音节连续地进行的。这些音节连续发出来时,音素或声调就可能互相影响,产生语音变化。这种语音变化称为音变。如快读时,"什么(shénme)"读成"shém","我们(wǒmen)"读成"wǒm"。"很好"单念时两个字都是上声,但连在一起念时却变成 hén hǎo,听起来好像是"痕好",这是因为"很"由上声变成阳平了。由此可见我们学习普通话,只读准每个音节的声、韵、调还不够,同时必须注意语音的变化。

　　下面对轻声、儿化、变调等普通话的几种主要音变现象作简要的介绍。

一、轻声

普通话的每一个音节都有它的声调,可是在词或句子里,有的音节常常失去原有的声调而读成又轻又短的调子。这种又轻又短的调子就是轻声。如"户"原来是去声,而在"窗户"这个词中失去了原来的声调,读得比"窗"轻得多,成为一个轻声音节。普通话里读轻声的字大都是有声调的,在词句中总是读轻声的字很少,而且单念时也往往有非轻声的读法。例如"子"在词中基本上都念轻声,可是单念时仍要念成上声。因此,我们不把轻声看作一种独立的调类,而是把它看作连读时产生的一种音变现象。

轻声

(一) 轻声的作用

1. 区别词义

地方 dìfang(指某一区域)　　　　　　地方 dìfāng(各级行政区划的统称)

是非 shìfei(口舌、纠纷)　　　　　　是非 shìfēi(正确和错误)

东西 dōngxi(物件)　　　　　　　　东西 dōngxī(指方向的东和西)

兄弟 xiōngdi(亲切口气的称谓)　　　　兄弟 xiōngdì(指哥哥和弟弟)

大意 dàyi(疏忽)　　　　　　　　　大意 dàyì(主要意思)

2. 区别词义和词性

对头 duìtou(仇敌、对手)名词　　　　对头 duìtóu(正确、合适)形容词

另外,还有一部分双音节词第二个音节习惯上读轻声,并没有区别词义或词性的作用,只是一种约定俗成的语言习惯。如:

包涵　　白净　　巴结　　粮食　　骆驼　　石榴

商量　　窗户　　阔气　　明白　　柴火　　包袱

(二) 轻声的发音特点

轻声是普通话语音面貌的重要组成部分之一。

轻声音节在听感上显得轻短模糊,有人认为音强起很大作用。其实那只是一种主观性较强的心理感知。实验告诉我们,轻声的性质与音长、音色和音高都有关系。

轻声音节的音色或多或少都要发生变化。比如:主要元音舌位趋向中央,如"棉花";韵母有时消失,如"豆腐";韵母单音化,如"奶奶";声母浊化,如"爸爸";送气音变为不送气音,如"糊涂"。

要读好轻声,我们需要注意以下两点:

(1) 要有"堵塞感"。如"棉花""奶奶""眉毛",念轻声音节类似南方人读入声字的感觉,有一种强烈的"堵塞感"。

(2) 要有"符点感"。如"棉花",假如这个词语读一秒钟,并不是"棉"读半秒"花"读半秒,而是"棉"读四分之三秒,"花"读四分之一秒就行了。念轻声音节就像是音乐节拍中的"符点"感觉,只要在读词语行将结束时稍带一下就可。

(三) 轻声的规律

轻声词语的范围主要依据口语习惯,很难找出固定的规律。但是有一部分轻声词却是有规律的,它们数量很少,但出现频率却很高,例如:

(1) 词缀"子""头"和"们"。如:被子、袖子、石头、后头、他们、咱们

（2）叠音名词。如：妈妈、星星、奶奶、狒狒

（3）动词尝试态。如：看看、唱唱、走走

（4）方位词。如：太阳下、碗里、那边、树上

（5）动词后的趋向词。如：进来、出去、唱起来

（6）助词"的、地、得、着、了、过"。如：高兴地、溜得快、他的、坐着、说了、去过

（7）语气词"啊、吧、吗、呢"。如：好啊、对吗、不是吧、你呢

（8）量词"个"。如：一个、几个、哪个。

普通话语音里还有一部分词习惯上读轻声，如萝卜、玻璃、先生、明白、聪明等等，但是没有固定的规律，只能通过练习逐步掌握。

(四) 辨音练习

地道 dìdao（真正的，纯粹的，实在的）　　东西 dōngxi（泛指各样事物）

地道 dìdào（地下坑道）　　东西 dōngxī（东边和西边；从东到西）

合计 héji（盘算、商量）　　花费 huāfei（消耗的钱）

合计 héjì（合在一起计算）　　花费 huāfèi（因使用而消耗掉）

拉手 lāshou（名词，门上的东西）　　女人 nǔren（妻子）

拉手 lāshǒu（握手）　　女人 nǔrén（成年女性）

精神 jīngshen（表现出来的活力；活跃）

精神 jīngshén（人的意识、思维活动和一般心理状态）

口音 kǒuyin（说话的声音，方音）

口音 kǒuyīn（发音时软腭上升，阻住鼻腔的通道，气流从口腔出来的声音）

人家 rénjia（代词，指自己或别人）

人家 rénjiā（住户；家庭）

附录3　普通话水平测试用必读轻声词语表

说明：

1. 本表根据《普通话水平测试用普通话词语表》编制。

2. 本表供普通话水平测试第二项——读多音节词语(100个音节)测试使用。

3. 本表共收词594条（其中"子"尾词217条），按汉语拼音字母顺序排列。

4. 本表遵照《汉语拼音正词法基本规则》(GB/T16159—2012)的标调规则，必读轻声音节不标调号。

1. 爱人 àiren	2. 案子 ànzi	3. 巴结 bājie
4. 巴掌 bāzhang	5. 把子 bǎzi	6. 把子 bàzi
7. 爸爸 bàba	8. 白净 báijing	9. 班子 bānzi
10. 板子 bǎnzi	11. 帮手 bāngshou	12. 梆子 bāngzi
13. 膀子 bǎngzi	14. 棒槌 bàngchui	15. 棒子 bàngzi
16. 包袱 bāofu	17. 包子 bāozi	18. 刨子 bàozi
19. 豹子 bàozi	20. 杯子 bēizi	21. 被子 bèizi
22. 本事 běnshi	23. 本子 běnzi	24. 鼻子 bízi

25. 比方 bǐfang 　　26. 鞭子 biānzi 　　27. 扁担 biǎndan

28. 辫子 biànzi 　　29. 别扭 bièniu 　　30. 饼子 bǐngzi

31. 脖子 bózi 　　32. 薄荷 bòhe 　　33. 簸箕 bòji

34. 补丁 bǔding 　　35. 不由得 bùyóude 　　36. 步子 bùzi

37. 部分 bùfen 　　38. 财主 cáizhu 　　39. 裁缝 cáifeng

40. 苍蝇 cāngying 　　41. 差事 chāishi 　　42. 柴火 cháihuo

43. 肠子 chángzi 　　44. 厂子 chǎngzi 　　45. 场子 chǎngzi

46. 车子 chēzi 　　47. 称呼 chēnghu 　　48. 池子 chízi

49. 尺子 chǐzi 　　50. 虫子 chóngzi 　　51. 绸子 chóuzi

52. 出息 chūxi 　　53. 除了 chúle 　　54. 锄头 chútou

55. 畜生 chùsheng 　　56. 窗户 chuānghu 　　57. 窗子 chuāngzi

58. 锤子 chuízi 　　59. 伺候 cìhou 　　60. 刺猬 cìwei

61. 凑合 còuhe 　　62. 村子 cūnzi 　　63. 耷拉 dāla

64. 答应 dāying 　　65. 打扮 dǎban 　　66. 打点 dǎdian

67. 打发 dǎfa 　　68. 打量 dǎliang 　　69. 打算 dǎsuan

70. 打听 dǎting 　　71. 打招呼 dǎzhāohu 　　72. 大方 dàfang

73. 大爷 dàye 　　74. 大意 dàyi 　　75. 大夫 dàifu

76. 带子 dàizi 　　77. 袋子 dàizi 　　78. 单子 dānzi

79. 耽搁 dānge 　　80. 耽误 dānwu 　　81. 胆子 dǎnzi

82. 担子 dànzi 　　83. 刀子 dāozi 　　84. 道士 dàoshi

85. 稻子 dàozi 　　86. 灯笼 dēnglong 　　87. 凳子 dèngzi

88. 提防 dīfang 　　89. 滴水 dīshui 　　90. 笛子 dízi

91. 嘀咕 dígu 　　92. 底子 dǐzi 　　93. 地道 dìdao

94. 地方 dìfang 　　95. 弟弟 dìdi 　　96. 弟兄 dìxiong

97. 点心 diǎnxin 　　98. 点子 diǎnzi 　　99. 调子 diàozi

100. 碟子 diézi 　　101. 钉子 dīngzi 　　102. 东家 dōngjia

103. 东西 dōngxi 　　104. 动静 dòngjing 　　105. 动弹 dòngtan

106. 豆腐 dòufu 　　107. 豆子 dòuzi 　　108. 嘟囔 dūnang

109. 肚子 dǔzi 　　110. 肚子 dùzi 　　111. 端详 duānxiang

112. 缎子 duànzi 　　113. 队伍 duìwu 　　114. 对付 duìfu

115. 对头 duìtou 　　116. 对子 duìzi 　　117. 多么 duōme

118. 哆嗦 duōsuo 　　119. 蛾子 ézi 　　120. 儿子 érzi

121. 耳朵 ěrduo 　　122. 贩子 fànzi 　　123. 房子 fángzi

124. 废物 fèiwu 　　125. 份子 fènzi 　　126. 风筝 fēngzheng

127. 疯子 fēngzi 　　128. 福气 fúqi 　　129. 斧子 fǔzi

130. 富余 fùyu 　　131. 盖子 gàizi 　　132. 甘蔗 gānzhe

133. 杆子 gānzi 　　134. 杆子 gǎnzi 　　135. 干事 gànshi

136. 杠子 gàngzi 　　137. 高粱 gāoliang 　　138. 膏药 gāoyao

139. 稿子 gǎozi 　　140. 告诉 gàosu 　　141. 疙瘩 gēda

142. 哥哥 gēge	143. 胳膊 gēbo	144. 鸽子 gēzi
145. 格子 gézi	146. 个子 gèzi	147. 根子 gēnzi
148. 跟头 gēntou	149. 工夫 gōngfu	150. 弓子 gōngzi
151. 公公 gōnggong	152. 功夫 gōngfu	153. 钩子 gōuzi
154. 姑姑 gūgu	155. 姑娘 gūniang	156. 谷子 gǔzi
157. 骨头 gǔtou	158. 故事 gùshi	159. 寡妇 guǎfu
160. 褂子 guàzi	161. 怪不得 guàibude	162. 怪物 guàiwu
163. 关系 guānxi	164. 官司 guānsi	165. 棺材 guāncai
166. 罐头 guàntou	167. 罐子 guànzi	168. 规矩 guīju
169. 闺女 guīnü	170. 鬼子 guǐzi	171. 柜子 guìzi
172. 棍子 gùnzi	173. 果子 guǒzi	174. 哈欠 hāqian
175. 蛤蟆 háma	176. 孩子 háizi	177. 含糊 hánhu
178. 汉子 hànzi	179. 行当 hángdang	180. 合同 hétong
181. 和尚 héshang	182. 核桃 hétao	183. 盒子 hézi
184. 恨不得 hènbude	185. 红火 hónghuo	186. 猴子 hóuzi
187. 后头 hòutou	188. 厚道 hòudao	189. 狐狸 húli
190. 胡萝卜 húluóbo	191. 胡琴 húqin	192. 胡子 húzi
193. 葫芦 húlu	194. 糊涂 hútu	195. 护士 hùshi
196. 皇上 huángshang	197. 幌子 huǎngzi	198. 活泼 huópo
199. 火候 huǒhou	200. 伙计 huǒji	201. 机灵 jīling
202. 记号 jìhao	203. 记性 jìxing	204. 夹子 jiāzi
205. 家伙 jiāhuo	206. 架势 jiàshi	207. 架子 jiàzi
208. 嫁妆 jiàzhuang	209. 尖子 jiānzi	210. 茧子 jiǎnzi
211. 剪子 jiǎnzi	212. 见识 jiànshi	213. 毽子 jiànzi
214. 将就 jiāngjiu	215. 交情 jiāoqing	216. 饺子 jiǎozi
217. 叫唤 jiàohuan	218. 轿子 jiàozi	219. 结实 jiēshi
220. 街坊 jiēfang	221. 姐夫 jiěfu	222. 姐姐 jiějie
223. 戒指 jièzhi	224. 芥末 jièmo	225. 金子 jīnzi
226. 精神 jīngshen	227. 镜子 jìngzi	228. 舅舅 jiùjiu
229. 橘子 júzi	230. 句子 jùzi	231. 卷子 juànzi
232. 开通 kāitong	233. 靠得住 kàodezhù	234. 咳嗽 késou
235. 客气 kèqi	236. 空子 kòngzi	237. 口袋 kǒudai
238. 口子 kǒuzi	239. 扣子 kòuzi	240. 窟窿 kūlong
241. 裤子 kùzi	242. 快活 kuàihuo	243. 筷子 kuàizi
244. 框子 kuàngzi	245. 阔气 kuòqi	246. 拉扯 lāche
247. 喇叭 lǎba	248. 喇嘛 lǎma	249. 来得及 láidejí
250. 篮子 lánzi	251. 懒得 lǎnde	252. 榔头 lángtou
253. 浪头 làngtou	254. 唠叨 láodao	255. 老婆 lǎopo
256. 老实 lǎoshi	257. 老太太 lǎotàitai	258. 老头子 lǎotóuzi

259. 老爷 lǎoye
260. 老爷子 lǎoyézi
261. 老子 lǎozi
262. 姥姥 lǎolao
263. 累赘 léizhui
264. 篱笆 líba
265. 里头 lǐtou
266. 力气 lìqi
267. 厉害 lìhai
268. 利落 lìluo
269. 利索 lìsuo
270. 例子 lìzi
271. 栗子 lìzi
272. 痢疾 lìji
273. 连累 liánlei
274. 帘子 liánzi
275. 凉快 liángkuai
276. 粮食 liángshi
277. 两口子 liǎngkǒuzi
278. 料子 liàozi
279. 林子 línzi
280. 铃铛 língdang
281. 翎子 língzi
282. 领子 lǐngzi
283. 溜达 liūda
284. 聋子 lóngzi
285. 笼子 lóngzi
286. 炉子 lúzi
287. 路子 lùzi
288. 轮子 lúnzi
289. 啰唆 luōsuo
290. 萝卜 luóbo
291. 骡子 luózi
292. 骆驼 luòtuo
293. 妈妈 māma
294. 麻烦 máfan
295. 麻利 máli
296. 麻子 mázi
297. 马虎 mǎhu
298. 码头 mǎtou
299. 买卖 mǎimai
300. 麦子 màizi
301. 馒头 mántou
302. 忙活 mánghuo
303. 冒失 màoshi
304. 帽子 màozi
305. 眉毛 méimao
306. 媒人 méiren
307. 妹妹 mèimei
308. 门道 méndao
309. 眯缝 mīfeng
310. 迷糊 míhu
311. 面子 miànzi
312. 苗条 miáotiao
313. 苗头 miáotou
314. 苗子 miáozi
315. 名堂 míngtang
316. 名字 míngzi
317. 明白 míngbai
318. 模糊 móhu
319. 蘑菇 mógu
320. 木匠 mùjiang
321. 木头 mùtou
322. 那么 nàme
323. 奶奶 nǎinai
324. 难为 nánwei
325. 脑袋 nǎodai
326. 脑子 nǎozi
327. 能耐 néngnai
328. 你们 nǐmen
329. 念叨 niàndao
330. 念头 niàntou
331. 娘家 niángjia
332. 镊子 nièzi
333. 奴才 núcai
334. 女婿 nǚxu
335. 暖和 nuǎnhuo
336. 疟疾 nüèji
337. 拍子 pāizi
338. 牌楼 páilou
339. 牌子 páizi
340. 盘算 pánsuan
341. 盘子 pánzi
342. 胖子 pàngzi
343. 狍子 páozi
344. 袍子 páozi
345. 盆子 pénzi
346. 朋友 péngyou
347. 棚子 péngzi
348. 皮子 pízi
349. 脾气 píqi
350. 痞子 pǐzi
351. 屁股 pìgu
352. 片子 piānzi
353. 便宜 piányi
354. 骗子 piànzi
355. 票子 piàozi
356. 漂亮 piàoliang
357. 瓶子 píngzi
358. 婆家 pójia
359. 婆婆 pópo
360. 铺盖 pūgai
361. 欺负 qīfu
362. 旗子 qízi
363. 前头 qiántou
364. 钳子 qiánzi
365. 茄子 qiézi
366. 亲戚 qīnqi
367. 勤快 qínkuai
368. 清楚 qīngchu
369. 亲家 qìngjia
370. 曲子 qǔzi
371. 圈子 quānzi
372. 拳头 quántou
373. 裙子 qúnzi
374. 热闹 rènao
375. 人家 rénjia

376. 人们 rénmen
377. 认识 rènshi
378. 日子 rìzi
379. 褥子 rùzi
380. 塞子 sāizi
381. 嗓子 sǎngzi
382. 嫂子 sǎozi
383. 扫帚 sàozhou
384. 沙子 shāzi
385. 傻子 shǎzi
386. 扇子 shànzi
387. 商量 shāngliang
388. 晌午 shǎngwu
389. 上司 shàngsi
390. 上头 shàngtou
391. 烧饼 shāobing
392. 勺子 sháozi
393. 少爷 shàoye
394. 哨子 shàozi
395. 舌头 shétou
396. 舍不得 shěbude
397. 舍得 shěde
398. 身子 shēnzi
399. 什么 shénme
400. 婶子 shěnzi
401. 生意 shēngyi
402. 牲口 shēngkou
403. 绳子 shéngzi
404. 师父 shīfu
405. 师傅 shīfu
406. 虱子 shīzi
407. 狮子 shīzi
408. 石匠 shíjiang
409. 石榴 shíliu
410. 石头 shítou
411. 时辰 shíchen
412. 时候 shíhou
413. 实在 shízai
414. 拾掇 shíduo
415. 使唤 shǐhuan
416. 世故 shìgu
417. 似的 shìde
418. 事情 shìqing
419. 试探 shìtan
420. 柿子 shìzi
421. 收成 shōucheng
422. 收拾 shōushi
423. 首饰 shǒushi
424. 叔叔 shūshu
425. 梳子 shūzi
426. 舒服 shūfu
427. 舒坦 shūtan
428. 疏忽 shūhu
429. 爽快 shuǎngkuai
430. 思量 sīliang
431. 俗气 súqi
432. 算计 suànji
433. 岁数 suìshu
434. 孙子 sūnzi
435. 他们 tāmen
436. 它们 tāmen
437. 她们 tāmen
438. 踏实 tāshi
439. 台子 táizi
440. 太太 tàitai
441. 摊子 tānzi
442. 坛子 tánzi
443. 毯子 tǎnzi
444. 桃子 táozi
445. 特务 tèwu
446. 梯子 tīzi
447. 蹄子 tízi
448. 甜头 tiántou
449. 挑剔 tiāoti
450. 挑子 tiāozi
451. 条子 tiáozi
452. 跳蚤 tiàozao
453. 铁匠 tiějiang
454. 亭子 tíngzi
455. 头发 tóufa
456. 头子 tóuzi
457. 兔子 tùzi
458. 妥当 tuǒdang
459. 唾沫 tuòmo
460. 挖苦 wāku
461. 娃娃 wáwa
462. 袜子 wàzi
463. 外甥 wàisheng
464. 外头 wàitou
465. 晚上 wǎnshang
466. 尾巴 wěiba
467. 委屈 wěiqu
468. 为了 wèile
469. 位置 wèizhi
470. 位子 wèizi
471. 温和 wēnhuo
472. 蚊子 wénzi
473. 稳当 wěndang
474. 窝囊 wōnang
475. 我们 wǒmen
476. 屋子 wūzi
477. 稀罕 xīhan
478. 席子 xízi
479. 媳妇 xífu
480. 喜欢 xǐhuan
481. 瞎子 xiāzi
482. 匣子 xiázi
483. 下巴 xiàba
484. 吓唬 xiàhu
485. 先生 xiānsheng
486. 乡下 xiāngxia
487. 箱子 xiāngzi
488. 相声 xiàngsheng
489. 消息 xiāoxi
490. 小伙子 xiǎohuǒzi
491. 小气 xiǎoqi
492. 小子 xiǎozi

493. 笑话 xiàohua	494. 歇息 xiēxi	495. 蝎子 xiēzi
496. 鞋子 xiézi	497. 谢谢 xièxie	498. 心思 xīnsi
499. 星星 xīngxing	500. 猩猩 xīngxing	501. 行李 xíngli
502. 行头 xíngtou	503. 性子 xìngzi	504. 兄弟 xiōngdi
505. 休息 xiūxi	506. 秀才 xiùcai	507. 秀气 xiùqi
508. 袖子 xiùzi	509. 靴子 xuēzi	510. 学生 xuésheng
511. 学问 xuéwen	512. 丫头 yātou	513. 鸭子 yāzi
514. 衙门 yámen	515. 哑巴 yǎba	516. 胭脂 yānzhi
517. 烟筒 yāntong	518. 眼睛 yǎnjing	519. 燕子 yànzi
520. 秧歌 yāngge	521. 养活 yǎnghuo	522. 样子 yàngzi
523. 吆喝 yāohe	524. 妖精 yāojing	525. 钥匙 yàoshi
526. 椰子 yēzi	527. 爷爷 yéye	528. 叶子 yèzi
529. 一辈子 yībèizi	530. 一揽子 yīlǎnzi	531. 衣服 yīfu
532. 衣裳 yīshang	533. 椅子 yǐzi	534. 意思 yìsi
535. 银子 yínzi	536. 影子 yǐngzi	537. 应酬 yìngchou
538. 柚子 yòuzi	539. 芋头 yùtou	540. 冤家 yuānjia
541. 冤枉 yuānwang	542. 园子 yuánzi	543. 院子 yuànzi
544. 月饼 yuèbing	545. 月亮 yuèliang	546. 云彩 yúncai
547. 运气 yùnqi	548. 在乎 zàihu	549. 咱们 zánmen
550. 早上 zǎoshang	551. 怎么 zěnme	552. 扎实 zhāshi
553. 眨巴 zhǎba	554. 栅栏 zhàlan	555. 宅子 zháizi
556. 寨子 zhàizi	557. 张罗 zhāngluo	558. 丈夫 zhàngfu
559. 丈人 zhàngren	560. 帐篷 zhàngpeng	561. 帐子 zhàngzi
562. 招呼 zhāohu	563. 招牌 zhāopai	564. 折腾 zhēteng
565. 这个 zhège	566. 这么 zhème	567. 枕头 zhěntou
568. 芝麻 zhīma	569. 知识 zhīshi	570. 侄子 zhízi
571. 指甲 zhǐjia(zhíjia)	572. 指头 zhǐtou(zhítou)	573. 种子 zhǒngzi
574. 珠子 zhūzi	575. 竹子 zhúzi	576. 主意 zhǔyi(zhúyi)
577. 主子 zhǔzi	578. 柱子 zhùzi	579. 爪子 zhuǎzi
580. 转悠 zhuànyou	581. 庄稼 zhuāngjia	582. 庄子 zhuāngzi
583. 壮实 zhuàngshi	584. 状元 zhuàngyuan	537. 锥子 zhuīzi
586. 桌子 zhuōzi	587. 自在 zìzai	588. 字号 zìhao
589. 粽子 zòngzi	590. 祖宗 zǔzong	591. 嘴巴 zuǐba
592. 作坊 zuōfang	593. 琢磨 zuómo	594. 做作 zuòzuo

附录4　普通话水平测试用一般轻读、间或重读词语表

说明：

1. 本表根据《普通话水平测试用普通话词语表》编制。

2. 本表供普通话水平测试第二项——读多音节词语(100 个音节)测试使用。

3. 本表共收词 293 条,按汉语拼音字母顺序排列。

4. 一般轻读、间或重读音节,注音标调号,并在该音节前加圆点提示。

1. 安生 ān·shēng	2. 把手 bǎ·shǒu	3. 白天 bái·tiān
4. 摆布 bǎi·bù	5. 摆弄 bǎi·nòng	6. 摆设 bǎi·shè
7. 包涵 bāo·hán	8. 褒贬 bāo·biǎn	9. 报酬 bào·chóu
10. 报复 bào·fù	11. 报应 bào·yìng	12. 抱怨 bào·yuàn
13. 北边 běi·biān	14. 本钱 běn·qián	15. 鼻涕 bí·tì
16. 编辑 biān·jí	17. 别人 bié·rén	18. 别致 bié·zhì
19. 拨弄 bō·nòng	20. 玻璃 bō·lí	21. 不见得 bùjiàn·dé
22. 残疾 cán·jí	23. 差不多 chà·bùduō	24. 长处 cháng·chù
25. 成分 chéng·fèn	26. 诚实 chéng·shí	27. 吃不消 chī·bùxiāo
28. 尺寸 chǐ·cùn	29. 抽屉 chōu·tì	30. 出来 chū·lái
31. 出去 chū·qù	32. 刺激 cì·jī	33. 聪明 cōng·míng
34. 错误 cuò·wù	35. 搭讪 dā·shàn	36. 答复 dá·fù
37. 打交道 dǎjiāo·dào	38. 大不了 dà·bùliǎo	39. 大人 dà·rén
40. 当铺 dàng·pù	41. 道理 dào·lǐ	42. 得罪 dé·zuì
43. 底细 dǐ·xì	44. 底下 dǐ·xià	45. 地下 dì·xià
46. 点缀 diǎn·zhuì	47. 惦记 diàn·jì	48. 东边 dōng·biān
49. 懂得 dǒng·dé	50. 短处 duǎn·chù	51. 对不起 duì·bùqǐ
52. 对不住 duì·bùzhù	53. 多少 duō·shǎo	54. 翻腾 fān·téng
55. 反正 fǎn·zhèng	56. 费用 fèi·yòng	57. 分寸 fēn·cùn
58. 分量 fèn·liàng	59. 风水 fēng·shuǐ	60. 凤凰 fèng·huáng
61. 夫人 fū·rén	62. 扶手 fú·shǒu	63. 服侍 fú·shì
64. 斧头 fǔ·tóu	65. 父亲 fù·qīn	66. 干净 gān·jìng
67. 干粮 gān·liáng	68. 感激 gǎn·jī	69. 告示 gào·shì
70. 格式 gé·shì	71. 跟前 gēn·qián	72. 工钱 gōng·qián
73. 工人 gōng·rén	74. 公道 gōng·dào	75. 公家 gōng·jiā
76. 公平 gōng·píng	77. 功劳 gōng·láo	78. 恭维 gōng·wéi
79. 勾当 gòu·dàng	80. 估量 gū·liáng	81. 固执 gù·zhí
82. 过来 guò·lái	83. 过去 guò·qù	84. 害处 hài·chù
85. 行家 háng·jiā	86. 好处 hǎo·chù	87. 和气 hé·qì
88. 荷包 hé·bāo	89. 喉咙 hóu·lóng	90. 后边 hòu·biān
91. 后面 hòu·miàn	92. 花费 huā·fèi	93. 滑稽 huá·jī
94. 荒唐 huāng·táng	95. 黄瓜 huáng·guā	96. 恍惚 huǎng·hū
97. 回来 huí·lái	98. 回去 huí·qù	99. 晦气 huì·qì
100. 活动 huó·dòng	101. 火气 huǒ·qì	102. 伙食 huǒ·shí
103. 祸害 huò·hài	104. 机会 jī·huì	105. 机器 jī·qì

106. 机器人 jī·qìrén	107. 脊梁 jǐ·liáng	108. 记得 jì·dé
109. 忌讳 jì·huì	110. 家具 jiā·jù	111. 价钱 jià·qián
112. 缰绳 jiāng·shéng	113. 讲究 jiǎng·jiū	114. 交道 jiāo·dào
115. 禁不住 jīn·bùzhù	116. 进来 jìn·lái	117. 进去 jìn·qù
118. 近视 jìn·shì	119. 觉得 jué·dé	120. 看不起 kàn·bùqǐ
121. 看见 kàn·jiàn	122. 考究 kǎo·jiū	123. 靠不住 kào·bùzhù
124. 客人 kè·rén	125. 苦头 kǔ·tóu	126. 会计 kuài·jì
127. 宽敞 kuān·chǎng	128. 魁梧 kuí·wú	129. 困难 kùn·nán
130. 拉拢 lā·lǒng	131. 来不及 lái·bùjí	132. 牢骚 láo·sāo
133. 老人家 lǎo·rén·jiā	134. 老鼠 lǎo·shǔ	135. 冷不防 lěng·bùfáng
136. 冷清 lěng·qīng	137. 里边 lǐ·biān	138. 里面 lǐ·miàn
139. 理事 lǐ·shì	140. 力量 lì·liàng	141. 了不得 liǎo·bù·dé
142. 了不起 liǎo·bùqǐ	143. 邻居 lín·jū	144. 伶俐 líng·lì
145. 琉璃 liú·lí	146. 露水 lù·shuǐ	147. 逻辑 luó·jí
148. 埋伏 mái·fú	149. 卖弄 mài·nòng	150. 毛病 máo·bìng
151. 没有 méi·yǒu	152. 玫瑰 méi·guī	153. 眉目 méi·mù
154. 门面 mén·miàn	155. 棉花 mián·huā	156. 免得 miǎn·dé
157. 摸索 mō·suǒ	158. 母亲 mǔ·qīn	159. 牡丹 mǔ·dān
160. 哪里 nǎ·lǐ	161. 那里 nà·lǐ	162. 南边 nán·biān
163. 南瓜 nán·guā	164. 南面 nán·miàn	165. 难处 nán·chù
166. 泥鳅 ní·qiū	167. 挪动 nuó·dòng	168. 排场 pái·chǎng
169. 牌坊 pái·fāng	170. 佩服 pèi·fú	171. 喷嚏 pēn·tì
172. 碰见 pèng·jiàn	173. 琵琶 pí·pá	174. 篇幅 piān·fú
175. 撇开 piē·kāi	176. 泼辣 pō·là	177. 破绽 pò·zhàn
178. 魄力 pò·lì	179. 菩萨 pú·sà	180. 葡萄 pú·táo
181. 葡萄酒 pú·táojiǔ	182. 葡萄糖 pú·táotáng	183. 妻子 qī·zǐ
184. 起来 qǐ·lái	185. 气氛 qì·fēn	186. 前边 qián·biān
187. 前面 qián·miàn	188. 敲打 qiāo·dǎ	189. 瞧不起 qiáo·bùqǐ
190. 瞧见 qiáo·jiàn	191. 俏皮 qiào·pí	192. 亲事 qīn·shì
193. 轻巧 qīng·qiǎo	194. 情形 qíng·xíng	195. 情绪 qíng·xù
196. 去处 qù·chù	197. 任务 rèn·wù	198. 容易 róng·yì
199. 洒脱 sǎ·tuō	200. 上边 shàng·biān	201. 上来 shàng·lái
202. 上面 shàng·miàn	203. 上去 shàng·qù	204. 身份 shēn·fèn
205. 神气 shén·qì	206. 神仙 shén·xiān	207. 生日 shēng·rì
208. 尸首 shī·shǒu	209. 使得 shǐ·dé	210. 势力 shì·lì
211. 势头 shì·tóu	212. 手巾 shǒu·jīn	213. 书记 shū·jì
214. 熟悉 shú·xī	215. 说不定 shuō·bùdìng	216. 说法 shuō·fǎ
217. 算盘 suàn·pán	218. 孙女 sūn·nǚ	219. 太监 tài·jiàn

220. 太阳 tài·yáng	221. 态度 tài·dù	222. 提拔 tí·bá
223. 体谅 tǐ·liàng	224. 体面 tǐ·miàn	225. 替换 tì·huàn
226. 听见 tīng·jiàn	227. 通融 tōng·róng	228. 痛快 tòng·kuài
229. 透亮 tòu·liàng	230. 徒弟 tú·dì	231. 外边 wài·biān
232. 外面 wài·miàn	233. 围裙 wéi·qún	234. 味道 wèi·dào
235. 西瓜 xī·guā	236. 喜鹊 xǐ·què	237. 下边 xià·biān
238. 下来 xià·lái	239. 下面 xià·miàn	240. 下去 xià·qù
241. 显得 xiǎn·dé	242. 响动 xiǎng·dòng	243. 想法 xiǎng·fǎ
244. 小姐 xiǎo·jiě	245. 小心 xiǎo·xīn	246. 晓得 xiǎo·dé
247. 心里 xīn·lǐ	248. 新鲜 xīn·xiān	249. 薪水 xīn·shuǐ
250. 修行 xiū·xíng	251. 烟囱 yān·cōng	252. 妖怪 yāo·guài
253. 摇晃 yáo·huàng	254. 夜里 yè·lǐ	255. 已经 yǐ·jīng
256. 义气 yì·qì	257. 益处 yì·chù	258. 意见 yì·jiàn
259. 意识 yì·shí	260. 因为 yīn·wèi	261. 樱桃 yīng·táo
262. 应付 yìng·fù	263. 用处 yòng·chù	264. 右边 yòu·biān
265. 右面 yòu·miàn	266. 遇见 yù·jiàn	267. 鸳鸯 yuān·yāng
268. 愿意 yuàn·yì	269. 月季 yuè·jì	270. 匀称 yún·chèn
271. 糟蹋 zāo·tà	272. 早晨 zǎo·chén	273. 渣滓 zhā·zǐ
274. 照顾 zhào·gù	275. 照应 zhào·yìng	276. 折磨 zhé·mó
277. 这里 zhè·lǐ	278. 阵势 zhèn·shì	279. 证人 zhèng·rén
280. 知道 zhī·dào	281. 侄女 zhí·nǚ	282. 值得 zhí·dé
283. 志气 zhì·qì	284. 周到 zhōu·dào	285. 主人 zhǔ·rén
286. 嘱咐 zhǔ·fù	287. 住处 zhù·chù	288. 姿势 zī·shì
289. 自然 zì·rán	290. 罪过 zuì·guò	291. 左边 zuǒ·biān
292. 左面 zuǒ·miàn	293. 座位 zuò·wèi	

二、儿化

儿化现象是北京语音的特点之一,它与普通话的语音面貌关系密切。

(一) 儿化的性质

儿化韵中"儿"没有音节的独立性,它已经"化"到前一个音节中了,与前一个音节融合为一个音节。如果把"花儿"作为两个音节来读,即使读得再快,也不能使"花"的韵母儿化。儿化必须从韵母的开头(i、ü作韵头时儿化从韵腹开始)就开始加上卷舌的动作,带上卷舌色彩。

韵母儿化,大致有两种情况。一种是虽然儿化了,但原韵母不变,只是在发该韵母的同时加上卷舌动作就可以了。如"鲜花儿""在哪儿"虽然儿化了,但韵母还是 a,只不过使它增添了卷舌的色彩。另一种是儿化后,原韵母发生了变化。如"开门儿(kāiménr)"中的"门(mén)",儿化后,它的韵尾 n 丢失,实际读成了 kāimér。

由于儿化,有的韵母发生了变化,这样,有些音节本来是不同音的,却变成同音的了。如"真"和"汁"是两个不同音的字,儿化之后,成了"真儿"和"汁儿",读音就相同了。

儿化

(二) 儿化的作用

儿化现象跟词的词汇意义、语法意义有密切的关系。儿化词的主要作用有以下两点。

1. 确定词性

盖(动词)　　　　　　　　　　　　盖儿(名词)

画(动词)　　　　　　　　　　　　画儿(名词)

尖(形容词)　　　　　　　　　　　尖儿(名词)

错(形容词)　　　　　　　　　　　错儿(名词)

破烂(形容词)　　　　　　　　　　破烂儿(名词)

2. 区别词义

眼(五官之一)　　　　　　　　　　眼儿(洞)

信(相信、书信)　　　　　　　　　信儿(消息)

头(脑袋)　　　　　　　　　　　　头儿(上司)

此外,在有些词里儿化词还带有"小""喜爱""亲切"等感情色彩。如:

小曲儿　　头发丝儿　　脸蛋儿

(三) 儿化的规律

各韵母儿化有不同的规律,大致可以分成以下六类:

(1) 韵腹或韵尾是 a、o、e、ê、u 的韵母儿化,在原韵母基础上加上卷舌动作。如:

哪儿　一下儿　山坡儿　小伙儿　方格儿　台阶儿　眼珠儿　灯泡儿　纽扣儿

(2) 韵尾是 i(ai、ei、uei、uai)的韵母儿化,丢失韵尾,在主要元音基础上卷舌。如:

一会儿　刀背儿　一块儿　香味儿　小孩儿

(3) 前鼻音韵母儿化,丢失韵尾 n,有些在主要元音基础上卷舌,有些是主要元音后加上 er(韵母是 in、ün 的)。如:

脸蛋儿　包干儿　冰棍儿　差点儿　好玩儿　愣神儿　红裙儿　一个劲儿

(4) 后鼻音韵母的儿化,韵尾同前面的主要元音合成鼻化元音,同时加上卷舌动作。如:

小葱儿　人影儿　花瓶儿　透亮儿　胡同儿　小瓮儿　肩膀儿　花样儿

(5) i、ü 两韵的儿化,在原韵母之后加上 er,i、ü 仍保留。如:

玩意儿　眼皮儿　警笛儿　金鱼儿　小雨儿　有趣儿

(6) -i(在 z、c、s 后)、-i(在 zh、ch、sh 后)两韵母儿化,韵母变成 er。如:

果汁儿　败家子儿　树枝儿　棋子儿

以上的六种情况也可以归并成四类:第一类是原韵母不变,直接加卷舌动作,前述的第一种就属于此类;第二类是原韵母中的韵尾失落,在主要元音上加卷舌动作,前述的第二种情况和第三种里的一部分属于此类;第三类是更换主要元音,并加卷舌动作,前述的第四种和第六种属于此类;第四类是在原韵母后面加 er,前述的第五种和第三种中的一部分属于此类。

儿化的基本性质是卷舌作用。韵母的发音动作如果同卷舌动作不冲突,儿化时就只要在韵尾上附加卷舌动作;如果同卷舌动作有冲突,就要在卷舌的同时变更原来韵母的音色。

（四）辨音练习

进了门儿，倒杯水儿，喝了两口儿运运气儿。顺手拿起小唱本儿，唱一曲儿又一曲儿，练完了嗓子练嘴皮儿。绕口令儿，练字音儿，还有快板儿对口词儿，小快板儿大鼓词，越说越唱我越带劲儿。

有个小孩儿叫小兰儿，口袋儿里装着几个小钱儿，又打醋，又买盐儿，还买了一个小饭碗儿。小饭碗儿，真好玩儿，红花儿绿叶儿镶金边儿，中间儿还有个小红点儿。

附录5　普通话水平测试用儿化词语表

说明：

1. 本表参照《普通话水平测试用普通话词语表》及《现代汉语词典》（第 7 版）编制。加*的是以上二者未收，根据测试需要而酌增的条目。

2. 本表仅供普通话水平测试第二项——读多音节词语（100 个音节）测试使用。本表儿化音节，在书面上一律加"儿"，但并不表明所列词语在任何语用场合都必须儿化。

3. 本表共收词 200 条，列出原形韵母和所对应的儿化韵，用符号＞表示由哪个原形韵母变为儿化韵。描写儿化韵中的"："表示"："之前的是主要元音（韵腹），不是介音（韵头）。

4. 本表的汉语拼音注音，只在基本形式后面加 r，如"一会儿 yīhuìr"，不标语音上的实际变化。

一

a＞ar	板擦儿 bǎncār	打杂儿 dǎzár
	刀把儿 dāobàr	号码儿 hàomǎr
	没法儿 méifǎr	戏法儿 xìfǎr
	找碴儿 zhǎochár	
ai＞ar	*壶盖儿 húgàir	加塞儿 jiāsāir
	名牌儿 míngpáir	小孩儿 xiǎoháir
	*鞋带儿 xiédàir	
an＞ar	包干儿 bāogānr	笔杆儿 bǐgǎnr
	快板儿 kuàibǎnr	老伴儿 lǎobànr
	脸蛋儿 liǎndànr	脸盘儿 liǎnpánr
	门槛儿 ménkǎnr	收摊儿 shōutānr
	蒜瓣儿 suànbànr	栅栏儿 zhàlanr

二

| ang＞ar(鼻化) | 赶趟儿 gǎntàngr | *瓜瓤儿 guāróngr |
| | 香肠儿 xiāngchángr | 药方儿 yàofāngr |

三

| ia＞iar | 掉价儿 diàojiàr | 豆芽儿 dòuyár |

	一下儿 yīxiàr	
ian＞iar	半点儿 bàndiǎnr	差点儿 chàdiǎnr
	坎肩儿 kǎnjiānr	拉链儿 lāliànr
	聊天儿 liáotiānr	露馅儿 lòuxiànr
	冒尖儿 màojiānr	扇面儿 shànmiànr
	馅儿饼 xiànrbǐng	小辫儿 xiǎobiànr
	心眼儿 xīnyǎnr	牙签儿 yáqiānr
	一点儿 yīdiǎnr	有点儿 yǒudiǎnr
	雨点儿 yǔdiǎnr	照片儿 zhàopiānr

四

iang＞iar(鼻化)	鼻梁儿 bíliángr	花样儿 huāyàngr
	透亮儿 tòuliàngr	

五

ua＞uar	大褂儿 dàguàr	麻花儿 máhuār
	马褂儿 mǎguàr	脑瓜儿 nǎoguār
	小褂儿 xiǎoguàr	笑话儿 xiàohuar
	牙刷儿 yáshuār	
uai＞uar	一块儿 yīkuàir	
uan＞uar	茶馆儿 cháguǎnr	打转儿 dǎzhuànr
	大腕儿 dàwànr	饭馆儿 fànguǎnr
	拐弯儿 guǎiwānr	好玩儿 hǎowánr
	火罐儿 huǒguànr	落款儿 luòkuǎnr

六

uang＞uar(鼻化)	打晃儿 dǎhuàngr	蛋黄儿 dànhuángr
	天窗儿 tiānchuāngr	

七

üan＞üar	包圆儿 bāoyuánr	出圈儿 chūquānr
	绕远儿 ràoyuánr	人缘儿 rényuánr
	手绢儿 shǒujuànr	烟卷儿 yānjuǎnr
	杂院儿 záyuànr	

八

ei＞er	刀背儿 dāobèir	摸黑儿 mōhēir
en＞er	把门儿 bǎménr	别针儿 biézhēnr
	大婶儿 dàshěnr	刀刃儿 dāorènr
	*高跟儿鞋 gāogēnrxié	哥们儿 gēmenr
	后跟儿 hòugēnr	*花盆儿 huāpénr

老本儿 lǎoběnr　　　　面人儿 miànrénr
纳闷儿 nàmènr　　　　嗓门儿 sǎngménr
小人儿书 xiǎorénrshū　　杏仁儿 xìngrénr
压根儿 yàgēnr　　　　一阵儿 yīzhènr
走神儿 zǒushénr

九

eng＞er(鼻化)　脖颈儿 bógěngr　　　钢镚儿 gāngbèngr
　　　　　　　夹缝儿 jiāfèngr　　　提成儿 tíchéngr

十

ie＞ier　　半截儿 bànjiér　　　小鞋儿 xiǎoxiér
üe＞üer　　旦角儿 dànjuér　　　主角儿 zhǔjuér

十一

uei＞uer　耳垂儿 ěrchuír　　　墨水儿 mòshuǐr
　　　　　跑腿儿 pǎotuǐr　　　围嘴儿 wéizuǐr
　　　　　一会儿 yīhuìr　　　走味儿 zǒuwèir
uen＞uer　冰棍儿 bīnggùnr　　打盹儿 dǎdǔnr
　　　　　光棍儿 guānggùnr　开春儿 kāichūnr
　　　　　没准儿 méizhǔnr　　胖墩儿 pàngdūnr
　　　　　砂轮儿 shālúnr
ueng＞uer(鼻化)　*小瓮儿 xiǎowèngr

十二

-i(前)＞er　瓜子儿 guāzǐr　　　没词儿 méicír
　　　　　石子儿 shízǐr　　　挑刺儿 tiāocìr
-i(后)＞er　记事儿 jìshìr　　　锯齿儿 jùchǐr
　　　　　墨汁儿 mòzhīr

十三

i＞i：er　垫底儿 diàndǐr　　　肚脐儿 dùqír
　　　　　玩意儿 wányìr　　　针鼻儿 zhēnbír
in＞i：er　脚印儿 jiǎoyìnr　　送信儿 sòngxìnr
　　　　　有劲儿 yǒujìnr

十四

ing＞i：er(鼻化)　打鸣儿 dǎmíngr　　蛋清儿 dànqīngr
　　　　　　　花瓶儿 huāpíngr　　火星儿 huǒxīngr
　　　　　　　门铃儿 ménlíngr　　人影儿 rényǐngr
　　　　　　　图钉儿 túdīngr　　眼镜儿 yǎnjìngr

十五

ü＞ü：er　　　毛驴儿 máolǘr　　　　　　痰盂儿 tányúr

小曲儿 xiǎoqǔr

ün＞ü：er　　　合群儿 héqúnr

十六

e＞er　　　　挨个儿 āigèr　　　　　　*唱歌儿 chànggēr

打嗝儿 dǎgér　　　　　　单个儿 dāngèr

逗乐儿 dòulèr　　　　　　饭盒儿 fànhér

模特儿 mótèr

十七

u＞ur　　　　泪珠儿 lèizhūr　　　　　*梨核儿 líhúr

没谱儿 méipǔr　　　　　碎步儿 suìbùr

媳妇儿 xífur　　　　　　有数儿 yǒushùr

十八

ong＞or(鼻化)　抽空儿 chōukòngr　　　果冻儿 guǒdòngr

胡同儿 hútòngr　　　　酒盅儿 jiǔzhōngr

门洞儿 méndòngr　　　小葱儿 xiǎocōngr

iong＞ior(鼻化)　*小熊儿 xiǎoxióngr

十九

ao＞aor　　　半道儿 bàndàor　　　　灯泡儿 dēngpàor

红包儿 hóngbāor　　　　叫好儿 jiàohǎor

绝着儿 juézhāor　　　　口哨儿 kǒushàor

口罩儿 kǒuzhàor　　　　蜜枣儿 mìzǎor

手套儿 shǒutàor　　　　跳高儿 tiàogāor

二十

iao＞iaor　　　豆角儿 dòujiǎor　　　　火苗儿 huǒmiáor

开窍儿 kāiqiàor　　　　面条儿 miàntiáor

跑调儿 pǎodiàor　　　　鱼漂儿 yúpiāor

二十一

ou＞our　　　个头儿 gètóur　　　　　老头儿 lǎotóur

门口儿 ménkǒur　　　　年头儿 niántóur

纽扣儿 niǔkòur　　　　线轴儿 xiànzhóur

小丑儿 xiǎochǒur　　　小偷儿 xiǎotōur

衣兜儿 yīdōur

二十二

iou＞iour	顶牛儿 dǐngniúr	加油儿 jiāyóur
	* 棉球儿 miánqiúr	抓阄儿 zhuājiūr

二十三

uo＞uor	被窝儿 bèiwōr	出活儿 chūhuór
	大伙儿 dàhuǒr	火锅儿 huǒguōr
	绝活儿 juéhuór	小说儿 xiǎoshuōr
	邮戳儿 yóuchuōr	做活儿 zuòhuór
(o)＞or	* 耳膜儿 ěrmór	粉末儿 fěnmòr

三、变调

由于临近音节声调的影响，有些音节的声调往往要发生变化。这种声调变化现象叫变调。普通话里的四个声调，当受到临近音节声调影响的时候，或多或少都有些变化。其中阴平、阳平、去声的变化并不明显，变化最显著的是上声以及一些具体词语，如"一、不"的变调、上声连读发生的变调以及"啊"的音变。

（一）"一"和"不"的变调

1."一"的变调

"一"在单念或在词句末时念原调（阴平）。如：

不管三七二十一　　全国第一　　高低不一　　统一

"一"在阴平、阳平、上声前面时，变为去声。如：

在阴平前：一般　　一边　　一天　　一生
　　　　　一瞥　　一心　　一端　　一些

在阳平前：一头　　一直　　一行　　一时
　　　　　一连　　一齐　　一团　　一条

在上声前：一统　　一手　　一体　　一起
　　　　　一总　　一早　　一举　　一己

"一"在去声前面，变为阳平。如：

一道　　一半　　一并　　一定　　一度
一律　　一再　　一贯　　一切　　一致

"一"夹在重叠动词中间念次轻音。如：

想一想　　试一试　　瞧一瞧　　敲一敲

2."不"的变调

"不"在单念或在句末时念原调（去声），"不"在阴平、阳平、上声前面时也念去声。如：

在阴平前：不安　　不单　　不堪　　不听
　　　　　不公　　不屈　　不惜　　不禁

在阳平前：不成　　不曾　　不迭　　不凡
　　　　　不符　　不及　　不才　　不然

在上声前：不齿　　不好　　不等　　不法

　　　　　　不轨　　不久　　不朽　　不许

"不"在去声前面时变为阳平。如：

在去声前：不外　　不幸　　不论　　不愧　　不但

　　　　　　不孝　　不逊　　不懈　　不适　　不日

"不"夹在词语中间时读次轻音。如：

好不好　　去不去　　洗不洗　　用不着

3. 辨音练习

一举一动　　一心一意　　一草一木　　一前一后

一万个零抵不上一个一，一万次空想抵不上一次实干。

勇气长一寸，困难缩一尺；勇气退一分，困难长一寸。

谁若游戏人生，他就一事无成；谁不能主宰自己，便永远是一个奴隶。

不管不顾　　不干不净　　不明不白　　不慌不忙

不登高山，不见平地；不经锻炼，不会坚强。

不下水，一辈子也不会游泳；不扬帆，一辈子也不会操船。

不怕苦，不为名，不为利；不计较工作条件好坏，不计较报酬多少。

(二) 轻声词中上声的变调

轻声词中第一上声音节的读音有两种，一种为"半上调值 21＋轻声"，一种为"阳平调值 35＋轻声"。

随着普通话水平测试的不断普及，人们对普通话的认识越来越清晰，对普通话水平的要求也越来越高。可是对于轻声词中上声音节的音变，总是感到茫然，例如"婶子"中的"婶"的调值变读为 21，于是就类推"晌午"的"晌"也应变读为 21 等等。那么上声音节出现在轻声词中时，第一上声音节究竟该如何变调，它是否同上声在阴平、阳平、上声、去声前的变调一样？

1. 上声＋非上声

轻声词中"上声＋非上声"结构，上声音节的变调比较简单，原则上遵照上声在非上声前的变调规律，调值由原来的 214 变为 21，读作"半上调值 21＋轻声"。如：

尺寸　　打量　　脊梁　　妥当　　使唤　　点心

但也有特殊情况，如"倒腾"一词读作"阳平调值 35＋轻声"。

2. 上声＋上声

轻声词中"上声＋上声"结构，第一上声音节的读法有两种。

一种为"半上调值 21＋轻声"。如：

稿子　　耳朵　　姐姐　　马虎

一种为"阳平调值 35＋轻声"。如：

晌午　　小姐　　想法　　哪里　　走走

那么，究竟何时读作"半上调值 21＋轻声"，何时读作"阳平调值 35＋轻声"，其实它的变调有一定的规律性。下文将进行详细的讲解。

3. 半上调值 21＋轻声

（1）名词后缀。"上声＋上声"结构的轻声词，后一上声音节为名词后缀时，前一上声音节的调值由原来的 214 变为 21，读作"半上调值 21＋轻声"。比如：下列表中收录了 68 个名词后缀上声相连轻声词，其中 67 个如此，仅有"法子"一词例外，"法子"中的"法"的调值由原来的 214 变为 35，读作"阳平调值 35＋轻声"，详见表 2-4。

表 2-4　轻声词中上声的变调示例

"半上调值 21＋轻声"共计 67 个							"阳平调值 35＋轻声"共计 1 个
本子	领子	影子	场子	李子	起子	饮子	
尺子	脑子	底子	厂子	里子	卡子	引子	
点子	曲子	爪子	掸子	篓子	色子	崽子	
胆子	嗓子	矮子	幌子	蛹子	黍子	褶子	
斧子	嫂子	靶子	剪子	攘子	桦子	疹子	
稿子	傻子	板子	茧子	捻子	帖子	肘子	法子
谷子	婶子	膀子	卷子	碾子	筒子	主子	
管子	毯子	饼子	坎子	纽子	网子		
鬼子	小子	跛子	口子	痞子	苇子		
饺子	椅子	铲子	款子	谱子	舀子		

（2）叠音名词。两个相同的音节重叠为"上声＋上声"的轻声词，且为名词时，第一上声音节的调值由原来的 214 变为 21，读作"半上调值 21＋轻声"。如：

姐姐　姥姥　奶奶　嫂嫂　婶婶

由两个重叠形容词或两个重叠动词构成的名词，如：

痒痒　捻捻转儿

4. 阳平调值 35＋轻声

（1）叠音动词。"上声＋上声"的轻声词，由动词重叠而成，第一上声音节的调值由原来的 214 变为 35，读作"阳平调值 35＋轻声"。如：

躺躺　躲躲　改改　跑跑　想想　写写　找找　走走

（2）一般双音节词。"上声＋上声"的轻声词，第一上声音节基本上由原来的 214 变为 35，读作"阳平调值 35＋轻声"。如：

把手　哪里　晌午　打手　打点　找补

小姐　点补　把揽　指甲　讲法　想法

"指甲"一词属于两可状态，既可读作"阳平调值 35＋轻声"，又可读作"半上调值 21＋轻声"；另有"马虎、耳朵"读作"半上调值 21＋轻声"。

在《现代汉语词典》中还有一些一般双音节轻声词，也读作"阳平调值 35＋轻声"，如：

裹脚(旧时妇女裹脚用的长布条)

小水(中医指尿)

起火(带着苇子秆的花炮,点着后能升得很高)

子口(瓶、罐、箱、匣等器物上跟盖儿相密合的部分)等。

此外,还有一些两个及以上的上声音节相连的多音节轻声词语,如"两口子、狗腿子、小伙子、笔杆子、小老婆、跑码头"等,基本读作"阳平调值35+半上调值21+轻声"。另有一些词语两种读音均可,如"小拇指、手指头、打主意",既可读作"阳平调值35+半上调值21+轻声",又可读作"半上调值21+阳平调值35+轻声"。

掌握了轻声词中第一上声音节的变调规律,在实际生活中就可以按照规律来读字音了。例如碰到"嘴里""口里""捣鼓"等词,就可读作"阳平调值35+轻声",碰到"宝宝""伟伟""磊磊"等词,就可读作"半上调值21+轻声"了。

(三) 非轻声词中上声的变调

上声在阴平、阳平、上声、去声、轻声前会产生变调,它的变调有一定的规律性。

(1) 上声在非上声(阴平、阳平、去声)前调值变为21,如"比赛"中的"比",原调值为214,变调调值描写为214-21。例如:

在阴平前: 首都　　北京　　始终　　普通

　　　　　老师　　小说　　展开　　产生

在阳平前: 祖国　　海洋　　语言　　旅行

　　　　　改良　　古文　　拱门　　赶忙

在去声前: 感谢　　岗哨　　翡翠　　晚饭

　　　　　朗诵　　准确　　解放　　法定

(2) 上声在上声前,前一上声音节的调值变为35,与阳平调值一样。如"广场"中的"广",由原调值214变为35。例如:

在上声前: 领导　　勇敢　　水果　　选举　　采取

　　　　　场景　　美好　　野草　　理想　　胆敢

(3) 三个上声连读时,如果是"双音节+单音节"结构形式,那么前两个上声都变得近乎阳平,最后一个上声不变。如果是"单音节+双音节"结构形式,那么第一个音节变半上21,第二个音节变阳平,最后一个音节不变。例如:

三音节(双音节+单音节):展览馆　　洗脸水　　水彩笔　　勇敢者

三音节(单音节+双音节):纸老虎　　小组长　　耍笔杆　　老古董

(4) 三个以上的上声字连在一起,先按语音停顿分成双音节或三音节,然后按照上述原则来处理。例如:

永远友好　　yǒngyuǎn yǒuhǎo→yóngyuǎn yóuhǎo

请你往里走　　qǐngnǐ wǎnglǐzǒu→qíngnǐ wánglǐzǒu

请注意,在拼写音节时,第三声一律标原调,只是在读时才按变调情况来读。

(四) "啊"的音变

语气词"啊"在语流中的读音是大家在朗读和说话中容易出错的地方。它关系到"方言语调"和"语音面貌"这两个大问题。

"啊"的音变

这里说的"啊"是语气词,不是叹词。叹词往往在句首(如:啊!伟大的祖国)。而语气词"啊"大都在句末,少数在句中(如:妈妈啊妈妈)。用在句子末尾的语气词"啊",因为受到前一个音节末尾音素的影响,读音常常发生变化。这种音变是有规律的,变化规律可以归纳为表2-5。

表2-5 "啊"的音变

序号	"啊"前面音节末尾的音素	"啊"的音变	汉字写法	举 例
1	a、o、e、ê、i、ü	ya	啊、呀	红花啊(呀)爬坡啊(呀)唱歌啊(呀) 好学啊(呀)大衣啊(呀)下雨啊(呀)
2	u(包括ao、iao)	wa	啊、哇	别哭啊(哇) 好巧啊(哇) 快跑啊(哇) 加油啊(哇)
3	n	na	啊、哪	上班啊(哪) 冒烟啊(哪)
4	ng	nga	啊	好香啊 真行啊 快长啊 老翁啊
5	-i(后)、er	ra	啊	同志啊 好吃啊 老二啊 开门儿啊
6	-i(前)	[zA]	啊	孩子啊 几次啊 工资啊 有刺啊

读准下面句子里"啊"的变音:

1. 前面音节末尾音素是 a、o(ao、iao 除外)、e、ê、i、ü

获奖的原来是他啊(tā ya)!

赶快回家啊(jiā ya)!

今天写了这么多啊(duō ya)?

这件衣服是她的啊(de ya)!

他们家真节约啊(yuē ya)!

应该奖励你啊(nǐ ya)!

明天又会下雨啊(yǔ ya)?

2. 前面音节末尾音素是 u(包括 ao、iao)

您老人家真幸福啊(fú wa)!

在家要好好看书啊(shū wa)!

桂林的山真秀啊(xiù wa)!

老师对我们真好啊(hǎo wa)!

她的手真巧啊(qiǎo wa)!

3. 前面音节末尾音素是 n

这块丑石,多占地面啊(miàn na)!

雪大路滑,当心啊(xīn na)!

他的枪法真准啊(zhǔn na)!

他真是个好心人啊(rén na)!

4. 前面音节末尾音素是 ng

唱啊唱(chàng nga chàng),嘤嘤有韵。

这是怎样一个妄想啊(xiǎng nga)!

多好听啊(tīng nga)!

这东西怎么用啊(yòng nga)!

5. 前面音节末尾音素是-i(后)、er

是啊(shì ra),我们有自己的祖国,小鸟也有它的归宿。

没办法治啊(zhì ra)!

他今年四十二啊(èr ra)!

多好玩儿啊(wánr ra)!

6. 前面音节末尾音素是-i(前)

多美的字啊(zì[zA])!

这是第几次啊(cì[zA])?

那是什么公司啊(sī[zA])?

(五)辨音练习

(1) 找出下面短文中属于上声的字,并按照变调规律准确朗读。

三 只 老 鼠

三只老鼠一同去偷油吃。到了油缸边一看,油缸里的油只有底下一点点,可是缸身太高,谁也喝不到。于是它们想出办法,一个咬着另一个的尾巴,吊下去喝。第一只喝饱了,上来,再吊第二只下去喝……并且发誓,谁也不许存半点私心。

第一只老鼠最先吊下去喝,它在下面想:"油只有这么一点点,今天总算我幸运,可以喝一个饱。"

第二只老鼠在中间想:"下面的油是有限的,假如让它喝完了,我还有什么可喝的呢?还是放了它,自己跳下去喝吧!"

第三只老鼠在上面想:"油很少,等它俩喝饱,还有我的份吗?不如早点放了它们,自己跳下去喝吧!"

于是,第二只放了第一只的尾巴,第三只放了第二只的尾巴,都自管自抢先跳下去。

结果它们都落在油缸里,永远逃不出来了。

(2) 下面是一篇对话,其中"啊"的音变涵盖了6种情况,请按照上述规律练习语气词"啊"的音变。

甲:谁啊(ya)?

乙:我啊(ya)!

甲:你怎么不进来啊(ya)?

乙:开不开门儿啊(ra)!

甲:你干嘛不带钥匙啊(ra)?

乙:没找着啊(wa)!

甲:你这个人真粗心啊(na)! 这是第几次啊([zA])?

乙：才第三次啊（[zA]）！

甲：今天你怎么回来得这么晚啊（na）？

乙：准备晚会节目啊（wa）！

甲：你们班搞了些什么节目啊（wa）？

乙：有快板儿啊（ra）、朗诵啊（nga）、男女声合唱啊（nga）、民乐合奏啊（wa）、独幕剧啊（ya）……

甲：嚯，这么多啊（ya）！

乙：你们班准备得怎么样啊（nga）？

甲：不行啊（nga）！差得太远了，看来我们得赶快加把劲儿才行啊（nga）！

乙：是啊（ra）！是得赶快点儿啊（ra），听说晚会可能提前到这个月举行啊（nga）！

甲：啊！这个月啊（ya）？

训练园地

方言区的人学习普通话的难点各不相同，但普通话基础练习是相同的，我们可以通过逐一练习的方法，发现自己的问题所在，打好普通话的语音基础。

一、声母练习

词语汇总表

（一）双唇音 b、p、m

bǎnbào	bēibāo	bānbù	bàobiǎo	bàibié	bǎibèi
板报	背包	颁布	报表	拜别	百倍
pīngpāng	pīpíng	piānpáng	píngpàn	péngpài	piānpō
乒乓	批评	偏旁	评判	澎湃	偏颇
mìmì	měimǎn	mángmù	mǎimài	míngmèi	miǎománg
秘密	美满	盲目	买卖	明媚	渺茫

（二）唇齿音 f

fāfèn	fāngfǎ	fēngfù	fǎnfù	fēifán	fēnfu
发奋	方法	丰富	反复	非凡	吩咐

（三）舌尖前音 z、c、s

zìzūn	zǒngzé	zuòzuo	zǒuzú	zōngzú	zàizào
自尊	总则	做作	走卒	宗族	再造
cāngcù	cǎocóng	cāicè	cūcāo	cēncī	cóngcǐ
仓促	草丛	猜测	粗糙	参差	从此
sōngsǎn	sīsuǒ	suǒsuì	sùsòng	sōusuǒ	sǎsǎo
松散	思索	琐碎	诉讼	搜索	洒扫

（四）舌尖中音 d、t、n、l

dǒudòng	děngdài	dádào	dāndiào	diǎndī	diāndǎo
抖动	等待	达到	单调	点滴	颠倒
tántiào	tàntǎo	tūntǔ	tāntú	tǎntè	tāotiè
弹跳	探讨	吞吐	贪图	忐忑	饕餮

nánnǚ	néngnai	nǎonù	niúnǎi	niǔniē	nǎiniáng
男女	能耐	恼怒	牛奶	扭捏	奶娘
lìliàng	lěngluò	liáoliàng	lǎoliàn	línlí	lìlái
力量	冷落	嘹亮	老练	淋漓	历来

（五）舌尖后音 zh、ch、sh、r

zhīzhù	zhànzhēng	zhuàngzhì	zhuózhuàng	zhǔzhāng	zhuīzhú
支柱	战争	壮志	茁壮	主张	追逐
cháchǔ	chánchú	chuānchā	chángchéng	chíchěng	chāochǎn
查处	蟾蜍	穿插	长城	驰骋	超产
shāshāng	shǎngshí	shèshǒu	shānshuǐ	shǎoshù	shēngshū
杀伤	赏识	射手	山水	少数	生疏
ruǎnruò	rěnrǎn	róurèn	réngrán	rěnràng	róngrǔ
软弱	荏苒	柔韧	仍然	忍让	荣辱

（六）舌面前音 j、q、x

jījīn	jiājù	jiājiǎng	jìjié	jiānjué	jùnjié
基金	加剧	嘉奖	季节	坚决	俊杰
qíquán	qiàqiǎo	qīnqiè	quèqiáo	qiūqiān	qǐngqiú
齐全	恰巧	亲切	鹊桥	秋千	请求
xiànxiàng	xióngxīn	xūxīn	xuéxí	xiūxi	xìngqù
现象	雄心	虚心	学习	休息	兴趣

（七）舌面后音 g、k、h

guānggù	guǐguài	gǎigé	gǔgàn	gǒnggù	guìguān
光顾	鬼怪	改革	骨干	巩固	桂冠
kēkè	kāikěn	kèkǔ	kuākǒu	kuānkuò	kěkào
苛刻	开垦	刻苦	夸口	宽阔	可靠
huīhuò	huǐhuài	huīhuáng	huānhū	hánghǎi	huánghé
挥霍	毁坏	辉煌	欢呼	航海	黄河

（八）零声母

1. a、o、e 起头的零声母音节

a	ǎixiǎo	ānquán	ángyáng	àomì	àiqíng	àndàn
	矮小	安全	昂扬	奥秘	爱情	黯淡
o	ōugē	Ōuzhōu	ǒuyù	ǒufěn	ǒutù	òuqì
	讴歌	欧洲	偶遇	藕粉	呕吐	怄气
e	ézhà	èlàng	ěxīn	ēnqíng	ěrliào	érqiě
	讹诈	恶浪	恶心	恩情	饵料	而且

2. i、u、ü 起头的零声母音节

i	yíhuò	yángé	yǐndǎo	yōnglǎn	yángguāng	yīnliàng
	疑惑	严格	引导	慵懒	阳光	音量
u	wǔshù	wànlì	wēifēng	xīnwén	wēnhé	wěidà
	武术	腕力	威风	新闻	温和	伟大
ü	yúlè	yuánquán	yùndòng	tiàoyuè	yǔsī	yúfū
	娱乐	源泉	运动	跳跃	雨丝	渔夫

（九）思考与练习

（1）按声母表的顺序，读准并背诵全部声母。

（2）朗读下列声母，要求一次念准。

b—d	p—q	f—t	r—l	c—ch
h—f	n—l	m—n	z—zh	
d—q	b—p	j—z	s—sh	

（3）有人把 j、q、x 发成了 z、c、s，请说明他混淆了什么？

（4）分别说出下列词语的两个音节的声母。

颁布	富强	批判	美好	薄膜
马达	墨盒	洒水	转载	繁华
嫩绿	努力	距离	拘泥	歌曲
稀奇	渣滓	穿刺	胡诌	符号

（5）读下面一段话，找出其中的零声母字。

海是动的，山是静的。海是活泼的，山是呆板的。昼长人静的时候，天气又热，凝望着青山，一片黑郁郁的连绵不动，如同病牛一般。而海呢，你看她没有一刻静止！从天边微波粼粼的直卷到岸边，触着礁石，更欣然地溅跃了起来，开了灿然万朵的银花！

（6）读一读下列词语，并比较各组声母。

支援—资源	木柴—木材	商业—桑叶	主力—阻力
新春—新村	标志—标记	长度—强度	尝试—蚕丝
时间—席间	式子—戏子	焦急—交织	粗布—初步

二、韵母练习

（一）单韵母 a、o、e、i、u、ü、-i(前)、-i(后)、er

a　舌面、央、低、不圆唇韵母

máhuā	chànà	nǎpà	fādá	háma	dǎbǎ
麻花	刹那	哪怕	发达	蛤蟆	打靶

o　舌面、后、半高、圆唇韵母

mòmò	mómò	bómó	mópò	bóbó	pōmò
默默	磨墨	薄膜	磨破	勃勃	泼墨

e　舌面、后、半高、不圆唇韵母

kělè	chēzhé	hèsè	hégé	kēkè	kěgē
可乐	车辙	褐色	合格	苛刻	可歌

i　舌面、前、高、不圆唇韵母

qìxī	bǐlì	dǐxì	jíqí	píqi	qīxī
气息	比例	底细	极其	脾气	栖息

u　舌面、后、高、圆唇韵母

pǔsù	tūwù	zhǔ·fù	tǔlù	tūchū	gūkǔ
朴素	突兀	嘱咐	吐露	突出	孤苦

ü　舌面、前、高、圆唇韵母

qǔjù	xùqǔ	yǔjù	jùjū	nǚxu	qūjū
曲剧	序曲	语句	聚居	女婿	屈居

-i(前)　舌尖前、高、不圆唇韵母

zìsì	cìsǐ	zìsī	cǐcì	zìcí	zǐsì
恣肆	刺死	自私	此次	字词	子嗣

-i（后） 舌尖后、高、不圆唇韵母

chīshí	shízhǐ	zhīchí	shírì	chízhì	shízhì
吃食	食指	支持	时日	迟滞	实质

er 卷舌、央、中、不圆唇韵母

Ěrhǎi	érqiě	értóng	ěrmù	èrbǎi	érmiáo
洱海	而且	儿童	耳目	二百	鸸鹋

（二）复韵母

1. 前响复韵母 ai、ei、ao、ou

爱戴	买卖	白菜	海带
蓓蕾	配备	肥美	北纬
报道	高超	毫毛	早操
丑陋	叩头	收购	抖擞

2. 中响复韵母 iao、iou、uai、uei

逍遥	缥缈	巧妙	娇小
悠久	优秀	求救	绣球
乖乖	外快	怀揣	摔坏
追随	归队	水位	回味

3. 后响复韵母 ia、ie、ua、uo、üe

加压	恰恰	加价	假牙
铁屑	歇业	结业	贴切
娃娃	耍滑	挂花	花袜
说过	哆嗦	骆驼	堕落
雀跃	约略	雪月	决绝

（三）鼻韵母

1. 前鼻音韵母 an、en、in、ün、ian、uan、üan、uen

斑斓	汗衫	谈判	展览
深沉	振奋	本人	愤恨
林荫	辛勤	拼音	引进
均匀	逡巡	军训	芸芸
奸险	垫肩	前嫌	变迁
贯穿	专断	还款	婉转
全权	源泉	渊源	全员
昆仑	馄饨	温顺	春笋

2. 后鼻音韵母 ang、eng、ong、ing、iang、iong、uang、ueng

厂房	放荡	帮忙	当场
更正	丰盛	风筝	风声
从戎	崆峒	隆重	轰动

经营	叮咛	蜻蜓	名伶
江洋	向量	想象	两样
汹涌	汹汹	炯炯	茕茕
装潢	矿床	状况	双簧
薤菜	蓊郁	渔翁	水瓮

(四) 思考与练习

(1) 读准并默写 39 个韵母。

(2) 反复朗读、比较下面各组韵母的发音。

a—o	o—u	i—ü	ü—u	e—ê
ai—ei	ai—ia	ei—ie	ou—uo	
ê—ai	e—ou	ie—üe	iao—iou	
an—ang	en—eng	in—ing	in—ün	
uan—üan	ang—uang	ong—iong	uen—ueng	

(3) 有人把 ü、ün、üan 发成了 i、in、ian，请说明他混淆了什么?

(4) 为下列词语注音并准确朗读。

栽培	赛跑	招考	归队	耐劳
排队	投靠	手雷	摇摆	怀抱
销毁	假托	捷报	学费	惊奇
绝对	教授	道别	累赘	傀儡
班长	战争	翻身	灯笼	生产
清明	诚恳	运动	清醒	遵循

(5) 读下面一段话，注意文中的前后鼻音韵母，要求读得准确流利。

邓三婶半夜三更提着马灯，踏着田埂上了马路，进城去找兽医程申生。为了抢救队里的牲口，她不怕天黑路远，风狂雨猛，也不怕腰酸腿疼，只管迈开大步，走了一程又一程。她刚登上了小山峰，迎面扑来一阵冷风，吹灭了马灯，刮跑了塑料斗篷。邓三婶就凭着她为人民服务的热忱，和寒冷作战。太阳升起的时候，邓三婶已经顺利进了城，找到了程申生，治好了牲口，顺利地完成了任务。

(6) 读一读下列词语，并比较各组韵母的发音。

毒手—兜售	头像—图像	过河—过活
合并—火并	肚子—豆子	合力—活力
走私—祖师	客卿—廓清	禾场—货场

三、声调练习

(一) 单字练习

(1) 朗读下列音节，注意把调值念足。

fēi	gān	bō	yōu	shēn	zhōu	qū	kāi	áo	lóu
飞	甘	波	悠	深	周	驱	开	熬	楼

qiú	quán	chóu	yí	lín	róu	sǎ	mǐ	pǎo	xiǎo
球	拳	愁	移	林	柔	洒	米	跑	晓

mǔ	mǎi	qǐng	xiě	qù	zhuàng	kòu	yì	dòu	yuè
母	买	请	写	去	撞	扣	意	斗	阅

（二）词语练习

（1）朗读下列词语，要念足调值，并注意字和字的连缀。

dìngxié	xuānchuán	jiāoliú	huānyíng	fēnjiě	shūběn	gānkǔ	zhuīgǎn
钉鞋	宣传	交流	欢迎	分解	书本	甘苦	追赶

shēnkè	bōlàng	chēzhàn	kāifàng	guójiā	chónggāo	pángtīng	láibīn
深刻	波浪	车站	开放	国家	崇高	旁听	来宾

róuměi	hánlěng	jítǐ	miáoxiě	chídào	róudào	héchàng	cítuì
柔美	寒冷	集体	描写	迟到	柔道	合唱	辞退

tiàogāo	lùyīn	sìzhōu	xìnxiāng	qùnián	pòchú	diàochá	dìtú
跳高	录音	四周	信箱	去年	破除	调查	地图

shìchǎng	tèchǎn	wùtǐ	zhèngqiǎo				
市场	特产	物体	正巧				

（2）朗读下列词语，注意四声变化，念足调值。

bēnbō	cānjiā	dēngguāng	tūjī	chējiān	jiāochā
奔波	参加	灯光	突击	车间	交叉

chímíng	fánróng	géjú	háoqíng	jiéshí	língchén
驰名	繁荣	格局	豪情	结石	凌晨

běnlǐng	dǐngdiǎn	gǎixuǎn	huǒhǎi	jiǎshǐ	kǒuyǔ
本领	顶点	改选	火海	假使	口语

bùduì	cèlüè	dàgài	fùyè	hòuwèi	jìsuàn
部队	策略	大概	副业	后卫	计算

（三）三字词语练习

拖拉机	接班人	飞机场	星期日	开口呼	三角形	新产品	交响乐	歌唱家
接线员	发电厂	通讯处	人生观	黄花鱼	隔音纸	航空信	文学家	民族服
排球网	灵活性	华尔兹	红宝石	滑雪板	门诊部	节目单	国庆节	博物馆
明信片	党中央	鼓风炉	海拉尔	火车站	主人翁	马头琴	委员会	蒙古包
讲解员	马奶酒	表演系	解放军	北戴河	体育馆	彩色片	录音机	共青团
化妆品	少先队	鄂伦春	大团结	拨浪鼓	站台票	立体声	大草原	共产党
阅览室	录像机	电视台	话剧史	教务处				

（四）四声调值练习

1. 阴阳上去

飞檐走壁　心怀叵测　优柔寡断　心狠手辣　翻然改进　知情感义

花团锦簇　妻离子散　鸡鸣犬吠　阴谋诡计　妖魔鬼怪　飞禽走兽

2. 去上阳阴

万里晴空　墨守成规　弄巧成拙　调虎离山　耀武扬威　下笔成章

驷马难追　暮鼓晨钟　破釜沉舟　逆水行舟　异口同声　四海为家

四、音变练习

(一) "一""不"的变调

一举一动　一心一意　一草一木　一前一后　一横一竖

一块砖砌不成墙，一根甘蔗榨不成糖。

一年之计在于春，一日之计在于晨，一生之计在于勤。

一个坏驴，带坏一圈马；一块臭肉，带坏一锅汤。

了不起　差不多　好不好　贵不贵　推不倒　吃不了　说不准　用不着　关不住
请不来　不管不顾　不干不净　不明不白　不慌不忙　不痛不痒　不知不觉
不折不扣　不上不下　不言不语　不声不响　不闻不问　不理不睬　不依不饶
不屈不挠　不卑不亢

(二) 轻声

房子　木头　石头　什么　那儿　身上　地下　剧场里　家里　桌上　那边　里面
过来　出去　走出去　跑进来　回来　拿去　站起来　走上来　说说　走走　看看
听听　写写　妈妈　爷爷　奶奶　星星　娃娃　打开　关上　站住　姑娘　粮食
行李　清楚　商量　明白　太阳　告诉　打听　窗户　玻璃　萝卜　大夫　编辑
闺女　扫帚　晃荡　阔气　扎实　凉快　规矩　多么　朋友　唠叨　眼睛　时辰

(三) 儿化

脸盆儿　号码儿　脚丫儿　豆芽儿　香瓜儿　雪花儿　山坡儿　收摊儿　心窝儿
小偷儿　花朵儿　熊猫儿　小道儿　填表儿　豆角儿　山歌儿　风车儿　里屋儿
火炉儿　顺手儿　脸盆儿　土堆儿　跑腿儿　条纹儿　打盹儿　土块儿　门环儿
汤圆儿　眼圈儿　菜碟儿　肩膀儿　帮忙儿　花样儿　官腔儿　小床儿　眼光儿
门缝儿　板凳儿　现成儿　金鱼儿

五、难点字声韵母辨音练习

(一) 平翘舌声母辨音练习 1

在	是	作	这	子	中	所	上	三	自	出	四
成	最	主	总	说	次	产	资	十	做	之	则
着	色	水	造	实	增	政	再	社	采	事	速
重	走	才	数	素	质	酸	只	族	者	存	直
斯	程	思	正	组	生	从	种	算	制	散	周

(二) 平翘舌声母辨音练习 2

层	从	参	常	随	什	苏	收	死	证	字	身
材	掌	怎	真	左	至	早	示	足	张	似	整
送	传	财	石	虽	织	策	持	曾	众	责	书
草	商	载	深	测	省	丝	支	诉	史	错	市
村	除	菜	准	损	值	阻	查	置	始	专	状
装	声	杂	转	罪	称	司	茶	坐	操		

（三）翘舌音声母练习

厂 人 识 如 属　　然　　住　　日　　照　　任　　失　　认

神 容 势 让 师　　仍　　注　　输　　树　　视　　止　　章

士 朝 试 舍 充　　差　　城　　船　　占　　吃　　春　　职

善 升 初 创 射　　冲　　承　　双　　超　　州　　轴　　找

础 胜 逐 终 察　　绕　　洲　　甚　　室　　植　　守　　纸

唱 陈 述 燃 施　　热　　针　　站　　惹　　重　　首　　若

致

（四）前后鼻音韵母辨音练习 1

政 人 争 很 整　　任　　证　　门　　蒸　　分　　成　　什

程 跟 称 粉 城　　陈　　承　　认　　层　　身　　生　　审

声 沉 升 针 胜　　伸　　盟　　阵　　衡　　镇　　灯　　深

丰 真 润 根 正　　问　　纯　　文　　更　　顺　　风　　稳

等 吨 轮 春 能　　温　　冷　　瓮　　论　　横　　本　　增

怎 曾 份 封 甚　　仍

（五）前后鼻音韵母辨音练习 2

兵 民 病 进 并　　因　　怎　　品　　评　　新　　明　　引

命 仅 丁 紧 定　　尽　　顶　　金　　停　　印　　庭　　频

宁 银 领 侵 令　　斤　　灵　　临　　景　　今　　晶　　林

精 阴 竞 秦 静　　近　　京　　径　　经　　境　　情　　音

名 心 亲 听 信　　井　　另

六、形近字练习

yún — jūn
匀 — 均

kē — kē — kē
嗑 — 磕 — 瞌

zhòu — zhòu — zōu — zhōu
绉 — 皱 — 邹 — 诌

tā — tà — tà
塌 — 榻 — 蹋

zā — zá
咂 — 砸

suí — duò
隋 — 惰

kuā — kuà — kuà — kuǎ
夸 — 跨 — 挎 — 垮

bá — bō — pō
拔 — 拨 — 泼

zàn — zhǎn
暂 — 崭

ruò — nì
弱 — 溺

biào — biāo — piāo — piǎo — piāo
鳔 — 镖 — 剽 — 瞟 — 漂

náo — náo — rào — ráo
挠 — 铙 — 绕 — 饶

bēng — bèng
崩 — 蹦

shuā — shuàn
刷 — 涮

zào — sào — zào — cāo
燥 — 臊 — 噪 — 操

xiǎng — shǎng — shǎng
响 — 晌 — 垧

yīn — yīn
阴 — 荫

zhuó — zhú
浊 — 烛

chuāng — cāng — chuàng — cāng
疮 — 舱 — 创 — 苍

piě — pī — pēi
苤 — 坯 — 胚

yú — yǔ
于 — 予

(dū) dōu — duō
都 — 多

kōu — ōu — ǒu — ōu
抠 — 沤 — 呕 — 讴

qiāo — jiū — chǒu
锹 — 揪 — 瞅

zhèng — zhì
郑 — 掷

yōng — yǒng
拥 — 涌

yùn — yùn — hún — yūn
郓 — 恽 — 浑 — 晕

shī — zǎo — sāo
虱 — 蚤 — 骚

jìn — bèng
进 — 迸

rēng — réng
扔 — 仍

kuàng — kuàng — kuāng — kuāng
眶 — 框 — 筐 — 匡

xiàn — chǎn — qiā
陷 — 谄 — 掐

dī — tí
堤 — 提

cuàn — zuǎn
篡 — 纂

piē — bié — biē — piě
瞥 — 蹩 — 憋 — 撇

gài — gài — kǎi
概 — 溉 — 慨

xīn—xiān—xiān	sā—chè—chè—zhé	ruò—rě—nuò—ruò	lì—sù—piào
欣—掀—锨	撒—撤—澈—辙	若—惹—诺—偌	栗—粟—票

hùn—hún	chuò—zhuì	xiāng—xiāng—náng—nǎng	liǎng—liǎ—liàng
混—浑	辍—缀	镶—襄—囊—攘	两—俩—辆

wèi—mò	rì—yuē	èr—nì	bīn—pín	kàng—kàng—kēng
未—末	日—曰	贰—腻	濒—频	亢—炕—坑

bīn—pín—bìn—bìn—bìn	xuān—xuàn—xuān—xuàn	bái—bǎi—běi
滨—嫔—殡—摈—髌	宣—渲—喧—檀	白—百—北

chuāi—chuài—tuān—ruì—duān	kāi—kǎi	diàn—zhàn—dìng
揣—端—湍—瑞—端	揩—楷	淀—绽—碇

chán—chán—chán—chǎn—dǎn	wǎn—wǎn—wàn—wān—wān—wān
婵—禅—蝉—阐—掸	碗—婉—腕—涴—蜿—豌

xǐ—xiǎn—xǐ	hái—hài—hái	nài—nà—nài	léng—suō
洗—冼—铣	孩—骇—骸	奈—捺—柰	棱—梭

niǔ—niǔ—niǔ—niǔ—niū—nù	zhǐ—zhǐ—zhǐ—zhǐ—chě	nán—nán—nǎn—nán
扭—纽—钮—狃—妞—衄	止—址—芷—趾—扯	南—楠—蝻—喃

三 思悟课堂

绕口令之趣

教你学说绕口令

  绕口令是一种中国传统的语言游戏,其最主要的特点是用声、韵、调极易混淆的字交叉重叠,编成内容活泼、合辙押韵的句子或段子。它要求一口气快速、流畅地说完,使人感到节奏感强,妙趣横生,而说快了读音又容易发生错误,所以又叫"急口令""拗口令"。

  绕口令作为一门特殊的语言艺术,对人们的语言及思维发展具有极大的促进作用。它不仅能有效地校正发音、训练气息、锻炼唇齿灵活度、拓展知识面、增强记忆力,还能培养反应能力。

一、说绕口令的原则

  (1)吐字清晰:发音准确是练习绕口令的基本要求。

  (2)用声要对:气息问题、喉位问题、虚实结合比例、口腔控制程度,都是对用声方法的核定标准。

  (3)稿件要熟:读错句子和停顿是绕口令非常忌讳的事情。明明可以通过默读反复熟悉来解决的问题,千万不要开口形成误区。

  (4)舌位要准:譬如简单的平翘舌转换等舌位的问题,是我们在读绕口令之前必须要解决的问题。

  (5)语速循序渐进:我们刚开始的时候务必要慢。慢慢地读,体会动程,充分地找准字音位置和正确的舌位。学的时候要一步步来,节奏适度,不能操之过急。感情、声音、意境相结合,不能只图快。

  (6)声情并茂:每段绕口令都是有一个小故事的,这个小故事的情节是什么?能不能进行充分的表达?把这个故事说活了?没有感情地念字是一个坏习惯。对于绕口令练习来说,语流的控制、感情的表达也是很重要的。

(7) 保持积极振奋的状态:只有保持积极兴奋的状态,才能将绕口令说得传神、成功。

(8) 勤加练习:只有坚持不懈地勤加练习,才能有所收获。

二、绕口令的练习方法

(1) 由短到长:先练短的,再练长的绕口令。这种由浅入深、循序渐进的方式有利于提高兴趣,也有利于初学者逐渐掌握说绕口令的技巧。

(2) 头脑中产生一种画面感:一篇小说如果要想情节完整,往往需要成千上万字,而绕口令则言简意赅,短短几句话几十个字就能勾勒出一个完整的故事,且在声、韵、调方面独具特色,体现出汉语的独特魅力。头脑中要产生正确的联想,进而产生一种画面感,这能提高我们的兴趣,增进感悟力,强化记忆力,加快学习的速度。

(3) 调动情绪状态:调动情绪状态,才能有表达的想法、练习的想法、调整好呼吸和口腔状态的想法,从而帮助我们学习绕口令。

(4) 该紧张的紧张,该放松的放松:根据字音和绕口令的意思,首先判断哪里的节奏该紧张,哪里的语气该缓和,准确把握唇齿的灵活度和力度,然后再开口练习。

(5) 口腔操热身:口腔操是一种能锻炼我们唇舌灵活度、力度和口腔肌肉的方法,就像运动员运动前要热身、拉筋一般。除了说绕口令之前可以开嗓,在平时也要注意口腔操的练习,便于掌握气息,提高唇齿灵活度。

(6) 针对性练习:普通话由句子组成,句子由词语组成,词语由字组成,而字由音组成,所以要练好普通话,还要从基础的拼音开始,准确练习与每个字音有关的绕口令,比如今天练习"a"相关的绕口令,明天练习"b"相关的绕口令,并根据自己练习的情况,进行有针对性的练习,定会受益匪浅。

三、绕口令的练习口诀

为何要学绕口令? 气息发音皆校正。
记忆提高变严谨,知识拓展攒全能。
吐字清晰慎用声,稿熟掌握舌翘平。
慢读才能出奇迹,积极勤奋控声情。
由短到长循序行,画面情节需完整。
针对练习要科学,灵活掌握紧和松。

四、绕口令大比拼

1. 多少罐
一个半罐是半罐,两个半罐是一罐;三个半罐是一罐半,四个半罐是两罐;五个半罐是两罐半,六个半罐是三满罐;七个、八个、九个半罐,请你算算是多少罐。

2. 两个排
营房里出来两个排,直奔正北菜园来,一排浇菠菜,二排砍白菜。剩下八百八十八棵大白菜没有掰。一排浇完了菠菜,又把八百八十八棵大白菜掰下来;二排砍完白菜,把一排掰下来的八百八十八棵大白菜背回来。

3. 连念七遍就聪明

天上七颗星,地下七块冰,树上七只鹰,梁上七根钉,台上七盏灯。呼噜呼噜扇灭七盏灯,哎呦哎呦拔掉七根钉,呀嘘呀嘘赶走七只鹰,抬起一脚踢碎七块冰,飞来乌云盖没七颗星。连念七遍就聪明。

总之,绕口令是一种有趣又有益的语言游戏,经常练习,可以使头脑反应灵活、用气自如、吐字清晰、口齿伶俐。

素质拓展

志愿服务:高效沟通助发展

志愿服务背景:在国家乡村振兴战略的背景之下,普通话作为全国通用性语言,在经济发展进程中的重要性进一步凸显,对于普通话覆盖率偏低的农村地区而言,加强普通话推广成为促进经济增长、振兴乡村的必要举措。

志愿服务目标:选出一批普通话均过二级甲等的同学组成志愿服务队,开展普通话宣传,建立教学实践基地,以点概面,辐射周边地区,为全面推广普通话贡献青年力量。

志愿服务准备:制作调查问卷、宣传海报,准备一节优质普通话推广课,准备教学相关的活动材料。

志愿服务内容:

1. 实地调查,以问卷形式收集并了解当地人说普通话时存在的主要问题。

2. 登门拜访,跟村民深入交流,宣传普通话的重要性,并邀请大家一起学习,让普通话成为交流沟通和自我展示的语言工具。

3. 集中教学,通过纠正语音、趣事分享、绕口令比拼、红色诗文诵读、益智游戏等群众喜闻乐见的形式吸引广大村民自愿参与,在游戏中品味普通话的魅力,提高语言组织能力,促进高效沟通。

学习目标

素质目标：

1. 体悟朗读作品中的家国情怀、民族精神、集体意识、文化认同等；
2. 增强自觉传承和弘扬中华优秀语言文化的意识。

知识目标：

1. 知晓朗读的含义及作用；
2. 明确朗读的基本要求；
3. 掌握朗读的基本技巧。

能力目标：

1. 能用标准的普通话朗读作品，做到字正腔圆；
2. 能运用停顿、重音、语调、语速等基本朗读技巧进行朗读；
3. 能正确、流利、有感情地朗读，做到声情并茂。

课前导学

朗读是人类进行语言表达的重要形式之一，是一种将文字母体进行有声语言再现的艺术方式，是把视觉符号转化为听觉符号的再创造活动。

朗读不是简单机械地念字，见字发音，也不是没有重音、没有情感变化地读，而是在语音规范的基础上达到更丰富、更完美，更表情达意、言志传神地朗读。

朗读是一个因于母体（文字语言）、发于载体（朗读者）、达于客体（听者）的链式言语创作活动，因其载体阐于音声、付诸形意，所以朗读又可以理解为：对于文字语言这一母体的二度创作过程。又因其通过朗读者的音声创作，将原有的平面的书面语言立体化，也就是通过朗读，使作品中的文字符号鲜活起来、生动起来，如同一个个灵动的生命，给人以深切的感受。

请同学们体味诵读比赛作品《我的南方和北方》，找出这个作品的优点和不足。

《我的南方和北方》

知识链接

第一节　朗读的基本要求

朗读是培养口语交际能力的有效途径和手段。良好的口才始于朗读,会说从会读开始。尤其在当今信息化社会中,善于口语交际能使我们获得更多的生存与发展空间。实践证明,通过朗读训练,在增强阅读能力和艺术欣赏力的同时,对逐步提升口语表达能力和交际水平也大有裨益。更为重要的是,朗读能陶冶情操,教人向善,引人求美。将一篇作品完美地展现给听众是展现生活美、艺术美的另一种手段。此外,宣传朗读文化,有助于提高国民人文和艺术素养,增进全社会的母语认同和母语自尊,传承和弘扬中华民族的优秀文化。下面从四个方面谈谈朗读的基本要求。

一、用普通话朗读

朗读者通过声音来传递自己对作品的理解,它不仅要求朗读者忠于作品原貌,不添字、漏字、改字外,还要求朗读时声母、韵母、声调准确,轻声、儿化、音变以及语句的表达方式等方面都符合普通话语音的规范。朗读一篇作品,要做到读音准确,吐字清晰,声音圆润。要使自己的朗读规范标准,需要注意以下几方面的问题:

（一）找出普通话与自己的方言在语音上的差异

在学习普通话的过程中,我们需要注意找出自己的方言与普通话语音中声韵调的差异,从而总结出规律来。这些规律有大有小,规律之中往往又包含一些例外,都要靠自己去归纳与总结。例如很多南方人将“师资（shīzī）”读成 sīzī,可以看出是 zh、ch、sh 与 z、c、s 不分的结果,这就需要我们针对自己语音中的问题进行纠正训练,反复练习,强化记忆,提高普通话的语音纯度。

（二）读准多音字的字音

汉语中有不少多音多义字。一字多音是容易产生误读的重要原因之一,必须十分注意,要根据字义来决定读音。例如“强”字在“强大”中读 qiáng,在“勉强”中读 qiǎng,在“倔强”中读 jiàng。多音字可以从两个方面去学习。第一类是意义不相同的多音字,要着重弄清它的各个不同的意义,相应地记住它的不同的读音。第二类是意义相同的多音字,要弄清它的不同的使用场合。这类多音字大多数情况是一个音使用场合多,另一个音使用场合少,只要记住使用少的就行。

（三）读准形近字的字音

注意由字形相近或由偏旁类推引起的误读。例如将“妊娠”的“娠（shēn）”读成 chén,将“畸形”的“畸（jī）”读成 qí,将“反诘”的“诘（jié）”读成 jí。

（四）读准音变字的字音

普通话的每一个字单念时都有各自的读音,但是当连成一个词语或是一句话时,读音之间自然要互相影响、互相适应,以至在发音上产生语流音变。普通话的音变现象比较

朗读的基本
要求

常见多音字
表

多,我们在朗读时需要找准音变的字,例如上声和"一""不"的变调,语气词"啊"的音变,以及轻声、儿化等。

(五)注意异读词的读音

普通话词汇中,有一部分词意义相同或基本相同,但在习惯上有两个或几个不同的读法,这些词被称为"异读词"。1985 年,国家公布了《普通话异读词审音表》,对于异读词,一律以审音表为准。例如"和"字有多种义项和读音,而此表仅列出原有异读的八条词语,分列于 hé 和 huo 两种读音之下。此表在词语中只有一个统一读法的字后注明了"统读",在字后不注"统读"的,表示存在异读的情况,要按照《普通话异读词审音表》来读。

普通话异读
词审音表

二、深入理解作品

深入理解作品的思想内容是成功朗读的重要前提条件。在朗读中首先要熟悉作品,要在反复朗读中把握主题思想,不单要知道主题思想是什么,还要知道作者为什么这样写,作者的思想感情是什么样的?作品的层次结构怎样分析?人物形象有何特点?景物描写、语言表达有何特色?等等。其次,只有深入理解作品,领悟作品的内涵,才能在朗读中通过声音对作品进行更好的诠释,把文章内在的思想感情通过声音准确地表达出来。也只有深入地理解作品,才能和作品中的思想感情产生共鸣,达到感同身受的境界,从而创造性地运用各种朗读技巧,以情带声、以声传情,和听众同喜同悲。

不同内容的作品,在朗读时有很大的区别。例如许地山的《落花生》通过一家人对花生好处的谈论,借物喻人,揭示了花生不图虚名、默默奉献的品格,阐明了要做有用的人,不要做只讲体面而对别人没有好处的人,表达了作者不图名利、踏踏实实做人的思想感情。朱自清的《绿》通过作者对梅雨潭生机勃勃、绿意盎然的景色描绘,抒发了作者热爱自然、热爱生活的激情。这两篇作品的内容、题材、表达方式各不相同,因此朗读时处理的方式也各不相同,最终表达效果也截然不同。

三、找准作品的基调

在深入理解作品,感受作品思想感情的基础上,便可以确定作品的朗读基调。作品的基调是指作品的基本情调,即作品感情、气氛、风格的总和。任何一篇作品,都会有一个统一完整的基调。朗读的基调来自作品的基调,因此,朗读作品必须把握住作品的基调,深入研究分析、理解作品的思想内容,从作品的体裁、主题、结构、语言以及作品的风格等方面入手分析,体悟文章的具体思想感情。作品的基调定了,朗读的基调就能够找准确了。

例如,上文中提到的《落花生》和《绿》这两篇作品的风格不同,朗读的基调自然就不同,前者淳朴自然、清淡素雅,后者激情洋溢、积极向上。

文章的朗读基调是统一和谐的,并且也是丰富多彩的。虽然作品的整体声音处理应该符合统一的基调,但并不是说每篇作品都是用一种情绪、一种腔调来表现,要根据作品具体内容的变化,进行相应的语言表达变化。朗读的基调要在大致统一的情况下,同时体现丰富多彩的情感起伏。

四、掌握正确的朗读方式

掌握正确的朗读方式是成功朗读的必要条件。朗读者通过抑扬顿挫的声音,能带给听众美的享受。朗读时采用单纯的念字式或是念经式,是不可取的。听不出语义之间的内在联系,没有停顿、重音,没有感情和声音上的变化,平铺直叙式的朗读需要纠正。另外,朗读不同于朗诵,朗读更具平易性,而朗诵更重艺术性与感染力。我们在朗读中不必去扮演某个角色,朗读者要通过自己的声音传达出自己的观点、思想、感情,表明自己对作品中的人与事的态度。朗读者的任务是强调他们说了些什么,不是再现人物怎样说的,要在作品中挖掘作者的思想感情。在朗读学习中,不正确的朗读方式需要我们去克服和纠正。

第二节 朗读的基本技巧

朗读,是把文字作品转化为有声语言的创作活动。朗读的过程是朗读者驾驭语言的过程,是有声的语言艺术,是一种富有创造性的读书活动。在日常朗读中,决定朗读者朗读水平高低、朗读效果优劣的因素是多方面的。

朗读的技巧可以从内部、外部两方面来分析与学习。这里所说的外部技巧指的是通过声音技巧的运用为朗诵做好准备;内部技巧指的是运用停连、升降、抑扬、轻重等方法对文字进行处理,转化为有声语言的手段。当然,朗读的手段不止于这些,本节主要从这两个方面提供学习的方法。

一、朗读的外部技巧

朗读需要理解、体验和感悟作品,而那些文字优美、思想隽永的典范作品,无一不凝聚着作者睿智、鲜活的思想,高尚的旨趣,以及深切的人文关怀,朗读者在朗读的过程中,可以感悟到深刻的生活哲理,学会做人的道理,所谓读书可以明智。同时,朗读者的理解能力、思维能力、想象能力等重要的智力因素也能在朗读过程中得到锻炼。

孔子曰:"工欲善其事,必先利其器。"想要做好一件事,一定要先把做这件事的器具磨好。画画要有好的画笔,要从最简单的线条开始;打乒乓球要有好的球拍,要从最简单的接球开始;演奏音乐要有好的乐器,要从最简单的识谱开始……对于朗读来说,就要有灵巧的嘴,从音准、呼吸和发声开始,在反复的练习中熟练掌握朗读所需要的基本功。

我国戏剧艺术家欧阳予倩就曾经说过:"任何艺术都要有基本训练,好比造房子,必须先砸好地基,地基砸得不好,房子就容易垮塌。"外部技巧的练习,可以让朗读者准确地运用普通话语音,做到吐字清晰,发音正确。

(一)朗读基本功

朗读是一门艺术,艺术就要给人以美感。要使朗读的语言能够准确、生动、鲜明、形象地诠释作品,就必须在声音上达到"松弛""耐久""清晰""纯正",这便是学习朗读艺术外部技巧的第一阶段。

1. 积极的放松状态

我们说的"松弛"指的是朗读时传递给听众的声音应该是轻松、自然、流畅、悦耳并且不造作。所谓积极的放松状态,它不同于一般日常生活中的放松,而是一种创作状态。从人的张力和姿势来说,需要保持积极而不紧张、松弛而不松垮的发声状态。给人以"天然去雕饰,清水出芙蓉"的自然美感。朗读可能遇到各种情况,有时需要低声耳语、有时需要高声呼叫、有时需要深沉有力、有时需要慷慨激昂,不管情况如何,我们的声音始终应该是松弛的,不能给人以紧张造作、吃力、声嘶力竭的感觉。想象一下,如果朗读的时候浑身上下僵硬用力、铆足了劲儿,及至紧要关头或高潮之处,面红耳赤、青筋毕现,还有什么"美感"可言?

训练朗读过程中的放松状态,还需要无数肌肉积极地工作平衡连接骨骼关节的压力和拉力。做到如京剧表演艺术家程砚秋先生所说:"气沉丹田,头顶虚空,全凭腰转,两肩轻松。"正确运用胸腹式联合呼吸方法,朗读时根据情节变化进行语音的高、低、强、弱变化,运用人的身体空间,调节好共鸣腔。练"字"是工具、练"声"是目的,放松与紧张相结合,肌肉各部分协调平衡工作。不要过分强调某一点、某一处,也不要用过多的拙劲从音量和声音的位置方面去"抢"声音。

练习方法:

为了做到这一点,开始时可以在整体放松的基础上进行呼吸训练,不妨尝试两个人面对面手握成拳、互相捶肩,借助振动感受发声时胸部、双肩、颈部等肌肉的状态,被捶的人肩部肌肉有振动后,注意力会自然转移,这时气息自然落在横膈膜处,吸气会深一些。实践证明,这些练习对刚入门的初学者有很大的帮助。

其实,朗读时做到"松弛"的技巧难点在于分寸的把握,正所谓"张弛有度",一旦摸索成功,对朗读以及日常交往都会有极大的帮助。

2. 正确的呼吸状态

生活中的呼吸是自然而有节奏地在进行的,而朗读时的呼吸则与之不同。正确的呼吸方法是:吸气时横膈膜下降,两肋张开,腰围稍向外保持扩张,小腹有支持点,呼气时,先控制两肋,使腹部有一种压力,将气均匀地往外吐,气从胸腔往外运送,要走一条线,把气归拢到一起。生活中的呼吸方法,往往一发声,腰围的肌肉群会随之松懈,很多人误认为这就是发声所需的"送气"。正确的方法就好像挑担子,挑起时要一鼓作气,甚至要屏住一口气,这股气能使胸腔扩大,担子挑起来以后,还要保持住这股气,才能比较顺利地挑着担子前进;一旦泄气,胸、腹腔一松动,就难以继续了。因此要保持住力量,使胸腔、腹腔保持扩大,依靠吸气使肌肉持续工作,去抗拒压力,这里需要一股韧劲。如果腹部松软,胸廓下塌,气息失去控制,就不能产生需要的力量。初学者最容易犯的毛病是不会运用"气口",嗓子发紧,声音大多数停留在嗓子里,说话的气息运用不正确,吐字不清晰。正确的发声方法是:气息、声带和腰围的肌肉群都必须保持对抗的力量。如果两肋横膈膜不能持久保持向外扩张的话,人的整体发声空间张力也随之消失。实践证明,这样的发声状态声音效果谈不上持久,无法做到音色圆润优美以及自如地控制音量的大小,更谈不上利用声音来传递作品情感。掌握正确的发声法,朗读中才会得心应手。

练习方法:

两脚分开与肩齐,两手叉腰,身体呈半蹲状,体会发声时两肋向外扩张、气流往两头走的感觉。再练习段子,用鼻子呼吸一下,马上讲"白石塔,白石搭",再吸一下讲"白石搭白塔"。吐字时两肋及横膈膜及时打开,吸气的动作要在吐字之前,呼气时要做到匀、缓、稳,不要将气一下子呼出。再加动作辅助,每吸一口气,把单脚弯曲抬起到腰高。吸气——提腿、呼气——放下,多次重复该动作。随着呼吸节奏的快慢变化,动作应配合呼吸节奏而变化,训练长句时,横膈膜张力的保持相对要持久一些。气息的运用如同推磨,在均匀的一条水平线上,保持声音和气息平衡协调,加强两肋向外用力、保持住张力,但不要吸得过分饱满,要留有余地,使呼吸处于积极而又主动的运作状态。

掌握了正确的呼吸方法,才能让自己在朗读时,有足够的气息容量和耐久力来完成一些需要较长气息的朗读。

3. 正确的喉型

这里所讲的正确喉型,需要通过脸部肌肉表现力来寻找感觉,无论是说还是唱,都可以通过脸部肌肉状态来验证发声是否正确。我们在喉头稳定、发声严谨的正确吸气方法基础上,既不让喉头吊起,也不让喉头压紧,正常发挥声带的功能,通过上口盖积极吐字,舌根放松,下巴自然松弛,稍往里收。我们交流或吃饭时,往往是下巴在积极工作,但朗读时就不能这样。有人认为朗读就是把生活中的语言加以夸大,简单地加大音量或随意加大下巴的运动幅度,或者脖子往前方伸,这种咽壁没有力量的发声方法是错误的。首先从外部形象来说极其难看,其次音域不宽,吐字穿透力不够,更有甚者会产生难听的喉音。如果喉型不正确,朗读时发声通道不畅,气息不通,舌根部分就会产生阻力,这样的喉型发辅音 j、q、x 会特别刺耳。明白了这一点,在进行朗读时会有很大帮助。

练习方法:

发声是能感受到,但摸不到、看不见的一门艺术。所以我们必须纠正错误的发声,纠正不正确的发声习惯,操练各部位肌肉的控制能力。

解决这类问题,首先把上颚抬起,牙关打开,尽可能使声音竖起来一些,位置高一些,用共鸣的方法,使声音在口腔和鼻腔内产生振动,从闭口的"嗯呜"开始,找到位置之后,再转向开口的"ɑ"元音。因为这个音能够帮助打开口腔,使共鸣位置提高。此时大可不必过多追求文字背后的深层感情,重点在于找到正确的声音感觉;也大可不必使劲儿提高音量、讲究抑扬顿挫,重点在于巩固这个位置。这个练习格外需要耐心和细心,切勿急躁,起音要柔和,待领悟方法后,再逐步加大音量,变换节奏,注入情感,控制音量,掌握共鸣位置,追求优美明亮的音色。

提示 1:发声时"下牙放在大牙的背后"

吐字时下牙藏在上牙的背后,要求下巴偷懒些,上口盖积极,硬腭吐字点清楚,想象上门牙两个牙齿中间处如同有一条线,沿着这条线吐出每一个字;出字时气息平稳均匀,由小腹的丹田气支持。

从建立正确喉型角度而言,注意下牙放在大牙的背后,这样就会自然收紧下巴,解决了下巴容易用力的习惯。平时生活中吃饭、说话,用下巴的动作多一些,不过想要声音响亮、音色好听,就必须积极地运用上口盖,使吐字的部位相对提高些,想象在脸颊处吐字。同时也可以解决舌根用力的坏习惯。针对没有学过发声方法的人,一旦放大音量或者是模仿、塑造别人的声音时,就不知道发声时用力的要领,最容易出现的错误现象就是下巴用力,舌根用力。这种声音,自己听起来很响亮,但由于是喉部过于用力,实际声音传不远,没有张力,更谈不上声音的美感。

此外,在下牙放在大牙背后的同时,保持良好的发声状态,脸部肌肉笑肌部分也应积极向上,自然产生脸部微笑的感觉,同时也能较自如地调整各部位共鸣腔的运用。我们还可以对着镜子看自己发声的状态,比较正确与错误的发声喉型,抓住外部正确状态,产生的效果将会立竿见影。

提示 2:"四个手指平伸到后咽壁"

四个手指平伸到后咽壁,这个前提是针对有的人口腔打不开,牙关紧,喉咙通道窄,更不会用气息,有的人在朗读时声音不响亮,甚至比日常生活中的声音还要轻。

我们可以拿出四个手指并拢放平,这就是咽腔应该张开的宽度。当然不是把手真的伸进喉咙里,而用遐想,想象这只手四指并拢放平"伸进"嘴里,"到后咽壁",张开嘴,唇形无须张得太大,下巴一定要放松。口腔会自然张开,随之气息也会自然吸进体内,同时横膈膜张开。身体有了气息的支持,就更容易产生漂亮的音色。然后在牙关自然打开的前提下,上口盖、脸颊也自然向上提,帮助小舌头积极地抬起,达到打开咽腔部位的效果。同时感受朗读时不断吸气的状态以及"打哈欠"的感觉。这样,朗读发声就能达到音色好听,圆润响亮的程度。

提示 3:借助一根筷子

可以借助一根筷子或一支笔。横咬住一根筷子,先练单元音:a,e,i。再练辅音字母组合(la)拉,(na)拿,(ha)哈。主要练习后鼻音归韵字母(liang)亮,(yang)扬,(niang)娘。这种状态下最好不练习嘴皮用力的 p(po)破,f(fa)发,m(ma)妈的声母,因为咬着一根筷子,唇音声母暂时用不上。

在吐字时,注意语言四呼五音的吐字部位,声音要求一句比一句响亮。由于牙齿咬住了东西,发声时就无法用嘴皮来主动用力,而自觉地会用身体来驾驭声音,就能体会如何运用气息来发声了,同时也理解了咽腔、喉咙打开的方法与感觉。

一旦理解了要求后,可以拿掉筷子再体会驾驭口腔空间的感觉。咬紧字头归字尾,不难达到纯和清,这时你的声音会产生奇妙的音质、音色上的变化。

4. 正确的吐字归音

汉字字音是由音素组成的,如:"啊"是单音素(a),"我"是两个音素(u 与 o),"说"是三个音素(sh、u、o),"教"是四个音素(j、i、a、o)。汉语字音依它们的发音可以分为起、舒、纵、收四个部分,如:江(j-i-a-ng)、聊(l-i-a-o)、窗(ch-u-a-ng)。在发这类字音时,口形有一个由闭合到开放,又由开放到闭合的运动过程,就如同枣核从细到粗,又从粗到细。因此,根据汉语的特点,发声器官必须适应这一过程。其次还要咬准字头,尤其是朗读时,既不要过分咬紧,也不能太松。

练习方法:

朗读中强调咬准字头归字尾,正确掌握喉型,做到这些就更容易使语音达到"纯正"和"清晰"的效果。例如发"对"这个音,每个音素都要发清楚,字头要响亮、清晰,一个音素向下一个音素滑动过程中,过渡要求圆滑自然,但又不可把每个音素割裂开,应该把韵头、韵腹、韵尾结合在一起,当作一个整体去发音,否则声音将会支离破碎,字义也变了。训练中注意每个字的着力点,既要准确、清晰,又要纯正、圆滑、流畅。与发声器官既不互相干扰,又能协调一致互相配合,达到字正腔圆的艺术效果。

(二) 朗读中的纠错

对于一个从来没有接触过发音训练的人来说,普遍存在的问题是声音基础不扎实,即便有一些人具有一定的基础知识,也往往存在着各种问题。最为突出的是大本嗓、虚假嗓。我们要找出症结所在,对症下药,确定解决方案,这是学习朗读外部技巧的第二阶段。这一阶段要重点突破,发现特长,因势利导。

1. 改变声音位置,解决"大本嗓"

朗读作品贵在"真"字,朗读发声以真声为基础,但这种"真"是经过艺术加工后更高层次的"真",是具有共鸣和穿透力的圆润声音,以及具有科学依据的发声方法。那种不经上部共鸣腔,直接从喉咙里出来,没有弹性、不透明、没有泛音的声音,就称为大本嗓。用这种自然的方法发出的声音不仅音域狭窄,音色散、扁、白,甚至嘶哑,尤其是在需要力度和音高时,如果仅凭本嗓喊叫,既无法准确地传递作品细腻的情感,而且容易破坏嗓子,但这在初学者中又是非常普遍的。

这就很有必要提到基音。基音就是基本声音,也是朗读时每个人所具备的基本音色,我们也称之为真声。生活中,由于每个人的生理条件不同,说话的音色也就不同,所以,有时只是听见声音就能辨别出是谁在说话,这就是音色带来的符号感。一个人在自然状况下说话,喉头是相对稳定的,说话时声音的音域一般在中、低声区。

朗读中,可以根据每个人音色的不同,针对性地制定练习计划,从稳定基音着手,这是朗读声音训练过程中的首要步骤,尤其应加强中声区的训练。进行训练时。首先要找到自己声音的舒适区,即不费力发声的音域中间部分。保持身体放松,特别是喉咙和颈部,使用腹式呼吸来支持声音。通过从低音到高音的练习,逐渐找到并稳定中声区。朗读时,注意声音的清晰度和情感表达,避免过度用力或过于轻柔。可以录音并回听,比较自己与专业朗读者发音的区别,进行自我评估和调整。只要掌握正确方法,定期练习,声音的稳定性和表达力就能逐步提升,从而解决"大本嗓"的发音问题。

2. 加强气息训练,消除虚假嗓

无论说话还是朗读,都会有一定的假声成分。但假声过多,无法使声带充分振动起来,没有胸腔共鸣,就成了软弱、纤细、空浮的虚假嗓。这种声音缺少中低声区的声音厚度,难以表达激烈、深沉、豪放的情绪。产生这种情况的主要原因是缺少底气的支持和真声的基础。对这类问题,首先要加强气息训练,找到底气的支点,使气息上下贯通,同时通过自然放松的说话状态找到自己没有任何掩饰的本嗓基音。对这类人的要求同大本嗓的人正好相反,练习者应吐字夸张,基音扎实,有胸腔共鸣,软腭不需提,气息尽量放下来,发声时必须有支点,使声带全振动。这种练习方法,可以解决一些虚假嗓的毛病,使发音更加饱满、圆润。

二、朗读的内部技巧

朗读是借助语言形式生动、形象地表达作品思想感情的言语活动,它是一门具有创造

性的艺术,要在重视原作的基础上,融入自己的思想感情,运用朗读技巧进行语言艺术的再加工。在掌握朗读外部技巧的基础上,朗读者要在理解作品的基础上用自己的声音塑造形象,反映生活,阐述道理,再现作者的思想感情,用声音把文字作品的内容准确、鲜明、生动地表达出来,给人以启迪及美感享受。

为了便于大家学习朗读的技巧,本章中使用下列符号,可供参考:

//,表示停顿;

▲,表示比标点符号停顿的时间要长;

⌒,用于有标点符号的地方的连音号,表示缩短停顿时间,或者不停顿,连起来读,不换气;

.,表示重音;

→,表示平调;

↗,表示升调;

↘,表示降调;

↗↘或↘↗,表示曲折调。

朗读的技巧包括很多的内容,这里从停顿、重音、语调、语速四方面来探讨。

（一）停顿

停顿就是句子当中、句子之间、层次和段落之间的间歇,它是语言节奏的一种表现。它体现为一种声音的间歇,这种间歇是分中有连、断中有续,是思想活动更为积极的时刻。朗读中的停顿不只是生理上的需要,也是表情达意的需要,使听者更能领略朗读者的意思。在传情达意的朗读中,正确停顿起很大作用,它使我们的朗读曲折有致,给人以跌宕起伏的感觉;不正确的停顿,则会改变内容的意思,甚至会使词、句变得难以理解,出现读破句、读破词的现象。为了更好地完成朗读,需要我们做出正确的停顿。

停顿有语法停顿、强调停顿、心理停顿。停顿符号用//表示,连读符号用⌒表示。

1. 语法停顿

语法停顿是指文章中标点符号和自然段落间的间歇停顿。标点符号是书面语言的间隔符号,也是朗读作品时停顿的重要依据。标点符号的停顿规律一般是:句号、问号、感叹号、省略号的停顿略长于分号、破折号、连接号;分号、破折号、连接号的停顿时间长于逗号、冒号;逗号、冒号的停顿时间长于顿号、间隔号。另外,在作品中的段落之间,停顿的时间要比句号的停顿时间长些。以上停顿也不是绝对的,要根据语言表达的实际需要来确定停顿的时间长短。例如:

那是力争上游的一种树,//笔直的干,//笔直的枝。//它的干呢,//通常是丈把高,//像是加以人工似的,//一丈以内,//绝无旁枝;//它所有的丫枝呢,//一律向上,//而且紧紧靠拢,//也像加以人工似的,//成为一束,//绝无横斜逸出;//它的宽大的叶子也是片片向上,//几乎没有斜生的,//更不用说倒垂了;//它的皮,//光滑而有银色的晕圈,//微微泛出淡青色。//

节选自茅盾《白杨礼赞》

有时为表达感情的需要,在没有标点的地方也可以停顿,在有标点的地方也可以不停顿,用连读符号⌒来表示。例如:

我在俄国//见到的景物//再没有比托尔斯泰墓//更宏伟、⌒更感人的。

完全按照//托尔斯泰的愿望,//他的坟墓//成了世间最美的,⌒给人印象最深刻的//坟墓。//它只是树林中的//一个小小的长方形土丘,//上面开满鲜花——//没有十字架,⌒没有墓碑,⌒没有墓志铭,//连托尔斯泰//这个名字也没有。//

节选自[奥]茨威格《世间最美的坟墓》,张厚仁译

2. 强调停顿

在句子中间没有标点的地方停顿,叫做"强调停顿"。

强调停顿是为了突出某一事物,显示某一语意而留出的间歇。为此,有时要打破标点的限制,在无标点处停顿。学习强调停顿有助于我们在朗读中正确地停顿、断句,从而更好、更正确地表达作品的思想感情。例如:

当你//在积雪初融的高原上//走过,//看见平坦的大地上//傲然挺立//这么一株或一排白杨树,//难道//你就只觉得//树//只是树,//难道你就不想到//它的朴质,⌒严肃,⌒坚强不屈,//至少//也象征了//北方的农民;//难道//你竟一点儿也不联想到,//在敌后的广大土地上,//到处有坚强不屈,//就像这//白杨树一样//傲然挺立的//守卫他们家乡的//哨兵!//难道//你又不更远一点想到//这样枝枝叶叶//靠紧团结,⌒力求上进的//白杨树,//宛然象征了//今天//在华北平原//纵横决荡用血写出//新中国历史的//那种精神和意志。//

节选自茅盾《白杨礼赞》

强调停顿需要揣摩作品内容,在深入理解作品的基础上加以处理。

3. 心理停顿

心理停顿又称感情停顿,不受书面标点和句子语法关系的制约,完全是根据感情或心理的需要而作出的停顿处理,它受感情支配,根据感情的需要决定停顿与否以及时间的长短。朗读者根据所表达的内容或情感的需要,自行设计和掌握,运用得好,可以产生很强的艺术效果。它的特点是声断而情不断,也就是声断情连。用"▲"表示比标点符号停顿的时间要长。

例如《记念刘和珍君》中的一段话:

始终微笑的和蔼的刘和珍君确是//死掉了,这是真的,有她自己的尸骸为证;沉勇而友爱的杨德群君也死掉了,有她自己的尸骸为证;只有一样沉勇而友爱的张静淑君还在医院里//呻吟。当三个女子从容地转辗于文明人所发明的枪弹的攒射中的时候,这是怎样的一个惊心动魄的伟大呵!……

但是中外的杀人者却居然昂起头来,不知道个个脸上有着血污……。▲

在这段话中为了表达作者对死难烈士的不幸结局哽咽难言的感情,在"死掉了"和"呻吟"前可以做适当的心理停顿,在最后的"血污"之后要做一个较长的心理停顿,表示作者欲说又止,愤怒到极点的心情。

(二)重音

重音是指朗读时,对句子里需要强调或突出的词或词语加以重读的技巧。重音是通过声音的强调来突出意义的,能给色彩鲜明、形象生动的词语增加分量。重音用"."来表示。朗读时使用重音要注意,重音不是"加重声音"。重音可以分为语法重音、强调重音。

1. 语法重音

语法重音也叫结构重音,重音所在是由语法结构决定的。一般来说,语法重音不带特别强烈的感情色彩。

(1) 简单的主谓句中,谓语重读。

全世界无产者,联合起来!

春天到了,可是我什么也看不见!

我们知道。

(2) 谓语动词带宾语,宾语重读。

小鸟张开了翅膀。

我爱教书。

我爱月夜,但我也爱星天。

(3) 如果动词、形容词后边有补语,补语重读。

他很快从跌倒中爬起来了。

鞋球洗干净了。

时间过得那么飞快。

(4) 定语、状语等修饰成分要重读。

艺术家们的青春只会献给尊敬他们的人。

一个大问题一直盘踞在我的脑袋里。

站在历史的枝头微笑,可以减免许多烦恼。

(5) 如果句中有疑问代词、指示代词、人称代词,常常重读。

谁能把花生的好处说出来?

可爱的,我将什么来比拟你呢?

我送你一个名字,我从此叫你"女儿绿",好吗?

(6) 偏正复句中的关联词语,特别是转入正意的关联词语,要重读。

因为原来不够,但现在凑够了。

如果真是这样的话,那么我一定会挣到许多钱,有朝一日我也会成为富人……

不管我的梦想能否成为事实,说出来总是好玩的。

在一句话里如果语法成分较多,在确定重音时往往先把定语、状语、补语等连带成分处理为重音。

2. 强调重音

强调重音是为了突出句中的某个词语或表达某种感情而特意重读的。强调重音不受语法制约,它是根据作者表达的感情和语句所要表达的重点决定的。强调重音的作用在于揭示语言的内在含义。由于表达目的的不同,强调重音就会落在不同的词语上,所揭示的含义也就不相同,表达的效果也不一样。例如"我喜欢听流行歌曲"这句话,重音不同,表达的意思就不同。

我喜欢听流行歌曲。(强调"我"喜欢)

我喜欢听流行歌曲。(谁说我"不喜欢"?)

我喜欢听流行歌曲。(强调"听"的动作)

我喜欢听流行歌曲。（不是"流行歌曲"不喜欢听）

以上四处重音，四个作用，朗读时要根据上下文的语言环境，选择最恰当的一种。

运用强调重音可以使朗读的色彩更加丰富、充满生气、富有感染力。例如：

看，像牛毛，像花针，像细丝，密密地斜织着，人家屋顶上全笼着一层薄烟。

其实，友情也好，爱情也好，久而久之都会转化为亲情。

那像小提琴一样轻柔的，是草丛中流淌的小溪的声音。

这个话有充分的科学根据，并不是一句迷信的成语。

这使我们都很惊奇！这又怪又丑的石头，原来是天上的啊！

人能走多远？这话不是要问两脚而是要问志向。人能攀多高？这事不是要问双手而是要问意志。

3. 重音的表达方式

读重音的方法，不是要特意突出什么，也不是要大声重重地读。重音也应是自然的，前后句的语调应该是一致的。重音的表达方式一般如下：

（1）加强音量。

生活对于任何人都非易事，我们必须有坚韧不拔的精神。

最妙的是下点儿小雪呀。

（2）拖长音节。

然而，火光啊……毕竟……毕竟就在前头！

那醉人的绿呀！

（3）重音轻念。

依然是这么近，又依然是那么远。

她笑眯眯的，和我一起走过月台。

（4）一字一顿。

而且，教书还给我金钱和权利之外的东西，那就是爱心。

一寸光阴一寸金，寸金难买寸光阴。

以上四种表达方式，在朗读中常常交错使用，朗读者需要在理解作品思想感情的基础上，根据语意恰如其分地使用它们。

此外，重音和非重音是相对存在的。在确定重音时一般以少为宜，重音多了，反而会使轻重音的界限不明显，影响主题的表达。

（三）语调

语调又称句调。是指朗读语句时声音高低升降的变化。语调与音高、音强、音长、音色都有关系，其中以句子结尾的升降变化最为重要，一般是和句子的语气紧密结合的。语气是感情的表现。不同的语调表达不同的语气，有什么样的思想感情就该用什么样的语调来表现。我们在朗读时，如能注意语调的升降变化，使朗读作品听起来悦耳、富有音乐美，也能够更细致地表达不同的思想感情。常用的语调主要有四种：平调、升调、降调、曲调。

语调

1. 平调（用"→"来表示）

平调又叫平直调。句子语势平直舒缓，没有显著的高低升降变化。一般多用在叙述、说明或表示庄重、悲痛、思索、冷漠、追忆、悼念等思想感情的句子里。例如：

王母池旁的吕祖殿里有不少尊明塑，塑着吕洞宾等一些人，姿态神情是那样有生气。→（叙述一个场景）

台湾岛形状狭长，从东到西，最宽处只有一百四十多公里；由南至北，最长的地方有三百九十多公里。地形像一个纺织用的梭子。→（说明一个事实）

无论你在夏天或冬天经过这儿，你都想像不到，这个小小的、隆起的长方体里安放着一位当代最伟大的人物。→（表示悼念）

2. 升调（用"↗"来表示）

升调又叫高升调。句子语势先低后高，句末语气上扬。一般多用在疑问句、反诘句、短促的命令句，或者是表示愤怒、紧张、警告、号召、激励的句子里。例如：

有二月春风似剪刀之说，秋天的风，何尝不是一把剪刀呢？↗（表示反诘）

"请耐心等上几分钟。"↗（表示祈使）

为什么这个地带会成为华夏文明最先进的地区？↗（表示疑问）

3. 降调（用"↘"来表示）

降调又叫降抑调。句子的语势逐渐由高降低，末字音节读得低而短。一般用在感叹句、祈使句或表达坚决、自信、赞扬、祝愿等感情的句子里。表达沉痛、悲愤的感情，一般也用这种语调。根据语气的不同可用半降调或全降调。例如：

只有徘徊罢了，↘（表示感叹）只有匆匆罢了。↘（表示感叹）

你是一根晃悠悠的扁担，挑起了彩色的明天！↘（表示赞扬）

读小学的时候，我的外祖母去世了。外祖母生前最疼爱我，我无法排除自己的忧伤，每天在学校的操场上一圈儿又一圈儿地跑着，跑得累倒在地上，扑在草坪上痛哭。↘（表示沉痛）

4. 曲调（用"↗↘""↘↗"来表示）

曲调又叫曲折调。句子的语调有高低曲折的变化。朗读时，某些特殊的音节特别加重升高或拖长，形成一种升降曲折的变化。一般用于讽刺、讥笑、夸张、强调、双关、特别惊讶、感情复杂的句子里。根据不同的需要出现在句子不同的位置上。例如：

犯得着在大人都无须上班的时候让孩子去学校吗？↗小学的老师→也太倒霉了吧？↘↗（表示怀疑）

"陶……陶校长你打我两下吧！↗我砸的不是坏人，↘↗而是自己的同学啊……"↘（表示忏悔）

这使我们都很惊奇！↗这又怪又丑的石头，↘↗原来是天上的啊！（表示惊讶）

语调是为表达作品的感情服务的，具体运用哪一种语调，由作品的内容来决定。同一句话，不同的语调表达不同的语气。例如：

你可真积极呀！↘（肯定、赞扬）

你可真积极呀！↘↗（讽刺、挖苦）

他是个好人！↘（肯定、赞扬）

他是个好人？↗↘（反语）

在朗读中要根据作品的内容和思想感情酌情确定运用哪种语调，这需要不断练习，才能掌握其正确的用法。

（四）语速

语速，又称快慢或节奏，是指说话或朗读时的速度。朗读的速度不应是任意的，它应与作品的思想内容相适应，不同的内容决定不同的朗读速度。语速的具体形式主要有三种，即快速、中速、慢速。一般来讲，诗词特别是古典诗词要读得慢一些。诗词的语言精练，感情丰富，思想深刻，慢速朗读才能给人体味的余地。景物描写特别是静态的景物描写，也要把速度放慢些，以便让听者对景物的特征和细微的环境变化有清晰的印象。作品中记叙、说明的内容宜慢读；快速的动作、急剧变化的场面描写宜快读；表达紧张、焦急、慌乱、热烈、欢畅的情感宜快读；表达沉重、悲痛、缅怀、悼念、失望的情感宜慢读；辩论、争吵、疾呼，宜快读；闲谈、絮语，宜慢读。

朗读作品，不能自始至终采用一成不变的速度。朗读者要根据作者思想感情的发展变化随时调整朗读速度。试朗读并体味下文。

我打猎归来，沿着花园的林阴路走着。狗跑在我前边。（叙述故事、慢读）

突然，狗放慢脚步，蹑足潜行，好像嗅到了前边有什么野物。（发现问题、稍快）

我顺着林阴路望去，看见了一只嘴边还带黄色、头上生着柔毛的小麻雀。风猛烈地吹打着林阴路上的白桦树，麻雀从巢里跌落下来，呆呆地伏在地上，孤立无援地张开两只羽毛还未丰满的小翅膀。（叙述情景、慢读）

我的狗慢慢向它靠近。忽然，从附近一棵树上飞下一只黑胸脯的老麻雀，像一颗石子似的落到狗的跟前。老麻雀全身倒竖着羽毛，惊恐万状，发出绝望、凄惨的叫声，接着向露出牙齿、大张着的狗嘴扑去。（气氛紧张、快读）

老麻雀是猛扑下来救护幼雀的。它用身体掩护着自己的幼儿……但它整个小小的身体因恐怖而战栗着，它小小的声音也变得粗暴嘶哑，它在牺牲自己！（事态发展、加快）

在它看来，狗该是多么庞大的怪物啊！然而，它还是不能站在自己高高的、安全的树枝上……一种比它的理智更强烈的力量，使它从那儿扑下身来。（紧张激烈、更快）

我的狗站住了，向后退了退……看来，它也感到了这种力量。（震惊、慢读）

我赶紧唤住惊慌失措的狗，然后我怀着崇敬的心情，走开了。（故事结局、慢读）

是啊，请不要见笑。我崇敬那只小小的、英勇的鸟儿，我崇敬它那种爱的冲动和力量。（赞扬、中速）

爱，我想，比死和死的恐惧更强大。只有依靠它，依靠这种爱，生命才能维持下去，发展下去。（深思、慢读）

节选自［俄］屠格涅夫《麻雀》，巴金译

第三节　不同文体的朗读

朗读的基本技巧适用于各种文体的朗读，我们应该按照第一节中"朗读的基本要求"来朗读。在朗读前要认真研究作品的内容，把握作者的思想感情，找准作品的基调，掌握正确的朗读方式,使用标准的普通话来朗读,才能做到吐字清晰、声韵调发音准确,停连恰当、重音准确,语调、语气的把握恰如其分。任何文体的朗读都应遵循这些基本要求,才能使朗读声情并茂,扣人心弦。与此同时,不同的文体又有各自不同的风格与特点,因而朗读的要求也各不相同。下面将从记叙文、说明文和议论文三部分依次展开,谈谈不同文体的具体朗读要求。

一、记叙文的朗读

记叙文无论记人、叙事、写景、状物,总是注重细腻的描绘与情感的渲染,给人启迪。因此,朗读记叙文要注意以下三个方面。

一是线索理清楚。记叙文的朗读,首先要抓住作品发展的线索,理清头绪。剖析并把握文章脉络,有利于突出记叙文的特点,把内容交代清楚。对于作品的线索,朗读者要在分析理解,具体感受之后,跳脱出来,综观全篇,以便把握住语流行进的方向。

二是立意求具体。作品的立意就是作品的基本思想。朗读记叙文不能把思想强加给听者,而应沿着记叙的线索因势利导,使听者在不知不觉中有所感触,得到启迪。要做到这一点,朗读者就必须具体从作品的每一段、每一句当中去感受作品的立意。

三是表达要细腻。记叙文的语言细腻,其大量篇幅是叙述和描写,还常常有人物出现。表达时要特别注意三点。首先,叙述要舒展。朗读叙述时,要注意把语句化开,防止吃字、滚字,根据发展线索,主次关系,自然流畅地表达,显露真挚的情感。其次,描写要实在。朗读描写句时,应该把文章描绘的画面与场景实实在在地呈现在听者面前。不宜夸张,不应过多使用长时间停顿、延长音节、拖长句尾等手法。再次,人物要神似。在朗读时,一般以人物的精神境界,思想深度为重点,也要照顾到人物的性格特征,年龄大小和人物之间的关系。试朗读并体味下文。

有了新家以后不久,他的妈妈//就病倒了。但我从来没见过//"小不点"哭,↗他那双//黑黑的眼睛里,仿佛有另外的一个世界。↘

一天,"小不点"//悄悄带我进了他睡觉的偏房。那天下午,我看到了//我一生都难以忘怀的景象。在那间//窄小的破屋里,竟挂满了各式各样的纸船,他们//五颜六色、浩浩荡荡,我敢说,⌒那一定是//世界上最庞大最气派的//一支船队!↘

"小不点"自豪而坚定地对我说:"总有一天,我//要带着我的船队//去周游世界,去找个地方,和妈妈//快乐地生活。"↗

节选自胡建国《不沉的船》

在这段节选中,我们看到了一个坚强的、有着美好梦想的"小不点"形象,他的遭遇令人同情,但是他的意志却是无比坚定的,对未来也充满了希望,真诚而勇敢。

朗读时,朗读者应该通过舒展的叙述方式将"小不点"的形象展现在听众面前,细腻地体会角色的真情实感。第一段通过升降调的组合方式,强调了"小不点"不被现状打倒、坚强乐观的态度。第二段通过多处重音的朗读,表达"我"的惊讶和赞赏。第三段在末尾时采用上升的语调来表现"小不点"对未来充满希望和期待的美好感情。在朗读时,综合运用重音、停顿和语调升降的方式,让听众跟着朗读者的叙述在脑海中构思文中所描述的场景,从而更加清晰地了解事情的发展线索。

如果是写景抒情的记叙文,则更注重以情运声,以声传情,体现出节奏感,使朗读变得生动形象、流畅自然。试朗读并体味下文。

曲曲折折的荷塘上面,弥望的是田田的叶子。↘叶子出水很高,像亭亭的//舞女的裙。↗层层的叶子中间,零星地点缀着些白花,有袅娜地开着的,有羞涩地打着朵儿的;↗正如一粒粒的明珠,又如碧天里的星星,又如刚出浴的美人。↗微风过处,送来缕缕清香,仿佛远处高楼上//渺茫的歌声似的。↘这时候叶子与花也有一丝的颤动,像闪电般,∧霎时传过荷塘的那边去了。↘叶子本是肩并肩密密地挨着,这便宛然有了一道凝碧的波痕。↗叶子底下是脉脉的流水,遮住了,不能//见一些颜色;↗而叶子却更见风致了。↘

月光如流水一般,静静地泻在//这一片叶子和花上。↘薄薄的青雾浮起在荷塘里。↗叶子和花仿佛在牛乳中洗过一样;又像笼着轻纱的梦。↘虽然是满月,天上却有一层淡淡的云,↗所以不能朗照;但我以为这恰是到了好处——↘//酣眠固不可少,小睡也别有风味的。→月光是隔了树照过来的,高处丛生的灌木,落下参差的斑驳的黑影,峭楞楞如鬼一般;↗弯弯的杨柳的稀疏的倩影,却又像是画在荷叶上。↗塘中的月色//并不均匀;↘但光与影有着和谐的旋律,如梵婀玲上奏着的名曲。↘

节选自朱自清《荷塘月色》

在这篇文章中,这两段景物描写描绘的是月下荷塘图和荷塘上的月色图。作家先鸟瞰月下曲曲折折的荷塘全景,给人以总的印象,然后有层次地从上到下写来,田田的荷叶,美如舞女的裙;荷花零星点缀,姿态万千,如星光熠熠,似明珠乳白;微风送清香,叶动花颤,流水脉脉含情。在这幅画里,作家不满足于对客观景象作静止的摹写,而是动静结合,形象地展现出荷塘富有生机的风姿。接着作家着力写月光之美,借助于景物,创造出一种令人陶醉的意境。那流水一般的月光,倾泻在花和叶上,如"牛乳中洗过一样"又像"笼着轻纱的梦",既有实写,也有虚写,虚中见实,贴切地表现了朦胧月色下荷花曼妙飘忽的姿态。为突出月夜的美景,作家又重点摹写月的投影,如有"参差斑驳"的丛生灌木的"黑影",也有"弯弯的杨柳的稀疏的倩影",而这些"影"又像是"画在荷叶上",这里光影交错,岸边的树、塘中的荷连结,着意写月色,但处处不忘荷塘,满塘光与影的和谐的旋律,细腻地展现了荷塘月色的美。在朗读时,要细细体味作家陶醉于荷塘月色中的情感,用有声的语言,读出一幅幅美不胜收的荷塘月色图,体现作品的明朗的节奏与韵律协调的音乐美。

二、说明文的朗读

说明文的基本特点是科学性和准确性,表达上条理清楚,结构严谨。在朗读时不需要像朗读记叙文等文章那样投入丰富的情感。说明文的朗读基调应较平实,主要靠正确的朗读技巧、节奏的变化让听者感受文章的逻辑结构。整体来看,应平实、准确、清楚,应通过重音、停顿展现文章的内在逻辑,强调文中所介绍事物的特点。

不同的说明文,侧重点有所不同,朗读训练的量度与着眼点也应有所不同。科学性说明文重在强调逻辑性,而文艺性说明文也含有一定的意趣。比如法布尔的《蝉》,用生动风趣的语言,详细介绍了蝉的生活习性,朗读时要注意把重音放在说明知识的一些词语上,整体节奏应该轻快活泼,语气轻松、幽默,有时也略带讥讽。

　　蝉//与我比邻相守,到现在已有十五年了。↘每个夏天,差不多有两个月之久,蝉//总不离我的视线,蝉的歌声//也不离我的耳畔。我常常看见//一些蝉排列在树枝上,把吸管插到树皮里,动也不动地狂饮。夕阳西下,它们就沿着树枝//用又慢又稳的脚步,寻找温暖的地方。无论//饮水的时候,走动的时候,它们//从未停止过歌唱。↘

　　这样看来,蝉的歌声//一定不是呼唤同伴了,试想,同伴就在身旁,⌒还用费整天整月的功夫//来呼唤吗?↗

　　其实,照我想,蝉//这样兴高采烈地歌唱,不过是想用这种强硬的方法,强迫他人去听而已。↘

节选自〔法〕法布尔《蝉》

　　在朗读描写蝉在树上活动的情形时语速要慢,突出"蝉"饮水的贪婪和走路的缓慢,"无论""从未"要重读,语气要肯定,因为这是作者长期观察的结果。第二节"一定不是"语气肯定,末句反问,语调上扬,加强肯定。最后一段"我"重读,强调是个人观点,"强迫""强硬"要重读,流露出一种幽默感。

三、议论文的朗读

　　议论文是指那些用来讲明道理、阐明观点的文章,主要有短论、杂文、文艺评论、学术论文等。议论文是以说服读者为目的的。它无论对什么问题、什么事物展开议论,无论在议论中表达什么见解,提出什么主张,讲述什么道理,或者反驳他人的什么观点,都是为了达到说服读者,令读者信服的目的。从思维类型上来说,要回答"为什么",则要讲出道理来说服读者。在朗读的过程中,朗读者要旗帜鲜明地表达出文章的观点,要理清论述的思路,按照"提出问题、分析问题、解决问题"的论证过程来分析,要读得从容、平实、肯定。

　　在朗读议论文时首先要找准中心论点与各段的分论点,用加大音量、重读等方法,以果断的语气表达出来,使听众信服。在朗读论证材料的语句时,注意前后的语气要连贯、自然,突出表达中心论点。其次要理清论证结构,论证是运用论据证实论点的逻辑推理过程,在朗读中常用强调停顿、强调重音加强逻辑感受。与散文相比,议论文段与段之间的停顿较长,利于读者思考,更能表达出清晰的层次关系和逻辑关系。试朗读并体味下文。

　　但是//我们还是有缺点的,而且//还有很大的缺点。↘据我看来,→如果不纠正这类缺点,就无法使我们的工作更进一步,就无法使我们在将//马克思列宁主义的普遍真理//和中国革命的具体实践//互相结合的伟大事业中//更进一步。↘

　　首先来说//研究现状。↘像我党这样一个大政党,虽则对于国内和国际的现状的研究有了某些成绩,但是//对于国内和国际的各方面,对于//国内和国际的政治、军事、经济、文化的任何一方面,我们所收集的材料//还是零碎的,我们的研究工作//还是没有系统的。↘二十年来,一般地说,→我们并没有对于上述各方面//作过系统的//周密的//收集材料加以研究的工作,↗缺乏//调查研究//客观实际状况的浓厚空气。↘"闭塞眼睛//捉//麻雀",↗"瞎子摸鱼",↗粗枝大叶,夸夸其谈,满足于//一知半解,↘这种//极坏的作风，这种//完全违反马克思//列宁主义基本精神的作风，还在我党//许多同志中//继续存在着。马克思、恩格斯、列宁、斯大林//教导我们//认真地研究情况，从客观的//真实的情况出发，而不是从主观的愿望出发；我们的许多同志//却直接违反这一真理。

其次来说//研究历史。虽则有少数党员和少数党的同情者//曾经//进行了这一工作，但是//不曾有组织地//进行过。不论是近百年的和古代的中国史，在许多党员的心目中//还是漆黑一团。许多马克思//列宁主义的学者//也是//言必称希腊，对于自己的祖宗，则对不住，忘记了。认真地研究现状的空气//是不浓厚的，认真地研究历史的空气//也是不浓厚的。

其次说到//学习国际的革命经验，学习马克思//列宁主义的普遍真理。许多同志的学习马克思//列宁主义//似乎并不是//为了革命实践的需要，而是//为了单纯的学习。所以//虽然读了，但是//消化不了。只会片面地引用//马克思、恩格斯、列宁、斯大林的个别词句，而不会运用//他们的立场、观点和方法，来//具体地研究//中国的现状和中国的历史，具体地分析//中国革命问题和解决//中国革命问题。这种对待马克思//列宁主义的态度//是非常//有害的，特别是//对于中级以上的干部，害处更大。

上面//我说了三方面的情形：不注重//研究现状，不注重//研究历史，不注重//马克思//列宁主义的应用。这些//都是//极坏的作风。这种作风//传播出去，害了//我们的许多同志。

节选自毛泽东《改造我们的学习》

这是一篇议论文。选文来自文章的第二部分，第二部分的分论点是"但是我们还是有缺点的，而且还有很大的缺点。"接着从三个方面论证了尚存的缺点，最后对三方面的缺点进行了总结，指出了这些坏作风存在的危害性。

朗读时，要用强调停顿与强调重音把分论点和论证分论点的三个论据突出来，揭示其论证关系，让听众明白它们之间与分论点的关系。朗读第一自然段时语调比下文略高些，语速放慢些，声音要抑扬顿挫，坚定有力，表达作者的观点。接下来的三个段落语调较平，语速适中，对于关键词语要轻重音分明，停顿合理，突出语言的深刻含义，显示逻辑论证的力量。最后的小结段落，语调稍低些，语速稍快。朗读"不注重……""不注重……""不注重……"要一气呵成，节奏较快，表达出批判的态度。

总之，朗读一篇文章，通过分析、揣摩抓住文章的中心思想，确定朗读基调，恰当选择朗读技巧，才能使内容和表达形式和谐统一。训练时必须做到正确、流利、有感情地朗读。要想让内容表达得更充分，需要借助朗读技巧来提高表现力。加强朗读基本技巧训练，才能使朗读达到声情并茂的境界。

四、朗读训练时要注意的问题

"朗读短文"是普通话水平测试中分值较高的一道题，接下来，从五个方面谈谈普通话朗读测试及训练时要注意的问题。

（一）了解普通话水平测试中朗读题的要求

普通话水平测试中的第三题是朗读短文,要求应试人朗读一篇短文的前 400 个音节。短文由电脑从 50 篇普通话水平测试用朗读作品中随机选出。要求应试人普通话语音标准,不仅能正确读出声、韵、调,同时要重点测查连读音变、停连、语调和流畅程度。朗读短文占 30 分。

此题语音错误、漏字、添字、回读均按音节错误扣分。不同程度地存在方言语调酌情扣分,语速不当、停连不当要扣分。限时 4 分钟,此题对朗读的准确熟练程度要求比较高。此题占分比重较大,扣分点也较多。平时要加强练习。要做到读音正确,流畅连贯,不加字、不丢字、不重复、不读破词语、句子,停连恰当、快慢适中。在练习中随着朗读水平的提高,口语水平也会得到提升。

（二）熟悉普通话水平测试用朗读作品

应试人要想在朗读题获得好成绩,必须熟悉 50 篇普通话水平测试用朗读作品。应试人在平时的朗读训练中,要在熟悉作品的基础上,深入理解作品的思想内容,把握作者的思想感情脉络,进而理清作者的思路,掌握作品的结构层次以及写作特点,才能恰当运用朗读技巧,顺利地进行短文朗读。这就需要反复训练,在朗读中理解,在理解中朗读,才能吃透作品,用声音来表情达意。

（三）掌握朗读的基本要求与技巧

在深入理解作品的基础上,应试人必须掌握朗读的基本要求与技巧。做到停连恰当、重音明确、语调准确、语速恰当。在平常的训练中,要在朗读材料上适当标出一些符号,以便朗读时注意。另外,可以多听朗读作品的范读录音,模仿朗读。通过反复跟读,仔细体味范读中对于作品的处理和自己的朗读有何不同,学会运用朗读技巧来处理作品。

（四）规范语音,限时训练

应试人在朗读作品时要用普通话语音,声母、韵母、声调、音变等方面都要符合普通话语音的规范。做到传情达意、声音洪亮、吐字清晰。在本章附录《普通话水平测试用朗读作品》中,每篇作品后面都有语音提示,一般对于生僻字、容易读错的字、多音字、异读字、音变字都有注音。在训练中特别要注意语音提示,反复训练、识读、记忆,才能确保读音正确无误。

在平时的训练中要严格限时朗读,每篇朗读的时间要控制在 4 分钟以内。朗读时要根据作品的思想感情的需要,选择适当的语调,采用恰当的速度来朗读,才能取得以声传情的表达效果。

（五）调整心态,专心朗读

在普通话水平测试中,有的应试者由于过度紧张,频繁误读;有的因为准备不足,心理压力过大,加上对作品不熟悉,读破词、读破句现象较多;有的随意性较强,改字、添字、漏字;有的平时训练不够,语速过快或过慢、停连不当。凡此种种,应试人需要调整好自己的心态,放下思想包袱,控制好自己的情绪,提高注意力,专心朗读。保持冷静与专注,只有全身心投入到作品中去,才能把作者的思想感情与作品思想内容表达出来,朗读才能明晰准确,声情并茂。

训练园地

在朗读中,朗读的外部技巧和内部技巧是不可分割的,同时使用的。下面逐项对朗读技巧从气息、发声、停顿、重音、语气、语调等方面进行训练,以便使初学者能更好地掌握朗读的技巧。朗读时多读、多体会,才能真正掌握各种技巧。

一、气息练习

生活中,人们对酸、甜、苦、辣、咸五味的感觉是很熟悉的,因此,朗读时用五味来进行气息练习,会在实际操作中更容易领悟发声的技巧。

具体方法:每个字用气声来发音,不要求声带发出声音,只是用气息来延长吐字的时间,节奏尽量慢一些,但嘴型一定要夸张,斟酌字的发音口型,让人能看得出听得见自己在说什么字,同时注意送气的力度,练习时连续发五遍。

酸(suān)字:当我们念这个字时,如果气息正确,腰部应该有向外扩张的感觉,也就是前文中说的横膈膜打开,"酸"字气息的切入点是"养肝"的位置,所谓肝胆相照,因此保持中气是控制声音最基础的条件之一。

甜(tián)字:当我们念这个字时,气息是上下贯通的,特别是胃部有明显的蠕动感觉,"甜"字气息的切入点是"养胃"的,根据读音的要求,"甜"这个字的主要元音是开口母音(开口呼),比较注重气息的流动以及口腔的张力,发音时要将牙关打开。

苦(kǔ)字:当我们念这个字时,撮唇,韵母发音的口型属于闭口母音(合口呼),要读准这个字,要注意嘴不能太用力,"苦"字气息的切入点是"养心"的,因此强调重心要放在胸前的心处。同时,嘴角不要过多用浊劲,只要注意母音的口型,以及辅音字母的出气力度,意念气流走在辅音的前面。如果口型注意了,吐字部位用气的问题则会迎刃而解,发音也会达到理想的效果。

辣(là)字:在生活中,我们吃了很辣的食物,首先产生的动作是把嘴张开,把舌头往外伸出来。食物从嘴里进入胃部时,会对肺部产生一定的影响。"辣"字气息的切入点是"养肺"点,因此在发声时,打开胸腔是很重要的,它是控制声音的基本条件之一,从科学发声方法角度来说,需要胸、腹式联合呼吸方法。所以要求胸腔打开,运用胸腔共鸣,尤其是中、低声区,对朗读来说是必不可少的基本条件之一。

咸(xián)字:我们念这个字时,要求气流波动稍大一些,这时气息自然会吸入后腰处,相比念"酸"吸入更多的空气。咸字的气息是养"肾"的,由于咸字气息着力在后腰更多些,所以发高音时,多用后腰背的力量,对锻炼驾驭声音的能力有很大的推动作用。

当然,运用五味启发运用气息的感觉,也仅仅是练习的一种手段,如何运用气息部位需要在每一次的实践中逐步体悟与理解。各个部位不是绝对脱离和分开的。正确的运用气息应该是整体的,更缺少不了丹田底气的支撑。

不管是戏剧表演中的喜、怒、哀、乐,还是舞蹈中的柔、软、刚、毅,或是朗读中声音的高、低、强、弱都要学会气息的运用和控制。这样才能真正体会到要有气才有力,有了气,有了力,才能发出更为规范标准的声音。

（一）放松练习

1. 准备动作

闭目十分钟,调整气息,内养气功,要求头部——颈部——两肩——上胸——手臂——手腕——手指——腿部都处于放松状态,气沉丹田,两脚站稳,集中注意力。

2. 头部

做极小的头部转动动作,节奏要慢一些,头向左向右转动各两个四拍,上下摆动两个四拍,然后 360 度转动四个八拍。

3. 两肩

轻柔地举起两肩约半英寸高,然后下降,下降时两肩的位置比平时更低一些,再回原状,重复做四个四拍。两肩前后动四个四拍。

4. 腰部

左右侧弯腰各两个四拍,360 度转动六个八拍。

5. 下蹲

两脚稍分开,半下蹲,弯曲膝关节四个两拍。

6. 全身

波浪形弯曲动作六个八拍。两手叉腰,用力向上,脚尖绷直向下,小跳十下。

（二）呼吸练习

呼吸器官包括口、鼻、咽、喉、气管、支气管和肺。口、鼻、咽、喉、气管、支气管是空气的通道,肺是交换气体的场所,呼吸时主要运用肋间肌和膈肌(俗称横膈膜)。深呼吸时,需要腹肌协助。

呼吸不仅是发声的动力,更是朗读艺术的表现手段。朗读时根据作品情节变化,需要变化呼吸的节奏。呼气时要保持横膈膜和肋间肌一定的紧张度,有控制地慢慢放松,使气息根据朗读的需要,有控制地收缩肋间肌和腹肌。

1. 慢吸慢呼

人站直,两脚稍分开一些,与肩同宽,两手放松下垂,似闻花香的感觉,用鼻子慢慢吸气,同时两手臂平行抬起,扩张两肋,然后再慢慢呼出气,同时手臂随着呼气渐渐放下,两肋自然地收缩,身体保持积极和适度松弛的状态。

2. 慢吸快呼

在慢慢吸进气后,快速把气呼出。动作要领是:两手随着吸气平举过头顶,自我感觉一口气灌满全身以后快速弯腰头向地板,人体放松,快速呼出这口气。注意吸气时要均匀平稳,呼气时小腹要保持紧张。

3. 快吸慢呼

快吸气需要两肋积极、快速张开后控制住气息,吸气时两手叉腰,单脚抬起离开地面一点,不要太高,另一只脚需站稳,控制好平衡,然后慢慢呼完这口气,脚也同时放下着地,两脚可以轮流交换控制。呼气时嘴唇稍张,用轻微"s"音来带出,用秒表计时,一口气为 45 秒以上者合格,达 60 秒为良好。做呼吸练习既不可"一曝十寒",也不能急于求成,以免受伤。

4. 快吸快呼

要求两肋收放的速度短促,用鼻子有声地呼吸,带动小腹弹跳,类似小狗喘息。干脆、有力、有弹性,每秒钟吸呼一次,不要张嘴,头部随着节奏上下左右转动,颈部放松,快速地呼和吸。注意吸气时放松,呼气时自然,每分钟 60 次合格,每分钟 72 次为良好。

正确的呼吸方法,强调"胸腹式联合",也就是要求整体呼吸。

检查方法:可以平躺在地板上,脊背拉宽放松,挺直躺平,把一只手放在胸膛上,另一只手放在腹部上。在慢吸气时,感觉到腹部上的手先鼓起来,然后放在胸膛上的手才鼓起,注意不能把两个动作分割开来。胸部和腹部的扩张不能紧张,使整个体腔(胸腔、横膈膜、腹腔)感到微微膨胀即可。

5. 小练习

做准备搬重物时的动作,首先稍微下蹲一点,两脚站稳,做搬起动作时,先吸口气,注意不能喘气,做最小的吸气动作,使气息灌满全身,感觉手指到脚尖都有气流穿过。这时两肋随着吸气张开,不仅后腰用力,小腹也不能松弛,脚用力踩地,用上劲时气息的发力有两股走向,一股向下走,一股向上走,这时横膈膜处肌肉群形成一股对抗的力量。让气息保持在横膈膜的正确部位,体会在准备搬起重物的一瞬间两肋保持的力量。

此外,挑担、吹纸片、吹蜡烛都可以作为练习的手段,感受气息的运动。

(三) 口腔练习

1. 打开牙关节

站立,抬头,稍向前倾,下颚要完全放松,稍往里收,大拇指放在下颌上,吸气时上颚往上抬,要求小舌头和软腭同时抬起,形成口腔空间,舌头放松,不要有拱起的现象,头与颈部轻轻地紧缩,连续做 10 次,张嘴到闭口节奏慢一些,防止舌根紧张。

2. 弹舌

定一个音或者找一个字,拖长音后再往下滑,让气流冲击舌头使之振动。舌面要放松,舌根不能紧张,气息适中,要掌握气息与舌面振动的平衡感,根据音的高低、长短灵活运用气息。

3. 吹唇

闭嘴,要求唇部放松,让气息冲击唇部,使其振动,类似小孩儿玩嘴唇,但不要唾沫横飞,同时发出声音由高到低或由低到高,时值可以随意延长。练习气息的控制和嘴唇、舌根的放松。在吹不动嘴唇的情况下,可以用大拇指和食指把脸颊往上托,即可结束练习。

二、发音训练

(一) 长气口练习

出东门,过大桥,大桥底下一树枣,拿着竿子去打枣儿,青的多,红的少,一个枣儿、两个枣儿、三个枣儿……十个枣儿;十个枣儿,九个枣儿……一个枣儿,这是一个绕口令,一口气儿说完才算好。

冬瓜冬瓜,两头开花,一口气儿数了二十四个冬瓜。一个冬瓜、两个冬瓜、三个冬瓜……

一只蛤蟆一张嘴,两只眼睛四条腿,得蹦儿得蹦儿跳下水;两只蛤蟆两张嘴,四只眼睛八条腿,得蹦儿得蹦儿跳下水;三只蛤蟆三张嘴,六只眼睛十二条腿,得蹦儿得蹦儿跳下水;四只蛤蟆四张嘴,八只眼睛十六条腿,得蹦儿得蹦儿跳下水……

一,一个一;一二,二一,二一,一,一个一;一二三,三二一,二一,一,一个一;一二三四,四三二一,三二一,二一,一,一个一;一二三四五,五四三二一,四三二一,三二一,二一,一,一个一;一二三四五六,六五四三二一,五四三二一,四三二一,三二一,二一,一,一个一;一二三四五六七,七六五四三二一,六五四三二一,五四三二一,四三二一,三二一,二一,一,一个一;数了半天一棵树,一棵树上七个枝,七个枝上七样果,苹果、桃儿、葡萄、柿子、李子、栗子、梨。

(二) 句段练习

你又大又重的响铃呵,你的响声沉重但却清脆,你的响声缓慢但却坚韧。我们是在漫长的岁月里相识,又在艰苦的战斗中结成了难忘的友谊。你的声音,曾经在睡梦中把我惊醒,使我重新投入战斗。你的声音也曾经在无穷的跋涉中,不倦地陪伴我思索生活,寻找前进的道路……

海上的浮标灯,很谦逊地站在最远方;第一个迎接凶险的风浪,海上的浮标灯,永远沉默地埋头工作,永不停地指示方向。天色愈黑,浮标灯的灯光愈亮,要是谁能像浮标灯,他将有一颗不灭的心……

不论走到什么地方,人总是爱他的故乡的,尽管他乡的水更甜,山更青,他乡的少女更多情,他乡的花草湖光更温柔;然而,人仍然是爱他的故乡,爱它的粗朴的茶饭更好吃,爱它的乡音更入耳,爱它的淳朴的丝弦更迷人!

三、停连训练

(一) 句段练习

因而,我稚小的心灵,曾将心声//献给小桥:▲你是一弯//银色的新月,给人间普照光辉;你是一把//闪亮的镰刀,割刈着//欢笑的花果;你是一根//晃悠悠的扁担,挑起了彩色的//明天! 哦,⌒小桥//走进我的梦中。

一天,吃早饭时//父亲让达瑞去取报纸。美国的送报员//总是把报纸//从花园篱笆的一个特制的管子里//塞进来。假如//你想穿着睡衣//舒舒服服地吃早饭和看报纸,就必须离开//温暖的房间,冒着寒风,到花园去取。虽然路短,但十分麻烦。

自从传言//有人在萨文河畔散步时//无意发现了金子后,这里//便常有//来自四面八方的淘金者。他们都想成为富翁,于是//寻遍了整个河床,还在河床上挖出很多大坑,希望借助它们//找到更多的金子。的确,有一些人//找到了,但另外一些人//因为一无所得//而只好//扫兴归去。

欢欣,这是一种//青春的、⌒诗意的情感。它来自//面向着未来//伸开双臂奔跑的冲力,它来自//一种轻松而又神秘、⌒朦胧//而又隐秘的激动,它是//激情即将到来的预兆,它又是//大雨过后的比下雨还要美妙得多//也久远得多的回味……

那哀痛的//日子,断断续续地//持续了//很久,爸爸妈妈//也不知道//如何安慰我。

他们知道//与其骗我说//外祖母睡着了,还不如对我说实话:外祖母//永远不会回来了。

(二)注意事项

进行上述材料的停连训练,要把握好停顿的时间,对于语法停顿、强调停顿、心理停顿要根据朗读材料的语境来判断,确定其朗读的速度,继而确定停顿的时间。停顿的时间受语速的影响,语速慢,停顿的时间就相对长些;语速快,停顿的时间就相对短些。在朗读中,停顿没有固定的时长,朗读者自己能够分辨出来就可以了。

在上文"句段练习"中,第一个句段用中速朗读,"▲"处的停顿时间比冒号的要长;第二和第三个句段用中速朗读;第四个句段语速较快,连读的地方不需要停顿;第五个句段用慢速朗读,中间的语法停顿较多,有利于表达悲伤的情感。

四、重音训练

(一)句段练习

没有一片绿叶,没有一缕炊烟,没有一粒泥土,没有一丝花香,只有水的世界,云的海洋。

天南海北的看花人,依然络绎不绝地涌入洛阳城。人们不会因牡丹的拒绝而拒绝它的美。如果它再被贬谪十次,也许它就会繁衍出十个洛阳牡丹城。

于是你在无言的遗憾中感悟到,富贵与高贵只是一字之差。同人一样,花儿也是有灵性的,更有品位之高低。

森林,是地球生态系统的主体,是大自然的总调度室,是地球的绿色之肺。森林维护地球生态环境的这种"能吞能吐"的特殊功能是其他任何物体都不能取代的。

过了这么多年,藤萝又开花了,而且开得这样盛,这样密,紫色的瀑布遮住了粗壮的盘虬卧龙般的枝干,不断地流着,流着,流向人的心底。

(二)注意事项

进行重音训练,要根据语境、语气,将句子中的重音找出来,可以按照"朗读技巧"中关于"重音"的论述,选择运用一种重音的表达方式。

在上文中,第一个句段的强调重音选择了四个"没有",一个"只有";第二个句段选择的是语法重音,第三个句段中的重音"富贵与高贵只是一字之差"运用的是一字一顿的方法来表达;第四个句段中重音"能吞能吐"运用加强音量的方法来表达;第五个句段中的重音"流着,流着"用轻读的方法来表达。

五、语调、语速训练

(一)句段练习

走近细看,他不就是被大家称为"乡巴佬儿"的卡廷吗?

"请耐心等上几分钟,"卡廷说,"瞧,我正在削一支柳笛,差不多就要做好了,完工后就送给你吧!"

"这里的荷花真好,你若来……"身陷苦难却仍为荷花的盛开欣喜赞叹不已,这是一种趋于澄明的境界,一种旷达洒脱的胸襟,一种面临磨难坦荡从容的气度,一种对生活童子般的热爱和对美好事物无限向往的生命情感。

"啊,亲爱的狼先生! 那是不会有的事。去年我还没有生下来啦!"

(二) 注意事项

进行语调、语速的训练可按照"朗读的技巧"中介绍的"语调、语速"的论述的要求,联系上下文,根据不同的内容、感情选择不同的语调、语速来训练。不同的语调表达不同的语气,语气是感情的外化,不同的语气朗读的要求大致如下:

陈述语气的感情是平和的,气息是舒展的,声音平缓。

疑问语气的感情是急切的,气息稍快,声音细高。

肯定语气的感情是坚定的,气息坚实,声音有力。

命令语气的感情是坚定不移的,气息急促,声音有力。

喜悦语气的感情是高兴、快乐的,气息舒展,声音清亮。

生气语气的感情是愤怒的,气息充沛,声音强硬。

赞扬语气的感情是真挚的,气息饱满,声音高扬。

焦急语气的感情是紧迫的,气息快疾,声音短促。

悲痛语气的感情是悲伤的,气息沉缓,声音沉重。

喜爱语气的感情是热爱和崇敬的,气息深长,声音轻柔。

我们在训练中可以运用上述方法,使自己对朗读语气和语速的把握更准确。

在上文中,第一个句段用降调,反问语气,语速稍快;第二个句段用降调,喜悦语气,语速稍慢;第三个句段"这里的荷花真好……"用的是升调,赞美语气,中速,接下来的四个表赞扬的"一种……"是排比句,用的是降调,语速加快;第四个句段用曲调,惊讶语气,语速较快。

六、综合训练

在朗读训练时,仅仅对朗读技巧做专项的训练是不够的,因为朗读每一篇作品时都需要综合运用各种朗读技巧。下面来做综合训练,请按照文中的标注,正确、流利地进行朗读。

春(节选)
朱自清

盼望着,盼望着,东风//来了,春天的脚步//近了。(语气焦急、欢快,语速稍快)

一切都像刚睡醒的样子,欣欣然//张开了眼。山//朗润起来了,水//涨起来了,太阳的脸//红起来了。(陈述语气,中速,排比句式稍快)

小草//偷偷地从土里钻出来,嫩嫩的,绿绿的。园子里,田野里,瞧去,一大片一大片满是的。(欣喜语气,中速)坐着,躺着,打两个滚,踢几脚球,赛几趟跑,捉几回迷藏。风轻悄悄的,草软绵绵的。(喜爱语气,慢速)

……

"吹面不寒//杨柳风",不错的,像母亲的手//抚摸着你。(陈述语气,慢速)风里带来些//新翻的泥土的气息,混着青草味儿,还有各种花的香,都在微微润湿的空气里酝酿。(语气亲切,快速)鸟儿//将窠巢安在//繁花嫩叶当中,高兴起来了,呼朋引伴地//卖弄清脆的喉咙,唱出宛转的曲子,⌒跟轻风流水//应和着。↘牛背上//牧童的短笛,这时候//也成天在嘹亮地响。→(喜悦、高兴语气,语速稍快)

雨是最寻常的,一下就是三两天。可别恼。看,像牛毛,⌒像花针,⌒像细丝,密密地斜织着,人家屋顶上//全笼着一层薄烟。↘树叶子//却绿得发亮,小草//也青得逼你的眼。傍晚时候,上灯了,一点点黄晕的光,烘托出//一片安静而和平的夜。↘乡下去,小路上,石桥边,有撑起伞慢慢走着的人;还有地里工作的农夫,披着蓑,⌒戴着笠的。↘他们的草屋,稀稀疏疏的在雨里静默着。↘(陈述语气,中速)

天上风筝渐渐多了,地上孩子也多了。→城里乡下,家家户户,老老小小,他们也赶趟儿似的,一个个都出来了。↗舒活舒活筋骨,抖擞抖擞精神,各做各的一份事去。↘(欢快语气,语速稍快)"一年之计//在于春",刚起头儿,有的是工夫,有的是希望。↘(陈述语气,慢读)

春天//像刚落地的娃娃,从头到脚//都是新的,它生长着。↗(赞美语气,中速)

春天//像小姑娘,花枝招展的,笑着,⌒走着。↗(赞美、喜爱语气,中速)

春天//像健壮的青年,有铁一般的胳膊和腰脚,他领着我们//上前去。↗(肯定、赞美语气,稍快)

朱自清的散文《春》,描写并讴歌了一个生机勃勃的春天。文章的结构严谨,是典型的"总起——分述——总结"结构。第一、二节写了春天来到,万物苏醒,一派欣欣向荣的景象,起着总起的作用。第三、四、五、六节是分述部分,第三节运用拟人化手法描写了春草活泼调皮的样子;第四节描写了春风中温柔的柳枝,混合的气息,鸟儿的歌喉,牧童的短笛;第五节描绘了朦胧安详的、如诗如画的春雨美景;第六节写了春天里,人们赶趟儿似的,一个个出来舒活舒活筋骨,抖擞抖擞精神。第七、八、九节运用比喻手法,把春天比作刚落地的娃娃、小姑娘、健壮的青年,起着总结全文、点明主题的作用。

作品的语言清新朴实,格调明朗、欢快。在朗读中要把握喜爱、赞美的基调,要用轻快、昂扬、舒缓的声音,将美丽的春天展现在听众的面前。

中国人失掉自信力了吗

鲁 迅

从公开的文字上看起来:两年以前,我们总自夸着"地大物博",是//事实;▲不久//就不再自夸了,只希望着国联,也是事实;▲现在是//既不夸自己,也不信国联,改为//一味求神拜佛,怀古伤今了——却也是事实。↗(斥责语气,语速稍快)

于是//有人慨叹曰:中国人//失掉自信力了。↘(陈述语气,中速)

如果单据这一点现象而论,自信//其实是早就失掉了的。↘先前信"地",信"物",后来信"国联",都没有相信过"自己"。↘假使这也算一种"信",那也只能说//中国人曾经有过"他信力",▲自从对国联失望之后,便把这他信力//都失掉了。↘(讽刺语气,慢速)

失掉了他信力,就会疑,一个转身,也许能够只相信了自己,倒是一条新生路,但//不幸的是逐渐玄虚起来了。↘(陈述语气,中速)信"地"和"物",还是切实的东西,国联就渺茫,不过这还可以//令人不久就省悟到依赖它的不可靠。↘一到求神拜佛↗,可就玄虚之

至了，↘有益或是有害，↘一时就找不出分明的结果来，它可以令人更长久的麻醉着自己。↘（挖苦语气，慢速）

中国人现在//是在发展着//"自欺力"。→（陈述语气，中速）

"自欺"//也并非现在的新东西，现在只不过日见其明显，笼罩了一切罢了。↘然而，在这笼罩之下，我们有//并不失掉自信力的中国人在。↘（陈述语气，中速）

我们从古以来，就有埋头苦干的人，↘有拼命硬干的人，↘有为民请命的人，↗有舍身求法的人，↘……虽是等于为帝王将相作家谱的//所谓"正史"，也往往掩不住他们的光耀，这//就是//中国的//脊梁。（自豪、赞扬的语气，稍快）

这一类的人们，就是现在//也何尝少呢？↗他们有确信，不自欺；他们在前仆后继的战斗，不过一面总在被摧残，被抹杀，消灭于黑暗中，不能为大家所知道罢了。↘（肯定语气，中速）说中国人失掉了自信力，用以指一部分人//则可，倘若加于全体，那//简直是//诬蔑。（反驳语气，稍快）

要论中国人，必须不被搽在表面的//自欺欺人的脂粉所诓骗，↘却看看//他的筋骨和脊梁。↗自信力的有无，状元宰相的文章是不足为据的，要自己去看//地底下。↘（陈述语气，中速）

九月二十五日。

这是鲁迅先生的一篇驳论文。文章针对当时有人散布的中国人对抗日前途悲观的论调进行了有理有据地批驳，明确提出了绝大部分的中国人没有失去自信力，鼓舞了中国人的民族自信心，表现了作者一颗爱国的赤心。文章首先提出了对方的论点，鲁迅从驳斥对方论点入手，又"驳"又"立"，二者紧密结合，直接批驳部分就对方的事实论据加以剖析，从而揭露悲观论者早就失掉了自信力，是由"他信"走向"自欺"。正面立论也是间接批驳，摆出自古以来和现在的事实，证明"我们有并不失掉自信力的中国人在"，批驳了对方的谬论，鼓舞了中华民族自信心。

鲁迅先生的杂文语言风格尖锐泼辣，富有批判性。朗读时要用强调重音和强调停顿来突出论据，使驳论和立论更加明晰。把握语气坚实有力的基调，要读得坚实、铿锵有力，令人信服。

三　思悟课堂

诗文诵读之美——赏析诗文朗诵作品，感受语言文化魅力

《将进酒》的朗诵艺术

请欣赏宗平先生的朗诵作品《将进酒》。

朗诵的艺术

《将进酒》是唐代诗人李白创作的乐府诗。此诗为李白长安放还以后所作，思想内容深刻，艺术表现成熟，是一首充满豪放与激情的千古绝唱。

这是一首抒情诗，视频中宗平先生的朗诵声音深沉浑厚、气宇轩昂，长短句处理得当，参差错落有致，抒发了满腔的愁情、愤懑，可在这愁情与愤懑当中，又表现了作者对个人价值的一种肯定。

诗歌开头的起兴,是爆发式、力量型的。黄河之水从天而降,表现出飞腾咆哮的、非同凡响的旺盛生命力。奔流到海不复回,其生命消失是迅速的,但这一过程也是伟大壮观的。这样的感慨既不是软弱无力的自我哀怜,也不是无可奈何的呻吟叹息。他所唤起的感情,只有悲慨而无悲观。诗歌的感情色彩不是灰暗的,而是鲜亮的;其状态不是停止的,而是向上的。所以朗诵者通过气势豪迈的朗诵表达对生命的肯定和珍惜。

诗歌的前半部分,表面看来写的是及时行乐,实际上蕴涵着"天生我材必有用"的自信。在这份自信的基础上,而产生出来对自由的向往,表现诗人对个性觉醒的追求。诗的后半部分,抒发的是借饮酒摆脱愤懑、摆脱愁情的束缚。作者描绘了一场盛筵,诗句豪壮,展示了筵宴中的痛快气氛,至此,狂放之情趋于高潮,诗的旋律加快。"钟鼓馔玉不足贵,但愿长醉不复醒"由狂放转而为愤激,接下来"古来圣贤皆寂寞,惟有饮者留其名",他是用否定的方式来求得自我的肯定。结尾的"与尔同销万古愁",正表现着以醉中的自由,去消解自我在现实中无从得到肯定的苦闷。朗诵者通过大起大落的语调、奔放跌宕的声音,快慢多变的节奏,让情绪一泻千里。既宣泄了诗人长期郁积在心的愤懑与忧愁,又酣畅淋漓地展示了诗人的洒脱不羁和豪放飘逸。

该诗虽给人以酒浇愁之感,但全篇饱含一种深深的激愤和对自我的坚定信念,诗情悲而不伤,悲而能壮,基调乐观,感情奔放。朗读者宗平先生用豪迈的语言,表达了这种乐观自信、放纵不羁的精神。

三 素质拓展

"诵读中华经典,弘扬传统美德"诵读比赛

比赛主题:诵读中华经典,弘扬传统美德

内容要求:我国古代、近现代和当代有社会影响力和典范价值的,体现中华传统美德的经典诗词、文章和优秀图书内容节选。当代作品应已正式出版或由主流媒体公开发布或发表。诵读文本主体前后可根据需要增加总计不超过200字的过渡语。不选用改编、网络以及自创文本。

其他要求:参赛作品时长3~6分钟,可借助音乐、服装、吟诵等手段融合展现诵读内容。

评分标准:

1. 作品内容　30分

朗诵作品必须按参赛篇目要求选取,内容健康向上,给人以积极的思想启迪和美的艺术享受。

2. 语言表现　30分

普通话标准,语言准确,吐字清晰,朗诵技巧娴熟,基调恰当,感情真挚饱满,富于表现力和感染力。

3. 表现形式　30分

对作品的理解准确,衣着与朗诵内容相协调,姿态、表情等态势语言与作品内涵表达

相得益彰,表演与朗诵融为一体。

4. 创意创新　10 分

朗诵形式独特新颖、表现手段丰富多样,舞美设计和节目编排能增强诵读的感染力。

推荐作品:

爱　莲　说
周敦颐

水陆草木之花,可爱者甚蕃。晋陶渊明独爱菊。自李唐来,世人甚爱牡丹。予独爱莲之出淤泥而不染,濯清涟而不妖,中通外直,不蔓不枝,香远益清,亭亭净植,可远观而不可亵玩焉。

予谓菊,花之隐逸者也;牡丹,花之富贵者也;莲,花之君子者也。噫! 菊之爱,陶后鲜有闻。莲之爱,同予者何人? 牡丹之爱,宜乎众矣!

附录6　普通话水平测试用朗读作品

说明:

1. 朗读作品共 50 篇,供普通话水平测试第四项——朗读短文测试使用。为适应测试需要,必要时对原作品做了部分更动。

2. 每篇作品在第 400 个音节后用"//"标注。

3. 为适应朗读的需要,作品中的数字一律采用汉字的书写方式书写,如:"2000 年",写作"二〇〇〇年";"50%",写作"百分之五十"。

4. 语音提示中的汉语拼音原则上依据《汉语拼音正词法基本规则》拼写。

5. 注音一般只标本调,不标变调。

6. 作品中的必读轻声音节,拼音不标调号。一般轻读,间或重读的音节,拼音加注调号,并在拼音前加圆点提示,如:"因为",拼音写作"yin·wèi"。

7. 作品中的儿化音节分两种情况。一是书面上加"儿",拼音时在基本形式后加 r,如:"小孩儿",拼音写作"xiǎoháir";二是书面上没有加"儿",但口语里一般儿化的音节,拼音时也在基本形式后加 r,如:"辣味",拼音写作"làwèir"。

作品1号

照北京[1]的老规矩[2]，春节差不多在腊月的初旬[3]就开始了。"腊七腊八，冻死寒鸦"，这是一年里最冷的时候。在腊八这天，家家都熬腊八粥。粥是用各种米，各种豆，与各种干果熬成的。这不是粥，而是小型的农业展览会。

除此之外，这一天还要泡腊八蒜。把蒜瓣[4]放进醋里，封[5]起来，为过年吃饺子用。到年底，蒜泡得色如翡翠，醋也有了些辣味[6]，色味双美，使人忍不住要多吃几个饺子。在北京，过年时，家家吃饺子。

孩子们[7]准备过年，第一件大事就是买杂拌儿[8]。这是用花生、胶枣、榛子[9]、栗子[10]等干果与蜜饯[11]掺和[12]成的。孩子们喜欢吃这些零七八碎儿[13]。第二件大事是买爆竹，特别是男孩子们。恐怕第三件事才是买各种玩意儿[14]——风筝[15]、空竹、口琴等。

孩子们欢喜，大人们也忙乱。他们必须预备过年吃的、喝的、穿的、用的，好在新年时显出万象更新的气象。

腊月二十三过小年，差不多就是过春节的"彩排"。天一擦黑儿[16]，鞭炮响起来，便有了过年的味道。这一天，是要吃糖的，街上早有好多卖麦芽糖与江米糖的，糖形或为长方块[17]或为瓜形，又甜又黏[18]，小孩子们最喜欢。

过了二十三，大家更忙。必须大扫除一次，还要把肉、鸡、鱼、青菜、年糕什么的都预备充足——店//铺多数正月初一到初五关门，到正月初六才开张。

节选自老舍《北京的春天》

语音提示

1. 北京 Běijīng	10. 栗子 lìzi
2. 规矩 guīju	11. 蜜饯 mìjiàn
3. 初旬 chūxún	12. 掺和 chānhuo
4. 蒜瓣 suànbànr	13. 零七八碎儿 língqī-bāsuìr
5. 封 fēng	14. 玩意儿 wányìr
6. 辣味 làwèir	15. 风筝 fēngzheng
7. 孩子们 háizimen	16. 擦黑儿 cāhēir
8. 杂拌儿 zábànr	17. 长方块 chángfāngkuàir
9. 榛子 zhēnzi	18. 又甜又黏 yòu tián yòu nián

作品2号

盼望[1]着,盼望着,东风来了,春天的脚步近了。

一切都像刚睡醒[2]的样子,欣欣然张开了眼。山朗润起来了,水涨起来了,太阳的脸红起来了。

小草偷偷地从土里钻出来[3],嫩嫩的[4],绿绿的。园子里,田野里,瞧去,一大片一大片满是的。坐着,躺着,打两个滚[5],踢几脚球[6],赛几趟跑,捉几回迷藏。风轻悄悄[7]的,草软绵绵[8]的。

……

"吹面不寒杨柳风",不错的,像母亲的手抚摸着你。风里带来些新翻的泥土的气息,混着[9]青草味儿[10],还有各种花的香,都在微微湿润的空气里酝酿[11]。鸟儿[12]将巢[13]安在繁花绿叶当中,高兴起来了,呼朋引伴[14]地卖弄清脆的喉咙[15],唱出宛转的曲子,跟轻风流水应和[16]着。牛背上牧童的短笛,这时候也成天嘹亮地响着。

雨是最寻常的,一下就是三两天。可别恼。看,像牛毛,像花针,像细丝,密密地斜织着,人家屋顶上[17]全笼着一层薄烟[18]。树叶儿[19]却绿得发亮,小草儿[20]也青得逼你的眼。傍晚时候,上灯了,一点点黄晕[21]的光,烘托出一片安静而和平的夜。在乡下[22],小路上,石桥边,有撑起伞慢慢走着的人,地里还有工作的农民,披着蓑戴着笠[23]。他们的房屋,稀稀疏疏[24]的,在雨里静默着。

天上风筝[25]渐渐多了,地上孩子也多了。城里乡下,家家户户,老老小小,//也赶趟儿似的,一个个都出来了。舒活舒活筋骨,抖擞抖擞精神,各做各的一份儿事去。"一年之计在于春",刚起头儿,有的是工夫,有的是希望。

春天像刚落地的娃娃,从头到脚都是新的,它生长着。

春天像小姑娘,花枝招展的,笑着,走着。

春天像健壮的青年,有铁一般的胳膊和腰脚,领着我们上前去。

节选自朱自清《春》

语音提示

1. 盼望 pànwàng
2. 睡醒 shuìxǐng
3. 钻出来 zuān chū·lái
4. 嫩嫩的 nènnèn de
5. 打两个滚 dǎ liǎng gè gǔnr
6. 踢几脚球 tī jǐ jiǎo qiúr
7. 轻悄悄 qīngqiāoqiāo
8. 软绵绵 ruǎnmiánmián
9. 混着 hùnzhe
10. 味儿 wèir
11. 酝酿 yùnniàng
12. 鸟儿 niǎo'ér
13. 巢 cháo
14. 呼朋引伴 hūpéng-yǐnbàn
15. 喉咙 hóu·lóng
16. 应和 yìnghè
17. 屋顶上 wūdǐng·shàng
18. 薄烟 bóyān
19. 树叶儿 shùyèr
20. 小草儿 xiǎocǎor
21. 黄晕 huángyùn
22. 乡下 xiāngxia
23. 披着蓑戴着笠 pīzhe suō dàizhe lì
24. 稀稀疏疏 xīxīshūshū
25. 风筝 fēngzheng

作品 3 号

燕子去了,有再来的时候[1];杨柳枯了,有再青的时候;桃花谢了,有再开的时候。但是,聪明[2]的,你告诉[3]我,我们的日子为什么一去不复返呢? ——是有人偷了他们罢:那是谁? 又藏在何处呢? 是他们自己逃走了罢:现在又到了哪里呢?

去的尽管[4]去了,来的尽管来着;去来的中间,又怎样地匆匆呢? 早上我起来的时候,小屋里射进两三方斜斜的太阳。太阳他有脚啊,轻轻悄悄[5]地挪移[6]了;我也茫茫然跟着旋转[7]。于是——洗手的时候,日子从水盆里过去;吃饭的时候,日子从饭碗里过去;默默时,便从凝然[8]的双眼前过去。我觉察他去的匆匆了,伸出手遮挽[9]时,他又从遮挽着的手边过去;天黑时,我躺在床上,他便伶伶俐俐[10]地从我身上跨过,从我脚边飞去了。等我睁开[11]眼和太阳再见,这算又溜走了一日。我掩着面叹息,但是新来的日子的影儿[12]又开始在叹息里闪过了。

在逃去如飞的日子里,在千门万户的世界里的我能做些什么呢? 只有徘徊[13]罢了,只有匆匆罢了;在八千多日的匆匆里,除徘徊外,又剩[14]些什么呢? 过去的日子如轻烟[15],被微风吹散[16]了,如薄雾[17],被初阳蒸融[18]了;我留着些什么痕迹[19]呢? 我何曾留着像游丝样的痕迹呢? 我赤裸裸[20]//来到这世界,转眼间也将赤裸裸的回去罢? 但不能平的,为什么偏白白走这一遭啊?

你聪明的,告诉我,我们的日子为什么一去不复返呢?

节选自朱自清《匆匆》

语音提示

1. 时候 shíhou
2. 聪明 cōng·míng
3. 告诉 gàosu
4. 尽管 jǐnguǎn
5. 轻轻悄悄 qīngqīngqiāoqiāo
6. 挪移 nuóyí
7. 旋转 xuánzhuǎn
8. 凝然 níngrán
9. 遮挽 zhēwǎn
10. 伶伶俐俐 línglínglìlì
11. 睁开 zhēngkāi
12. 影儿 yǐng'ér
13. 徘徊 páihuái
14. 剩 shèng
15. 轻烟 qīngyān
16. 吹散 chuīsàn
17. 薄雾 bówù
18. 蒸融 zhēngróng
19. 痕迹 hénjì
20. 赤裸裸 chìluǒluǒ

作品 4 号

有的人在工作、学习中缺乏耐性[1]和韧性[2]，他们一旦碰了钉子[3]，走了弯路，就开始怀疑自己是否有研究才能[4]。其实，我可以告诉大家，许多有名的科学家和作家，都是经过很多次失败，走过很多弯路才成功的。有人看见一个作家写出一本好小说，或者看见一个科学家发表几篇有分量[5]的论文，便仰慕不已，很想自己能够信手拈来[6]，妙手成章[7]，一觉醒来，誉满天下。其实，成功的作品和论文只不过是作家、学者们整个创作[8]和研究中的极小部分，甚至数量上还不及失败作品的十分之一。大家看到的只是他们成功的作品，而失败的作品是不会公开发表出来的。

要知道，一个科学家在攻克科学堡垒[9]的长征[10]中，失败的次数[11]和经验[12]，远比成功的经验要丰富[13]、深刻得多。失败虽然不是什么令人快乐的事情[14]，但也决不应该[15]因此气馁[16]。在进行[17]研究时，研究方向不正确，走了些岔路[18]，白费了许多精力[19]，这也是常有的事。但不要紧，可以再调换[20]方向进行研究。更重要的是要善于吸取失败的教训，总结已有的经验，再继续前进。

根据我自己的体会，所谓天才，就是坚持不断的努力[21]。有些人也许觉得我在数学方面有什么天分[22]，//其实从我身上是找不到这种天分的。我读小学时，因为成绩不好，没有拿到毕业证书，只拿到一张修业证书。初中一年级时，我的数学也是经过补考才及格的。但是说来奇怪，从初中二年级以后，我就发生了一个根本转变，因为我认识到既然我的资质差些，就应该多用点儿时间来学习。别人学一小时，我就学两小时，这样，我的数学成绩得以不断提高。

一直到现在我也贯彻这个原则：别人看一篇东西要三小时，我就花三个半小时。经过长期积累，就多少可以看出成绩来。并且在基本技巧烂熟之后，往往能够一个钟头就看懂一篇人家看十天半月也解不透的文章。所以，前一段时间的加倍努力，在后一段时间能收到预想不到的效果。

是的，聪明在于学习，天才在于积累。

节选自华罗庚《聪明在于学习，天才在于积累》

语音提示

1. 耐性 nàixìng
2. 韧性 rènxìng
3. 钉子 dīngzi
4. 才能 cáinéng
5. 分量 fèn·liàng
6. 信手拈来 xìnshǒu-niānlái
7. 妙手成章 miàoshǒu-chéngzhāng
8. 创作 chuàngzuò
9. 堡垒 bǎolěi
10. 长征 chángzhēng
11. 次数 cìshù
12. 经验 jīngyàn
13. 丰富 fēngfù
14. 事情 shìqing
15. 应该 yīnggāi
16. 气馁 qìněi
17. 进行 jìnxíng
18. 岔路 chàlù
19. 精力 jīnglì
20. 调换 diàohuàn
21. 努力 nǔlì
22. 天分 tiānfèn

作品 5 号

去过故宫大修现场的人,就会发现这里和外面工地的劳作景象[1]有个明显的区别:这里没有起重机,建筑[2]材料都是以手推车的形式送往工地,遇到人力无法运送的木料时,工人们会使用百年不变的工具——滑轮组。故宫修缮[3],尊重着"四原"原则,即原材料、原工艺、原结构、原型制[4]。在不影响体现传统工艺技术手法特点的地方[5],工匠可以用电动工具,比如开荒料、截头[6]。大多数时候工匠都用传统工具:木匠[7]画线用的是墨斗[8]、画签[9]、毛笔、方尺、杖竿[10]、五尺;加工制作木构件使用的工具有锛[11]、凿[12]、斧、锯、刨[13]等等。

最能体现大修难度的便是瓦作[14]中"苫背[15]"的环节。"苫背"是指在房顶做灰背的过程,它相当于为木建筑添上防水层。有句口诀是三浆三压[16],也就是上三遍石灰浆,然后再压上三遍。但这是个虚数。今天是晴天,干[17]得快,三浆三压硬度[18]就能符合[19]要求,要是赶上阴天,说不定就要六浆六压。任何一个环节的疏漏[20]都可能导致漏雨,而这对建筑的损坏是致命[21]的。

"工"字早在殷墟[22]甲骨卜辞[23]中就已经出现过。《周官》与《春秋左传[24]》记载[25]周王朝与诸侯都设有掌管营造[26]的机构。无数的名工巧匠[27]为我们留下了那么多宏伟的建筑,但却//很少被列入史籍,扬名于后世。

匠人之所以称之为"匠",其实不仅仅是因为他们拥有了某种娴熟的技能,毕竟技能还可以通过时间的累积"熟能生巧",但蕴藏在"手艺"之上的那种对建筑本身的敬畏和热爱却需要从历史的长河中去寻觅。

将壮丽的紫禁城完好地交给未来,最能仰仗的便是这些默默奉献的匠人。故宫的修护注定是一场没有终点的接力,而他们就是最好的接力者。

节选自单霁翔《大匠无名》

语音提示

1. 景象 jǐngxiàng
2. 建筑 jiànzhù
3. 修缮 xiūshàn
4. 型制 xíngzhì
5. 地方 dìfang
6. 截头 jié tóu
7. 木匠 mùjiang
8. 墨斗 mòdǒu
9. 画签 huàqiān
10. 杖竿 zhànggān
11. 锛 bēn
12. 凿 záo
13. 刨 bào
14. 瓦作 wǎzuò
15. 苫背 shànbèi
16. 三浆三压 sānjiāng-sānyā
17. 干 gān
18. 硬度 yìngdù
19. 符合 fúhé
20. 疏漏 shūlòu
21. 致命 zhìmìng
22. 殷墟 Yīnxū
23. 卜辞 bǔcí
24. 左传 Zuǒzhuàn
25. 记载 jìzǎi
26. 营造 yíngzào
27. 名工巧匠 mínggōng-qiǎojiàng

作品 6 号

立春过后,大地渐渐从沉睡中苏醒过来。冰雪融化,草木萌发,各种花次第开放。再过两个月,燕子翩然[1]归来。不久,布谷鸟也来了。于是转入[2]炎热的夏季,这是植物孕育[3]果实的时期。到了秋天,果实成熟[4],植物的叶子渐渐变黄,在秋风中簌簌[5]地落下来。北雁南飞[6],活跃在田间草际的昆虫也都销声匿迹[7]。到处呈现[8]一片衰草连天[9]的景象,准备迎接风雪载途[10]的寒冬。在地球上温带和亚热带区域里,年年如是,周而复始[11]。

几千年来,劳动人民注意了草木荣枯、候鸟去来[12]等自然现象同气候的关系,据以安排农事。杏花[13]开了,就好像大自然在传语[14]要赶快耕地[15];桃花开了,又好像在暗示要赶快种谷子。布谷鸟开始唱歌,劳动人民懂得它在唱什么:"阿公阿婆,割麦插禾[16]。"这样看来,花香鸟语,草长莺飞[17],都是大自然的语言。

这些自然现象,我国古代劳动人民称[18]它为物候[19]。物候知识[20]在我国起源很早。古代流传下来的许多农谚[21]就包含了丰富的物候知识。到了近代,利用物候知识来研究农业生产,已经发展为一门科学,就是物候学。物候学记录植物的生长荣枯,动物的养育往来,如桃花开、燕子来等自然现象,从而了解随着时节//推移的气候变化和这种变化对动植物的影响。

节选自竺可桢《大自然的语言》

语音提示

1. 翩然 piānrán
2. 转入 zhuǎnrù
3. 孕育 yùnyù
4. 成熟 chéngshú
5. 簌簌 sùsù
6. 北雁南飞 běiyàn-nánfēi
7. 销声匿迹 xiāoshēng-nìjì
8. 呈现 chéngxiàn
9. 衰草连天 shuāicǎo-liántiān
10. 风雪载途 fēngxuě-zàitú
11. 周而复始 zhōu'érfùshǐ
12. 候鸟去来 hòuniǎo-qùlái
13. 杏花 xìnghuā
14. 传语 chuányǔ
15. 耕地 gēng dì
16. 割麦插禾 gē mài chā hé
17. 草长莺飞 cǎozhǎng-yīngfēi
18. 称 chēng
19. 物候 wùhòu
20. 知识 zhīshi
21. 农谚 nóngyàn

作品 7 号

当高速列车[1]从眼前呼啸而过时，那种转瞬即逝[2]的感觉让人们不得不发问：高速列车跑得那么快，司机能看清路吗？

高速列车的速度非常快，最低时速标准是二百公里。且不说能见度低的雾霾[3]天，就是晴空万里的大白天，即使是视力好的司机，也不能保证正确识别[4]地面的信号。当肉眼看到前面有障碍时，已经[5]来不及反应[6]。

专家告诉我，目前，我国时速三百公里以上的高铁线路不设置[7]信号机，高速列车不用看信号行车[8]，而是通过列控系统自动识别前进方向。其工作流程为，由铁路专用的全球数字[9]移动通信系统来实现数据传输[10]，控制中心实时[11]接收无线电波信号，由计算机自动排列出每趟列车的最佳运行速度和最小行车间隔[12]距离，实现实时追踪[13]控制，确保高速列车间隔合理地安全运行。当然，时速二百至二百五十公里的高铁线路，仍然[14]设置信号灯控制装置[15]，由传统的轨道电路进行信号传输。

中国自古就有"千里眼"的传说[16]，今日高铁让古人的传说成为现实。

所谓"千里眼"，即高铁沿线的摄像头，几毫米见方的石子儿[17]也逃不过它的法眼。通过摄像头实时采集沿线高速列车运行的信息，一旦//出现故障或者异物侵限，高铁调度指挥中心监控终端的界面上就会出现一个红色的框将目标锁定，同时，监控系统马上报警显示。调度指挥中心会迅速把指令传递给高速列车司机。

节选自王雄《当今"千里眼"》

语音提示

1. 高速列车 gāosù lièchē
2. 转瞬即逝 zhuǎnshùn-jíshì
3. 雾霾 wùmái
4. 识别 shíbié
5. 已经 yǐ·jīng
6. 反应 fǎnyìng
7. 设置 shèzhì
8. 行车 xíngchē
9. 数字 shùzì
10. 传输 chuánshū
11. 实时 shíshí
12. 间隔 jiàngé
13. 追踪 zhuīzōng
14. 仍然 réngrán
15. 装置 zhuāngzhì
16. 传说 chuánshuō
17. 石子儿 shízǐr

作品 8 号

从肇庆[1]市驱车半小时左右,便到了东郊风景名胜[2]鼎湖山[3]。下了几天的小雨刚停,满山笼罩[4]着轻纱似的[5]薄雾[6]。

过了寒翠桥,就听到淙淙[7]的泉声。进山一看,草丛石缝,到处都涌流着清亮的泉水。草丰林茂[8],一路上泉水时隐时现,泉声不绝于耳。有时几股泉水交错流泻[9],遮断路面,我们得寻找着垫脚的石块[10]跳跃着前进。愈[11]往上走树愈密,绿阴愈浓。湿漉漉[12]的绿叶,犹如大海的波浪,一层一层涌向山顶。泉水隐到了浓阴的深处,而泉声却更加清纯悦耳。忽然,云中传来钟声,顿时山鸣谷应[13],悠悠扬扬。安详厚重的钟声和欢快活泼[14]的泉声,在雨后宁静的暮色中,汇成一片美妙的音响。

我们循着钟声,来到了半山腰的庆云寺[15]。这是一座建于明代、规模宏大的岭南[16]著名古刹[17]。庭院里繁花似锦,古树参天[18]。有一株与古刹同龄的茶花,还有两株从斯里兰卡引种[19]的、有二百多年树龄的菩提树[20]。我们决定就在这座寺院里借宿。

入夜,山中万籁俱寂[21],只有泉声一直传送到枕边。一路上听到的各种泉声,这时候躺在床上,可以用心细细地聆听[22]、辨识、品味。那像小提琴一样轻柔的,是草丛中流淌的小溪的声音;那像琵琶[23]一样清脆的,//是在石缝间跌落的涧水的声音;那像大提琴一样厚重回响的,是无数道细流汇聚于空谷的声音;那像铜管齐鸣一样雄浑磅礴的,是飞瀑急流跌入深潭的声音。还有一些泉声忽高忽低,忽急忽缓,忽清忽浊,忽扬忽抑,是泉水正在绕过树根,拍打卵石,穿越草丛,流连花间……

蒙眬中,那滋润着鼎湖山万木,孕育出蓬勃生机的清泉,仿佛汩汩地流进了我的心田。

节选自谢大光《鼎湖山听泉》

语音提示

1. 肇庆 Zhàoqìng
2. 风景名胜 fēngjǐng míngshèng
3. 鼎湖山 Dǐnghú Shān
4. 笼罩 lǒngzhào
5. 似的 shìde
6. 薄雾 bówù
7. 淙淙 cóngcóng
8. 草丰林茂 cǎofēng-línmào
9. 交错流泻 jiāocuò liúxiè
10. 石块 shíkuàir
11. 愈 yù
12. 湿漉漉 shīlùlù

13. 山鸣谷应 shān míng gǔ yìng
14. 活泼 huòpo
15. 庆云寺 Qìngyún Sì
16. 岭南 Lǐngnán
17. 古刹 gǔchà
18. 古树参天 gǔshù-cāntiān
19. 引种 yǐnzhòng
20. 菩提树 pútíshù
21. 万籁俱寂 wànlài-jùjì
22. 聆听 língtīng
23. 琵琶 pí·pá

作品 9 号

我常想读书人是世间幸福人,因为[1] 他除了拥有现实的世界之外,还拥有另一个更为浩瀚[2] 也更为丰富的世界。现实的世界是人人都有的,而后一个世界却为[3] 读书人所独有。由此我想,那些失去或不能阅读的人是多么的不幸,他们的丧失是不可补偿的。世间有诸多的不平等,财富的不平等,权力的不平等,而阅读能力的拥有或丧失却体现为[4] 精神的不平等。

一个人的一生,只能经历自己拥有的那一份欣悦,那一份苦难,也许再加上他亲自闻知的那一些关于自身以外的经历和经验。然而,人们通过阅读,却能进入不同时空的诸多他人的世界。这样,具有阅读能力的人,无形间获得[5] 了超越有限生命的无限可能性。阅读不仅使他多识了草木虫鱼之名,而且可以上溯[6] 远古下及未来,饱览存在的与非存在的奇风异俗。

更为[7] 重要的是,读书加惠于人们的不仅是知识[8] 的增广,而且还在于精神的感化与陶冶[9]。人们从读书学做人,从那些往哲先贤以及当代才俊的著述中学得他们的人格。人们从《论语[10]》中学得[11] 智慧的思考,从《史记》中学得严肃的历史精神,从《正气歌》中学得人格的刚烈,从马克思学得人世 // 的激情,从鲁迅学得批判精神,从托尔斯泰学得道德的执着[12]。歌德的诗句刻写着睿智[13] 的人生,拜伦的诗句呼唤着奋斗的热情。一个读书人,一个有机会拥有超乎个人生命体验的幸运人。

节选自谢冕《读书人是幸福人》

语音提示

1. 因为 yīn·wèi
2. 浩瀚 hàohàn
3. 为 wéi
4. 为 wéi
5. 获得 huòdé
6. 溯 sù
7. 为 wéi

8. 知识 zhīshi
9. 陶冶 táoyě
10. 论语 Lúnyǔ
11. 学得 xuédé
12. 执着 zhízhuó
13. 睿智 ruìzhì

作品 10 号

　　我爱月夜,但我也爱星天。从前在家乡七八月的夜晚在庭院里纳凉的时候[1],我最爱看天上密密麻麻的繁星。望着星天,我就会忘记一切,仿佛[2] 回到了母亲的怀里似的[3]。

　　三年前在南京我住的地方[4] 有一道后门,每晚我打开后门,便看见一个静寂的夜。下面是一片菜园,上面是星群密布的蓝天。星光在我们的肉眼里虽然微小,然而它使我们觉得[5] 光明无处不在。那时候我正在读一些天文学的书,也认得[6] 一些星星,好像它们就是我的朋友[7],它们常常在和我谈话一样。

　　如今在海上,每晚和繁星相对,我把它们认得很熟[8] 了。我躺在舱面上,仰望天空。深蓝色的天空里悬着无数半明半昧[9] 的星。船在动,星也在动,它们是这样低,真是摇摇欲坠呢!渐渐地我的眼睛模糊[10] 了,我好像看见无数萤火虫在我的周围飞舞。海上的夜是柔和的,是静寂的,是梦幻的。我望着许多认识[11] 的星,我仿佛看见它们在对我眨眼,我仿佛听见它们在小声说话。这时我忘记了一切。在星的怀抱中我微笑着,我沉睡着。我觉得自己是一个小孩子,现在睡在母亲的怀里了。

　　有一夜,那个在哥伦波上船的英国人指给我看天上的巨人。他用手指着://那四颗明亮的星是头,下面的几颗是身子,这几颗是手,那几颗是腿和脚,还有三颗星算是腰带。经他这一番指点,我果然看清楚[12] 了那个天上的巨人。看,那个巨人还在跑呢!

节选自巴金《繁星》

语音提示

1. 时候 shíhou
2. 仿佛 fǎngfú
3. 似的 shìde
4. 地方 dìfang
5. 觉得 jué·dé
6. 认得 rènde
7. 朋友 péngyou
8. 熟 shú/shóu
9. 昧 mèi
10. 模糊 móhu
11. 认识 rènshi
12. 清楚 qīngchu

作品 11 号

钱塘江[1] 大潮,自古以来被称为[2] 天下奇观。

农历[3] 八月十八是一年一度的观潮日。这一天早上,我们来到了海宁市的盐官镇[4],据说这里是观潮最好的地方[5]。我们随着观潮的人群,登上了海塘大堤[6]。宽阔的钱塘江横卧[7] 在眼前。江面很平静,越往东越宽,在雨后的阳光下,笼罩着一层蒙蒙[8] 的薄雾[9]。镇海古塔、中山亭和观潮台屹立[10] 在江边。远处,几座小山在云雾中若隐若现。江潮还没有来,海塘大堤上早已人山人海。大家昂首东望,等着,盼着。

午后一点左右,从远处传来隆隆[11] 的响声,好像闷雷滚动[12]。顿时人声鼎沸[13],有人告诉我们,潮来了! 我们踮着[14] 脚往东望去,江面还是风平浪静,看不出有什么变化。过了一会儿[15],响声越来越大,只见东边水天相接的地方出现了一条白线,人群又沸腾起来。

那条白线很快地向我们移来,逐渐拉长,变粗,横贯江面。再近些,只见白浪翻滚,形成一堵两丈多高的水墙。浪潮越来越近,犹如千万匹白色战马齐头并进,浩浩荡荡地飞奔而来;那声音如同山崩地裂[16],好像大地都被震得颤动[17] 起来。

霎时[18],潮头奔腾西去,可是余波还在漫天卷地[19] 般涌来,江面上依旧风号浪吼[20]。过了好久,钱塘江才恢复了//平静。看看堤下,江水已经涨了两丈来高了。

节选自赵宗成、朱明元《观潮》

语音提示

1. 钱塘江 Qiántáng Jiāng
2. 称为 chēngwéi
3. 农历 nónglì
4. 盐官镇 Yánguān Zhèn
5. 地方 dìfang
6. 大堤 dàdī
7. 横卧 héngwò
8. 蒙蒙 méngméng
9. 薄雾 bówù
10. 屹立 yìlì
11. 隆隆 lónglóng
12. 闷雷滚动 mènléi gǔndòng
13. 人声鼎沸 rénshēng-dǐngfèi
14. 踮着 diǎnzhe
15. 一会儿 yīhuìr
16. 山崩地裂 shānbēng-dìliè
17. 颤动 chàndòng
18. 霎时 shàshí
19. 漫天卷地 màntiān-juǎndì
20. 风号浪吼 fēngháo-lànghǒu

作品 12 号

　　我和几个孩子站在一片园子里,感受秋天的风。园子里长着几棵高大的梧桐树[1],我们的脚底下,铺了一层厚厚的梧桐叶。叶枯黄,脚踩在上面,嘎吱嘎吱[2] 脆响[3]。风还在一个劲儿[4] 地刮,吹打着树上可怜的几片叶子,那上面,就快成光秃秃的了。

　　我给孩子们上写作课,让孩子们描摹[5] 这秋天的风。以为他们一定会说寒冷、残酷和荒凉之类的,结果却出乎我的意料。

　　一个孩子说,秋天的风,像把大剪刀,它剪呀剪的,就把树上的叶子全剪光了。

　　我赞许了这个比喻。有二月春风似[6] 剪刀之说,秋天的风,何尝不是一把剪刀呢? 只不过,它剪出来的不是花红叶绿,而是败柳残荷。

　　剪完了,它让阳光来住,这个孩子突然接着说一句。他仰向[7] 我的小脸[8],被风吹着,像只通红[9] 的小苹果。我怔住[10],抬头看树,那上面,果真的,爬满阳光啊,每根枝条上都是。失与得,从来都是如此均衡[11],树在失去叶子的同时,却承接[12] 了满树的阳光。

　　一个孩子说,秋天的风,像个魔术师,它会变出好多好吃的,菱角[13] 呀,花生呀,苹果呀,葡萄[14] 呀。还有桂花,可以做桂花糕。我昨天吃了桂花糕,妈妈说,是风变出来的。

　　我笑了。小可爱,经你这么一说,秋天的风,还真是香的。我和孩//子们一起嗅,似乎就闻见了风的味道,像块蒸得热气腾腾的桂花糕。

节选自丁立梅《孩子和秋风》

语音提示

1. 梧桐树 wútóngshù
2. 嘎吱嘎吱 gāzhī gāzhī
3. 脆响 cuìxiǎng
4. 一个劲儿 yīgèjìnr
5. 描摹 miáomó
6. 似 sì
7. 仰向 yǎng xiàng
8. 小脸 xiǎoliǎnr
9. 通红 tōnghóng
10. 怔住 zhèngzhù
11. 均衡 jūnhéng
12. 承接 chéngjiē
13. 菱角 língjiao
14. 葡萄 pú·táo

作品 13 号

　　夕阳落山不久,西方的天空,还燃烧着一片橘红色的晚霞。大海,也被这霞光染成了红色,而且比天空的景色更要壮观。因为[1] 它是活动的,每当一排排波浪涌起[2] 的时候[3],那映照在浪峰上的霞光,又红又亮,简直就像一片片霍霍燃烧着的火焰,闪烁着,消失了。而后面的一排,又闪烁着,滚动着,涌了过来。

　　天空的霞光渐渐地淡下去了,深红的颜色变成了绯红[4],绯红又变为[5] 浅红。最后,当这一切红光都消失了的时候,那突然显得高而远了的天空,则呈现出一片肃穆的神色。最早出现的启明星,在这蓝色的天幕上闪烁起来了。它是那么大,那么亮,整个广漠的天幕上只有它在那里放射着令人注目的光辉,活像一盏[6] 悬挂在高空的明灯。

　　夜色加浓,苍空中的"明灯"越来越多了。而城市各处的真的灯火也次第亮了起来,尤其是围绕[7] 在海港周围山坡上的那一片灯光,从半空倒映[8] 在乌蓝的海面上,随着波浪,晃动[9] 着,闪烁着,像一串流动着的珍珠,和那一片片密布在苍穹[10] 里的星斗[11] 互相辉映,煞[12] 是好看。

　　在这幽美的夜色中,我踏着软绵绵的沙滩,沿着海边,慢慢地向前走去。海水,轻轻地抚摸着细软的沙滩,发出温柔的//唰唰声。晚来的海风,清新而又凉爽。我的心里,有着说不出的兴奋[13] 和愉快。

　　夜风轻飘飘地吹拂[14] 着,空气中飘荡着一种大海和田禾相混合[15] 的香味儿[16],柔软的沙滩上还残留着白天太阳炙晒[17] 的余温。那些在各个工作岗位上劳动了一天的人们,三三两两地来到这软绵绵的沙滩上,他们浴着凉爽的海风,望着那缀满了星星的夜空,尽情地说笑,尽情地休憩[18]。

节选自峻青《海滨仲夏夜》

语音提示

1. 因为 yīn·wèi
2. 涌起 yǒngqǐ
3. 时候 shíhou
4. 绯红 fēihóng
5. 为 wéi
6. 盏 zhǎn
7. 围绕 wéirào
8. 倒映 dàoyìng
9. 晃动 huàngdòng
10. 苍穹 cāngqióng
11. 星斗 xīngdǒu
12. 煞 shà
13. 兴奋 xīngfèn
14. 吹拂 chuīfú
15. 混合 hùnhé
16. 香味儿 xiāngwèir
17. 炙晒 zhìshài
18. 休憩 xiūqì

作品 14 号

生命在海洋里诞生绝不是偶然的,海洋的物理和化学性质,使它成为[1]孕育原始生命的摇篮。

我们知道,水是生物的重要组成部分,许多动物组织的含水量在百分之八十以上,而一些海洋生物的含水量高达百分之九十五。水是新陈代谢的重要媒介,没有它,体内的一系列生理和生物化学反应就无法进行,生命也就停止。因此,在短时期内动物缺水要比缺少食物更加危险。水对今天的生命是如此重要,它对脆弱的原始生命,更是举足轻重了。生命在海洋里诞生,就不会有缺水之忧。

水是一种良好的溶剂。海洋中含有许多生命所必需的无机盐,如氯[2]化钠、氯化钾、碳酸盐、磷酸盐,还有溶解氧,原始生命可以毫不费力地从中吸取它所需要的元素。

水具有很高的热容量,加之海洋浩大,任凭夏季烈日曝晒[3],冬季寒风扫荡,它的温度变化却比较[4]小。因此,巨大的海洋就像是天然的"温箱",是孕育原始生命的温床。

阳光虽然为[5]生命所必需,但是阳光中的紫外线却有扼杀[6]原始生命的危险。水能有效地吸收紫外线,因而又为[7]原始生命提供[8]了天然的"屏障"。

这一切都是原始生命得以产生和发展的必要条件。//

节选自童裳亮《海洋与生命》

语音提示

1. 成为 chéngwéi
2. 氯 lǜ
3. 曝晒 pùshài
4. 比较 bǐjiào
5. 为 wéi
6. 扼杀 èshā
7. 为 wèi
8. 提供 tígōng

作品 15 号

在我国历史地理中,有三大都城[1]密集区,它们是:关中盆地、洛阳盆地、北京小平原。其中每一个地区都曾诞生[2]过四个以上大型王朝[3]的都城。而关中盆地、洛阳盆地是前朝历史的两个都城密集区,正是它们构成了早期文明核心地带中最重要的内容。

为什么这个地带会成为华夏文明最先进的地区?这主要是由两个方面的条件促成[4]的,一个是自然环境方面的,一个是人文环境方面的。

在自然环境方面,这里是我国温带季风气候带的南部,降雨、气温、土壤等条件都可以满足旱作[5]农业的需求。中国北方的古代农作物,主要是一年生的粟[6]和黍[7]。黄河中下游的自然环境为粟黍作物的种植[8]和高产提供[9]了得天独厚的条件。农业生产的发达,会促进整个社会经济的发展,从而推动社会的进步。

在人文环境方面,这里是南北方、东西方大交流的轴心[10]地区。在最早的六大新石器文化分布形势[11]图中可以看到,中原处于[12]这些文化分布的中央地带。无论是考古发现还是历史传说[13],都有南北文化长距离交流、东西文化相互碰撞[14]的证据[15]。中原地区在空间上恰恰[16]位居中心,成为信息最发达、眼界最宽广、活动最//繁忙、竞争最激烈的地方。正是这些活动,推动了各项人文事务的发展,文明的方方面面就是在处理各类事务的过程中被开创出来的。

节选自唐晓峰《华夏文明的发展与融合》

语音提示

1. 都城 dūchéng
2. 诞生 dànshēng
3. 王朝 wángcháo
4. 促成 cùchéng
5. 旱作 hànzuò
6. 粟 sù
7. 黍 shǔ
8. 种植 zhòngzhí
9. 提供 tígōng
10. 轴心 zhóuxīn
11. 形势 xíngshì
12. 处于 chǔyú
13. 传说 chuánshuō
14. 碰撞 pèngzhuàng
15. 证据 zhèngjù
16. 恰恰 qiàqià

作品 16 号

于很多中国人而言,火车[1]就是故乡。在中国人的心中,故乡的地位尤为重要,老家的意义非同寻常[2],所以,即便[3]是坐过无数次火车,但印象最深刻的,或许还是返乡那一趟车。那一列列返乡的火车所停靠的站台边,熙攘[4]的人流中,匆忙的脚步里,张望[5]的目光下,涌动[6]着的都是思乡的情绪[7]。每一次看见返乡那趟火车,总觉得是那样可爱与亲切,仿佛[8]看见了千里之外的故乡。上火车后,车启动的一刹那[9],在车轮与铁轨碰撞[10]的"况且"声中,思乡的情绪便陡然[11]在车厢里弥漫[12]开来。你知道,它将驶向的,是你最熟悉[13]也最温暖的故乡。再过几个或者十几个小时,你就会回到故乡的怀抱。这般感受,相信在很多人的身上都曾发生过。尤其在春节、中秋等传统节日到来之际,亲人团聚的时刻,更为强烈。

火车是故乡,火车也是远方。速度的提升[14],铁路的延伸,让人们通过火车实现了向远方自由流动的梦想[15]。今天的中国老百姓,坐着火车,可以去往九百六十多万平方公里土地上的天南地北,来到祖国东部的平原,到达祖国南方[16]的海边,走进祖国西部的沙漠,踏上祖国北方的草原,去观三山五岳[17],去看大江大河……

火车与空//间有着密切的联系,与时间的关系也让人觉得颇有意思。那长长的车厢,仿佛一头连着中国的过去,一头连着中国的未来。

节选自舒翼《记忆像铁轨一样长》

语音提示

1. 火车 huǒchē
2. 非同寻常 fēitóng-xúncháng
3. 即便 jíbiàn
4. 熙攘 xīrǎng
5. 张望 zhāngwàng
6. 涌动 yǒngdòng
7. 情绪 qíngxù
8. 仿佛 fǎngfú
9. 一刹那 yīchànà
10. 碰撞 pèngzhuàng
11. 陡然 dǒurán
12. 弥漫 mímàn
13. 熟悉 shú・xī
14. 提升 tíshēng
15. 梦想 mèngxiǎng
16. 南方 nánfāng
17. 三山五岳 sānshān-wǔyuè

作品 17 号

　　奶奶给我讲过这样一件事：有一次她去商店，走在她前面的一位阿姨推开沉重[1]的大门，一直等到她跟上来才松开手。当奶奶向她道谢的时候，那位阿姨轻轻地说："我的妈妈和您[2]的年龄[3]差不多，我希望她遇到这种时候，也有人为她开门。"听了这件事，我的心温暖[4]了许久。

　　一天，我陪患病[5]的母亲去医院输液，年轻的护士[6]为母亲扎[7]了两针也没有扎进血管[8]里，眼见针眼[9]处鼓起青包。我正要抱怨几句，一抬头看见了母亲平静的眼神——她正在[10]注视[11]着护士额头上密密的汗珠，我不禁[12]收住了涌到嘴边的话。只见母亲轻轻地对护士说："不要紧，再来一次！"第三针果然成功了。那位护士终于长出了一口气，她连声[13]说："阿姨，真对不起。我是来实习的，这是我第一次给病人扎针，太紧张了。要不是您的鼓励，我真不敢给您扎了。"母亲用另一只手拉着我，平静地对护士说："这是我的女儿，和你差不多大小，正在医科大学读书，她也将面对自己的第一个患者。我真希望她第一次扎针的时候，也能得到患者的宽容和鼓励。"听了母亲的话，我的心里充满了温暖与幸福[14]。

　　是啊，如果我们在生活中能将心比心[15]，就会对老人生出[16]一份//尊重，对孩子增加一份关爱，就会使人与人之间多一些宽容和理解。

节选自姜桂华《将心比心》

语音提示

1. 沉重 chénzhòng
2. 您 nín
3. 年龄 niánlíng
4. 温暖 wēnnuǎn
5. 患病 huànbìng
6. 护士 hùshi
7. 扎 zhā
8. 血管 xuèguǎn
9. 针眼 zhēnyǎnr
10. 正在 zhèngzài
11. 注视 zhùshì
12. 不禁 bùjīn
13. 连声 liánshēng
14. 幸福 xìngfú
15. 将心比心 jiāngxīn-bǐxīn
16. 生出 shēngchū

作品 18 号

晋祠[1]之美，在山，在树，水。

这里的山，巍巍的，有如一道屏障[2]；长长的，又如伸开的两臂，将晋祠拥在怀中。春日黄花满山，径幽香远[3]；秋来草木萧疏[4]，天高水清。无论什么时候拾级登山[5]都会心旷神怡。

这里的树，以古老苍劲[6]见长。有两棵老树：一棵是周柏[7]，另一棵是唐槐[8]。那周柏，树干劲直[9]，树皮皱裂[10]，顶上挑着几根青青的疏枝，偃卧[11]于石阶旁。那唐槐，老干粗大，虬枝盘屈[12]，一簇簇[13]柔条，绿叶如盖。还有水边殿外的松柏槐柳[14]，无不显出苍劲的风骨。以造型奇特见长的，有的偃如[15]老妪负水[16]，有的挺如[17]壮士托天，不一而足。圣母殿前的左扭柏[18]，拔地而起，直冲云霄，它的树皮上的纹理一齐向左边拧去[19]，一圈一圈，丝纹不乱，像地下旋起了一股烟，又似天上垂下了一根绳。晋祠在古木的荫护[20]下，显得分外幽静、典雅。

这里的水，多、清、静、柔。在园里信步，但见这里一泓深潭[21]，那里一条小渠。桥下有河，亭中有井，路边有溪。石间细流脉脉[22]，如线如缕[23]；林中碧波闪闪，如锦如缎。这些水都来自"难老泉[24]"。泉上有亭，亭上悬挂着清代著名学者傅山写的"难老泉"三个字。这么多的水长流不息，日日夜夜发出叮叮咚咚[25]的响声。水的清澈[26]真令人叫绝，无论//多深的水，只要光线好，游鱼碎石，历历可见。水的流势都不大，清清的微波，将长长的草蔓拉成一缕缕的丝，铺在河底，挂在岸边，合着那些金鱼、青苔以及石栏的倒影，织成一条条大飘带，穿亭绕榭，冉冉不绝。当年李白来到这里，曾赞叹说："晋祠流水如碧玉。"当你沿着流水去观赏那亭台楼阁时，也许会这样问：这几百间建筑怕都是在水上漂着的吧！

节选自梁衡《晋祠》

语音提示

1. 晋祠 Jìncí
2. 屏障 píngzhàng
3. 径幽香远 jìngyōu-xiāngyuǎn
4. 草木萧疏 cǎomù xiāoshū
5. 拾级登山 shèjí dēngshān
6. 苍劲 cāngjìng
7. 周柏 zhōubǎi
8. 唐槐 tánghuái
9. 劲直 jìngzhí
10. 皱裂 zhòuliè
11. 偃卧 yǎnwò
12. 虬枝盘屈 qiúzhī pánqū
13. 一簇簇 yī cùcù
14. 松柏槐柳 sōng-bǎi-huái-liǔ
15. 偃如 yǎn rú
16. 老妪负水 lǎoyù fù shuǐ
17. 挺如 tǐng rú
18. 左扭柏 zuǒniǔbǎi
19. 拧去 nǐngqù
20. 荫护 yìnhù
21. 一泓深潭 yī hóng shēntán
22. 细流脉脉 xìliú mòmò
23. 如线如缕 rú xiàn rú lǚ
24. 难老泉 Nánlǎoquán
25. 叮叮咚咚 dīngdīngdōngdōng
26. 清澈 qīngchè

作品 19 号

人们常常把人与自然对立起来，宣称[1]要征服[2]自然。殊不知[3]在大自然面前，人类永远只是一个天真幼稚[4]的孩童，只是大自然机体上普通的一部分，正像一株小草只是她的普通一部分一样。如果说自然的智慧是大海，那么，人类的智慧就只是大海中的一个小水滴，虽然这个水滴也能映照[5]大海，但毕竟[6]不是大海，可是，人们竟然不自量力[7]地宣称要用这滴水来代替大海。

看着人类这种狂妄[8]的表现，大自然一定[9]会窃笑[10]——就像母亲面对无知的孩子那样的笑。人类的作品飞上了太空，打开了一个个微观世界，于是人类沾沾自喜[11]，以为揭开了大自然的秘密。可是，在自然看来，人类上下翻飞[12]的这片巨大空间，不过是咫尺之间[13]而已，就如同鲲鹏[14]看待斥鷃[15]一般，只是蓬蒿[16]之间罢了。即使[17]从人类自身智慧发展史的角度看，人类也没有理由过分自傲：人类的知识与其祖先相比诚然[18]有了极大的进步，似乎有嘲笑古人的资本；可是，殊不知对于后人而言我们也是古人，一万年以后的人们也同样会嘲笑今天的我们，也许在他们看来，我们的科学观念还幼稚得很，我们的航天器在他们眼中不过是个非常简单的//儿童玩具。

节选自严春友《敬畏自然》

语音提示

1. 宣称 xuānchēng
2. 征服 zhēngfú
3. 殊不知 shūbùzhī
4. 幼稚 yòuzhì
5. 映照 yìngzhào
6. 毕竟 bìjìng
7. 不自量力 bùzìliànglì
8. 狂妄 kuángwàng
9. 一定 yīdìng
10. 窃笑 qièxiào
11. 沾沾自喜 zhānzhān-zìxǐ
12. 上下翻飞 shàngxià fānfēi
13. 咫尺之间 zhǐchǐ zhījiān
14. 鲲鹏 kūnpéng
15. 斥鷃 chìyàn
16. 蓬蒿 pénghāo
17. 即使 jíshǐ
18. 诚然 chéngrán

作品 20 号

　　舞台上的幕布拉开了，音乐奏起来了。演员们踩着音乐的拍子，以庄重[1]而有节奏的步法走到灯光[2]前面来了。灯光射在他们五颜六色的服装和头饰上，一片金碧辉煌的彩霞。

　　当女主角[3]穆桂英以轻盈[4]而矫健的步子出场的时候，这个平静的海面陡然[5]动荡起来了，它上面卷起了一阵暴风雨：观众像触了电似的[6]迅即[7]对这位女英雄[8]报以雷鸣般的掌声[9]。她开始唱了。她圆润的歌喉在夜空中颤动[10]，听起来辽远而又切近，柔和而又铿锵[11]。戏词像珠子似的从她的一笑一颦[12]中，从她优雅的"水袖"中，从她婀娜[13]的身段中，一粒一粒地滚下来，滴在地上，溅到空中，落进每一个人的心里，引起一片深远的回音。这回音听不见，却淹没[14]了刚才涌起的那一阵热烈的掌声。

　　观众像着了魔[15]一样，忽然变得鸦雀无声[16]。他们看得入了神。他们的感情和舞台上女主角的感情融在了一起。女主角的歌舞渐渐进入高潮。观众的情感也渐渐进入高潮。潮在涨[17]。没有谁能控制住它。这个一度平静下来的人海忽然又动荡起来了。戏就在这时候要到达顶点[18]。我们的女主角在这时候就像一朵盛开[19]的鲜花，观众想把这朵鲜花捧在手里，不让//它消逝。他们不约而同地从座位上立起来，像潮水一样，涌到我们这位艺术家面前。舞台已经失去了界限，整个的剧场成了一个庞大的舞台。

　　我们这位艺术家是谁呢？他就是梅兰芳同志。半个世纪的舞台生涯过去了，六十六岁的高龄，仍然能创造出这样富有朝气的美丽形象，表现出这样充沛的青春活力，这不能不说是奇迹。这奇迹的产生是必然的，因为我们拥有这样热情的观众和这样热情的艺术家。

节选自叶君健《看戏》

语音提示

1. 庄重 zhuāngzhòng
2. 灯光 dēngguāng
3. 女主角 nǚzhǔjué
4. 轻盈 qīngyíng
5. 陡然 dǒurán
6. 似的 shìde
7. 迅即 xùnjí
8. 女英雄 nǚyīngxióng
9. 掌声 zhǎngshēng
10. 颤动 chàndòng
11. 铿锵 kēngqiāng
12. 一笑一颦 yī xiào yī pín
13. 婀娜 ēnuó
14. 淹没 yānmò
15. 着了魔 zháole mó
16. 鸦雀无声 yāquè-wúshēng
17. 涨 zhǎng
18. 顶点 dǐngdiǎn
19. 盛开 shèngkāi

作品 21 号

十年,在历史上不过是一瞬间[1]。只要稍加注意,人们就会发现:在这一瞬间里,各种事物都悄悄经历了自己的千变万化。

这次重新访日,我处处[2]感到亲切和熟悉[3],也在许多方面发觉[4]了日本的变化。就拿奈良[5]的一个角落[6]来说吧,我重游了为之[7]感受很深的唐招提寺,在寺内各处匆匆走了一遍,庭院依旧,但意想不到还看到了一些新的东西[8]。其中之一,就是近几年从中国移植来的"友谊[9]之莲"。

在存放鉴真遗像的那个院子里,几株中国莲昂然挺立,翠绿的宽大荷叶正迎风而舞,显得十分愉快。开花的季节已过,荷花朵朵已变为莲蓬累累。莲子[10]的颜色正在由青转紫,看来已经成熟[11]了。

我禁不住[12]想:"因"已转化为[13]"果"。

中国的莲花开在日本,日本的樱花开在中国,这不是偶然。我希望这样一种盛况延续不衰。

在这些日子里,我看到了不少多年不见的老朋友[14],又结识[15]了一些新朋友。大家喜欢涉及的话题之一,就是古长安和古奈良。那还用得着[16]问吗,朋友们缅怀[17]过去,正是瞩望[18]未来。瞩目于未来的人们必将获得[19]未来。

我不例外,也希望一个美好的未来。

为[20]了中日人民之间的友谊,我将不会浪费今后生命的每一瞬间。//

节选自严文井《莲花和樱花》

语音提示

1. 瞬间 shùnjiān
2. 处处 chùchù
3. 熟悉 shú·xi
4. 发觉 fājué
5. 奈良 Nàiliáng
6. 角落 jiǎoluò
7. 为之 wèizhī
8. 东西 dōngxi
9. 友谊 yǒuyì
10. 莲子 liánzǐ
11. 成熟 chéngshú
12. 禁不住 jīn·búzhù
13. 为 wéi
14. 朋友 péngyou
15. 结识 jiéshí
16. 用得着 yòng de zháo
17. 缅怀 miǎnhuái
18. 瞩望 zhǔwàng
19. 获得 huòdé
20. 为 wèi

作品 22 号

我打猎归来，沿着花园的林阴路走着。狗跑在我前边。

突然，狗放慢脚步，蹑足潜行[1]，好像嗅[2]到了前边有什么野物。

我顺着林阴路望去，看见了一只嘴边还带黄色、头上生着柔毛的小麻雀。风猛烈地吹打着林阴路上的白桦[3]树，麻雀从巢[4]里跌落下来，呆呆地伏在地上，孤立无援地张开两只羽毛还未丰满的小翅膀。

我的狗慢慢向它靠近。忽然，从附近一棵树上飞下一只黑胸脯[5]的老麻雀，像一颗石子[6]似的[7]落到狗的跟前。老麻雀全身倒竖[8]着羽毛，惊恐万状，发出绝望、凄惨的叫声，接着向露出[9]牙齿、大张着的狗嘴扑去。

老麻雀是猛扑下来救护幼雀的。它用身体掩护着自己的幼儿……但它整个小小的身体因恐怖而战栗[10]着，它小小的声音也变得粗暴嘶哑，它在牺牲自己！

在它看来，狗该是多么庞大[11]的怪物[12]啊[13]！然而，它还是不能站在自己高高的、安全的树枝上……一种比它的理智更强烈的力量，使它从那儿扑下身来。

我的狗站住了，向后退了退……看来，它也感到了这种力量。

我赶紧唤住惊慌失措的狗，然后我怀着崇敬的心情，走开了。

是啊[14]，请不要见笑。我崇敬那只小小的、英勇的鸟儿，我崇敬它那种爱的冲动和力量。

爱，我//想，比死和死的恐惧更强大。只有依靠它，依靠这种爱，生命才能维持下去，发展下去。

节选自〔俄〕屠格涅夫《麻雀》，巴金译

语音提示

1. 蹑足潜行 nièzú-qiánxíng
2. 嗅 xiù
3. 桦 huà
4. 巢 cháo
5. 胸脯 xiōngpú
6. 石子 shízǐr
7. 似的 shìde
8. 倒竖 dàoshù
9. 露出 lòuchū
10. 战栗 zhànlì
11. 庞大 pángdà
12. 怪物 guàiwu
13. 啊 wa
14. 啊 ra

作品 23 号

在浩瀚无垠[1]的沙漠里，有一片美丽的绿洲，绿洲里藏着一颗闪光的珍珠。这颗珍珠就是敦煌[2]莫高窟[3]。它坐落在我国甘肃省敦煌市三危山和鸣沙山的怀抱中。

鸣沙山东麓[4]是平均高度为[5]十七米的崖壁。在一千六百多米长的崖壁上，凿[6]有大小洞窟七百余个，形成了规模宏伟的石窟群。其中四百九十二个洞窟中，共有彩色塑像两千一百余尊，各种壁画共四万五千多平方米。莫高窟是我国古代无数艺术匠师留给人类的珍贵文化遗产。

莫高窟的彩塑，每一尊都是一件精美的艺术品。最大的有九层楼那么高，最小的还不如一个手掌大。这些彩塑个性鲜明，神态各异。有慈眉善目的菩萨[7]，有威风凛凛[8]的天王，还有强壮勇猛的力士……

莫高窟壁画的内容丰富多彩，有的是描绘古代劳动人民打猎、捕鱼、耕田、收割的情景，有的是描绘人们奏乐、舞蹈、演杂技的场面[9]，还有的是描绘大自然的美丽风光。其中最引人注目的是飞天。壁画上的飞天，有的臂挎[10]花篮，采摘鲜花；有的反弹[11]琵琶[12]，轻拨银弦[13]；有的倒悬[14]身子，自天而降；有的彩带飘拂[15]，漫天遨游[16]；有的舒展着双臂，翩翩起舞。看着这些精美动人的壁画，就像走进了//灿烂辉煌的艺术殿堂。

莫高窟里还有一个面积不大的洞窟——藏经洞。洞里曾藏有我国古代的各种经卷[17]、文书、帛画[18]、刺绣、铜像等共六万多件。由于清朝政府腐败无能，大量珍贵的文物被外国强盗掠[19]走。仅存的部分经卷，现在陈列于北京故宫等处。

莫高窟是举世闻名的艺术宝库。这里的每一尊彩塑、每一幅[20]壁画、每一件文物，都是中国古代人民智慧的结晶。

节选自《莫高窟》

语音提示

1. 浩瀚无垠 hàohàn wúyín
2. 敦煌 Dūnhuáng
3. 窟 kū
4. 麓 lù
5. 为 wéi
6. 凿 záo
7. 菩萨 pú·sà
8. 威风凛凛 wēifēng-lǐnlǐn
9. 场面 chǎngmiàn
10. 挎 kuà
11. 弹 tán
12. 琵琶 pí·pá
13. 弦 xián
14. 倒悬 dàoxuán
15. 飘拂 piāofú
16. 遨游 áoyóu
17. 经卷 jīngjuàn
18. 帛画 bóhuà
19. 掠 lüè
20. 幅 fú

作品 24 号

森林涵养[1] 水源，保持水土，防止水旱灾害的作用非常大。据专家测算，一片十万亩[2]面积的森林，相当于一个两百万立方米的水库，这正如农谚[3] 所说的："山上多栽树，等于修水库。雨多它能吞，雨少它能吐[4]。"

说起森林的功劳，那还多得很。它除了为人类提供[5] 木材及许多种生产、生活的原料之外，在维护生态环境方面也是功劳卓著[6]，它用另一种"能吞能吐"的特殊功能孕育了人类。因为[7] 地球在形成之初，大气中的二氧化碳含量很高，氧气很少，气温也高，生物是难以生存的。大约在四亿年之前，陆地才产生了森林。森林慢慢将大气中的二氧化碳吸收，同时吐[8] 出新鲜氧气，调节气温：这才具备了人类生存的条件，地球上才最终有了人类。

森林，是地球生态系统的主体，是大自然的总调度[9] 室，是地球的绿色之肺。森林维护地球生态环境的这种"能吞能吐"的特殊功能是其他任何物体都不能取代的。然而，由于地球上的燃烧物增多，二氧化碳的排放量急剧增加，使得地球生态环境急剧恶化，主要表现为全球气候变暖，水分[10] 蒸发加快，改变了气流的循环[11]，使气候变化加剧，从而引发热浪、飓风[12]、暴雨、洪涝[13] 及干旱。

为了 // 使地球的这个"能吞能吐"的绿色之肺恢复健壮，以改善生态环境，抑制[14] 全球变暖，减少水旱等自然灾害，我们应该大力造林、护林，使每一座荒山都绿起来。

节选自《"能吞能吐"的森林》

语音提示

1. 涵养 hányǎng
2. 亩 mǔ
3. 农谚 nóngyàn
4. 吐 tǔ
5. 提供 tígōng
6. 卓著 zhuózhù
7. 因为 yīn·wèi
8. 吐 tǔ
9. 调度 diàodù
10. 水分 shuǐfèn
11. 循环 xúnhuán
12. 飓风 jùfēng
13. 洪涝 hónglào
14. 抑制 yìzhì

作品 25 号

中国没有人不爱荷花的。可我们楼前池塘中独独缺少荷花。每次看到或想到,总觉得是一块心病[1]。有人从湖北来,带来了洪湖[2]的几颗莲子[3],外壳呈黑色,极硬。据说,如果埋在淤泥[4]中,能够千年不烂。我用铁锤在莲子上砸开了一条缝[5],让莲芽[6]能够破壳而出,不至永远埋在泥中。把五六颗敲破的莲子投入池塘中,下面就是听天由命[7]了。

这样一来,我每天就多了一件工作:到池塘边上去看上几次。心里总是希望,忽然有一天,"小荷才露[8]尖尖角",有翠绿的莲叶长出水面。可是,事与愿违[9],投下去的第一年,一直到秋凉落叶,水面上也没有出现什么东西[10]。但是到了第三年,却忽然出了奇迹。有一天,我忽然发现,在我投莲子的地方[11]长出了几个圆圆的绿叶,虽然颜色极惹人喜爱,但是却细弱单薄[12],可怜兮兮[13]地平卧在水面上,像水浮莲[14]的叶子一样。

真正的奇迹出现在第四年上。到了一般荷花长叶的时候,在去年飘浮着五六个叶片的地方,一夜之间,突然长出了一大片绿叶,叶片扩张的速度,范围的扩大,都是惊人地快。几天之内,池塘内不小一部分[15],已经[16]全为绿叶所覆盖。而且原来平卧在水面上的像是水浮莲一样的//叶片,不知道是从哪里聚集来了力量,有一些竟然跃出了水面,长成了亭亭的荷叶。这样一来,我心中的疑云一扫而光:池塘中生长的真正是洪湖莲花的子孙了。我心中狂喜,这几年总算是没有白等。

节选自季羡林《清塘荷韵》

语音提示

1. 心病 xīnbìng
2. 洪湖 Hóng Hú
3. 莲子 liánzǐ
4. 淤泥 yūní
5. 一条缝 yī tiáo fèngr
6. 莲芽 liányár
7. 听天由命 tīngtiān-yóumìng
8. 露 lù
9. 事与愿违 shìyǔyuànwéi
10. 东西 dōngxi
11. 地方 dìfang
12. 细弱单薄 xìruò dānbó
13. 可怜兮兮 kěliánxīxī
14. 水浮莲 shuǐfúlián
15. 一部分 yī bùfen
16. 已经 yǐ·jīng

作品 26 号

在原始社会里,文字还没有创造出来[1],却先有了歌谣[2]一类的东西[3]。这也就是文艺。

文字创造出来以后,人就用它把所见所闻所想所感的一切记录下来。一首歌谣,不但口头唱,还要刻呀,漆[4]呀,把它保留在什么东西上。这样,文艺和文字就并了家[5]。

后来纸和笔普遍地使用了,而且发明了印刷术[6]。凡是需要记录下来的东西,要多少份就可以有多少份。于是所谓文艺,从外表说,就是一篇稿子,一部书,就是许多文字的集合体[7]。

文字是一道桥梁[8],通过了这一道桥梁,读者才和作者会面。不但会面,并且了解作者的心情,和作者的心情相契合[9]。

就作者的方面说,文艺的创作决不是随便取许多文字来集合在一起。作者着手[10]创作,必然对于人生先有所见,先有所感。他把这些所见所感写出来,不作抽象的分析,而作具体的描写,不作刻板的记载[11],而作想象的安排。他准备写的不是普通的论说文、记叙文;他准备写的是文艺。他动手写,不但选择那些最适当[12]的文字,让它们集合起来,还要审查[13]那些写下来的文字,看有没有应当[14]修改或是增减[15]的。总之,作者想做到的是:写下来的文字正好传达出他的所见所感。

就读者的//方面说,读者看到的是写在纸面或者印在纸面的文字,但是看到文字并不是他们的目的。他们要通过文字去接触作者的所见所感。

节选自叶圣陶《驱遣我们的想象》

语音提示

1. 创造出来 chuàngzào chū·lái
2. 歌谣 gēyáo
3. 东西 dōngxi
4. 漆 qī
5. 并了家 bìngle jiā
6. 印刷术 yìnshuāshù
7. 集合体 jíhétǐ
8. 桥梁 qiáoliáng
9. 契合 qìhé
10. 着手 zhuóshǒu
11. 记载 jìzǎi
12. 适当 shìdàng
13. 审查 shěnchá
14. 应当 yīngdāng
15. 增减 zēngjiǎn

作品 27 号

　　语言，也就是说话，好像是极其稀松平常[1]的事儿[2]。可是仔细想想，实在是一件了不起的大事。正是因为[3]说话跟吃饭、走路一样的平常，人们才不去想它究竟是怎么回事儿。其实这三件事儿都是极不平常的，都是使人类不同于别的动物的特征[4]。

　　记得在小学里读书的时候，班上有一位"能文"的大师兄，在一篇作文的开头写下这么两句："鹦鹉[5]能言，不离于禽[6]；猩猩[7]能言，不离于兽[8]。"我们看了都非常佩服[9]。后来知道这两句是有来历的，只是字句有些出入。又过了若干年，才知道这两句话都有问题。鹦鹉能学人说话，可只是作为现成的公式来说，不会加以变化。只有人们说话是从具体情况[10]出发，情况一变，话也跟着变。

　　西方学者拿黑猩猩做实验，它们能学会极其有限的一点儿[11]符号[12]语言，可是学不会把它变成有声语言。人类语言之所以能够"随机应变[13]"，在于一方面能把语音分析成若干音素，又把这些音素组合成音节，再把音节连缀[14]起来。另一方面，又能分析外界事物及其变化，形成[15]无数的"意念[16]"，一一配以语音，然后综合运用，表达各种复杂的意思。一句话，人类语言的特点就在于能用变化无穷的语音，表达变化无穷的//意义。这是任何其他动物办不到的。

节选自吕叔湘《人类的语言》

语音提示

1. 稀松平常 xīsōng píngcháng
2. 事儿 shìr
3. 因为 yīn·wèi
4. 特征 tèzhēng
5. 鹦鹉 yīngwǔ
6. 不离于禽 bù lí yú qín
7. 猩猩 xīngxing
8. 不离于兽 bù lí yú shòu

9. 佩服 pèi·fú
10. 情况 qíngkuàng
11. 一点儿 yìdiǎnr
12. 符号 fúhào
13. 随机应变 suíjī-yìngbiàn
14. 连缀 liánzhuì
15. 形成 xíngchéng
16. 意念 yìniàn

作品 28 号

父亲[1]喜欢下象棋。那一年,我大学回家度假,父亲教[2]我下棋。

我们俩[3]摆好棋,父亲让我先走三步,可不到三分钟,三下五除二,我的兵将[4]损失大半,棋盘上空荡荡的,只剩下老帅、士和一车两卒[5]在孤军奋战。我还不肯罢休,可是已无力回天,眼睁睁[6]看着父亲"将军[7]",我输了。

我不服气,摆棋再下。几次交锋,基本上都是不到十分钟我就败下阵来。我不禁[8]有些泄气。父亲对我说:"你初学下棋,输是正常[9]的。但是你要知道输在什么地方[10];否则,你就是再下上十年,也还是输。"

"我知道,输在棋艺上。我技术上不如你,没经验。"

"这只是次要因素,不是最重要的。"

"那最重要的是什么?"我奇怪地问。

"最重要的是你的心态不对。你不珍惜你的棋子[11]。"

"怎么不珍惜呀?我每走一步,都想半天。"我不服气地说。

"那是后来,开始你是这样吗?我给你计算过,你三分之二的棋子是在前三分之一的时间内丢失的。这期间你走棋不假思索[12],拿起来就走,失了也不觉得可惜。因为[13]你觉得棋子很多,失一两个不算什么。"

我看看父亲,不好意思[14]地低下头。"后三分之二的时间,你又犯了相反的错误:对棋子过于珍惜,每走一步,都思前想后,患得患失,一个棋也不想失,//结果一个一个都失去了。"

节选自《人生如下棋》

语音提示

1. 父亲 fù·qīn
2. 教 jiāo
3. 我们俩 wǒmen liǎ
4. 兵将 bīng jiàng
5. 一车两卒 yī jū liǎng zú
6. 眼睁睁 yǎnzhēngzhēng
7. 将军 jiāngjūn
8. 不禁 bùjīn
9. 正常 zhèngcháng
10. 地方 dìfang
11. 棋子 qízǐ
12. 不假思索 bùjiǎ-sīsuǒ
13. 因为 yīn·wèi
14. 不好意思 bù hǎoyìsi

作品 29 号

　　仲夏,朋友[1]相邀游十渡。在城里住久了,一旦进入山水之间,竟有一种生命[2]复苏的快感。

　　下车后,我们舍弃了大路,挑选了一条半隐半现在庄稼地[3]里的小径,弯弯绕绕[4]地来到了十渡渡口。夕阳下的拒马河慷慨[5]地撒出一片散金碎玉[6],对我们表示欢迎。

　　岸边山崖上[7]刀斧痕[8]犹存的崎岖[9]小道,高低凸凹[10],虽没有"难于上青天"的险恶,却也有踏空了滚到拒马河洗澡的风险。狭窄处[11]只能手扶岩石贴壁而行。当"东坡草堂"几个红漆大字赫然[12]出现在前方岩壁时,一座镶嵌[13]在岩崖间[14]的石砌[15]茅草屋同时跃进眼底。草屋被几级石梯托得高高的,屋下俯瞰[16]着一湾河水,屋前顺山势辟出[17]了一片空地[18],算是院落吧!右侧有一小小的蘑菇形[19]的凉亭,内设石桌石凳[20],亭顶褐黄色[21]的茅草像流苏般向下垂泻[22],把现实和童话串成[23]了一体。草屋的构思者最精彩的一笔,是设在院落边沿的柴门[24]和篱笆[25],走近这儿[26],便有了"花径不曾缘客扫,蓬门今始为君开"的意思。

　　当我们重登凉亭时,远处的蝙蝠山[27]已在夜色下化为剪影,好像就要展翅扑来。拒马河趁人们看不清它的容貌时豁开[28]了嗓门儿[29]韵味十足地唱呢!偶有不安分的小鱼儿[30]和青蛙蹦跳//成声,像是为了强化这夜曲的节奏。此时,只觉世间唯有水声和我,就连偶尔从远处赶来歇脚的晚风,也悄无声息。

　　当我渐渐被夜的凝重与深邃所融蚀,一缕新的思绪涌动时,对岸沙滩上燃起了篝火,那鲜亮的火光,使夜色有了躁动感。篝火四周,人影绰约,如歌似舞。朋友说,那是北京的大学生们,结伴来这儿度周末的。遥望那明灭无定的火光,想象着篝火映照的青春年华,也是一种意想不到的乐趣。

节选自刘延《十渡游趣》

语音提示

1. 朋友 péngyou
2. 生命 shēngmìng
3. 庄稼地 zhuāngjiadì
4. 弯弯绕绕 wānwānràorào
5. 慷慨 kāngkǎi
6. 散金碎玉 sǎnjīn-suìyù
7. 山崖上 shānyá·shàng
8. 刀斧痕 dāofǔhén
9. 崎岖 qíqū
10. 凸凹 tū'āo
11. 狭窄处 xiázhǎichù
12. 赫然 hèrán
13. 镶嵌 xiāngqiàn
14. 岩崖间 yányá jiān
15. 石砌 shíqì
16. 俯瞰 fǔkàn
17. 辟出 pìchū
18. 空地 kòngdì
19. 蘑菇形 móguxíng
20. 石桌石凳 shízhuō shídèng
21. 褐黄色 hèhuángsè
22. 垂泻 chuíxiè
23. 串成 chuànchéng
24. 柴门 cháimén
25. 篱笆 líba
26. 这儿 zhèr
27. 蝙蝠山 Biānfú Shān
28. 豁开 huōkāi
29. 嗓门儿 sǎngménr
30. 小鱼儿 xiǎoyúr

作品 30 号

在闽西南[1]和粤东北[2]的崇山峻岭[3]中,点缀[4]着数以千计的圆形围屋或土楼,这就是被誉为"世界民居奇葩[5]"的客家民居。

客家人是古代从中原繁盛[6]的地区迁到南方的。他们的居住地大多在偏僻[7]、边远的山区,为了防备盗匪[8]的骚扰[9]和当地人的排挤,便建造了营垒式[10]住宅[11],在土中掺[12]石灰,用糯米饭、鸡蛋清作黏合剂[13],以竹片、木条作筋骨,夯筑[14]起墙厚一米,高十五米以上的土楼。它们大多为三至六层楼,一百至二百多间房屋如橘瓣状[15]排列,布局均匀,宏伟壮观。大部分土楼有两三百年甚至五六百年的历史,经受无数次地震撼动[16]、风雨侵蚀[17]以及炮火攻击而安然无恙[18],显示了传统建筑文化的魅力。

客家先民崇尚[19]圆形,认为圆是吉祥、幸福和安宁的象征。土楼围成圆形的房屋均按八卦[20]布局排列,卦与卦之间设有防火墙[21],整齐划一[22]。

客家人在治家、处事[23]、待人、立身等方面,无不体现出明显的文化特征。比如,许多房屋大门上刻着这样的正楷[24]对联:"承前祖德勤和俭,启后子孙读与耕",表现了先辈希望子孙和睦相处[25]、勤俭持家的愿望。楼内房间大小一模一样[26],他们不分贫富、贵贱,每户人家平等地分到底层至高层各//一间房。各层房屋的用途惊人地统一,底层是厨房兼饭堂,二层当贮仓,三层以上作卧室,两三百人聚居一楼,秩序井然,毫不混乱。土楼内所保留的民俗文化,让人感受到中华传统文化的深厚久远。

节选自张宇生《世界民居奇葩》

语音提示

1. 闽西南 Mǐnxīnán
2. 粤东北 Yuèdōngběi
3. 崇山峻岭 chóngshān-jùnlǐng
4. 点缀 diǎnzhuì
5. 奇葩 qípā
6. 繁盛 fánshèng
7. 偏僻 piānpì
8. 盗匪 dàofěi
9. 骚扰 sāorǎo
10. 营垒式 yínglěishì
11. 住宅 zhùzhái
12. 掺 chān
13. 黏合剂 niánhéjì
14. 夯筑 hāngzhù
15. 橘瓣状 júbànzhuàng
16. 撼动 hàndòng
17. 侵蚀 qīnshí
18. 安然无恙 ānrán-wúyàng
19. 崇尚 chóngshàng
20. 八卦 bāguà
21. 防火墙 fánghuǒqiáng
22. 整齐划一 zhěngqí-huàyī
23. 处事 chǔshì
24. 正楷 zhèngkǎi
25. 和睦相处 hémù xiāngchǔ
26. 一模一样 yīmú-yīyàng

作品 31 号

我国的建筑，从古代的宫殿到近代的一般住房，绝大部分是对称[1]的，左边怎么样，右边也怎么样。苏州园林可绝不讲究对称，好像故意避免似的[2]。东边有了一个亭子或者一道回廊，西边决不会来一个同样的亭子或者一道同样的回廊。这是为什么？我想，用图画来比方[3]，对称的建筑是图案画，不是美术画，而园林是美术画，美术画要求[4]自然之趣，是不讲究对称的。

苏州园林里都有假山[5]和池沼[6]。

假山的堆叠，可以说是一项艺术而不仅是技术。或者是重峦叠嶂[7]，或者是几座小山配合着竹子花木，全在乎[8]设计者和匠师们生平多阅历，胸中有丘壑[9]，才能使游览者攀登的时候[10]忘却苏州城市，只觉得[11]身在山间。

至于池沼，大多引用活水。有些园林池沼宽敞，就把池沼作为[12]全园的中心，其他景物配合着布置。水面假如[13]成河道模样[14]，往往安排桥梁。假如安排两座以上的桥梁，那就一座一个样，决不雷同。

池沼或河道的边沿很少砌齐整的石岸，总是高低屈曲[15]任[16]其自然。还在那儿布置几块玲珑的石头，或者种些花草。这也是为了取得[17]从各个角度看都成一幅[18]画的效果。池沼里养着金鱼或各色鲤鱼，夏秋季节荷花或睡莲开//放，游览者看"鱼戏莲叶间"，又是入画的一景。

节选自叶圣陶《苏州园林》

语音提示

1. 对称 duìchèn
2. 似的 shìde
3. 比方 bǐfang
4. 要求 yāoqiú
5. 假山 jiǎshān
6. 池沼 chízhǎo
7. 重峦叠嶂 chóngluán-diézhàng
8. 在乎 zàihu
9. 丘壑 qiūhè
10. 时候 shíhou
11. 觉得 jué·dé
12. 作为 zuòwéi
13. 假如 jiǎrú
14. 模样 múyàng
15. 屈曲 qūqū
16. 任 rèn
17. 取得 qǔdé
18. 幅 fú

作品 32 号

泰山极顶看日出，历来被描绘成十分壮观的奇景[1]。有人说：登泰山而看不到日出，就像一出大戏没有戏眼，味儿终究有点寡淡。

我去爬山那天，正赶上个难得[2]的好天，万里长空，云彩丝儿都不见。素常烟雾腾腾的山头[3]，显得眉目分明。同伴们都欣喜地说："明天早晨准可以看见日出了。"我也是抱着这种想头[4]，爬上山去。

一路从山脚往上爬，细看山景，我觉得挂在眼前的不是五岳独尊的泰山，却像一幅[5]规模惊人的青绿山水画，从下面倒[6]展开来。在画卷[7]中最先露出[8]的是山根[9]底那座明朝建筑岱宗坊[10]，慢慢地便现出王母池、斗母宫[11]、经石峪[12]。山是一层比一层深，一叠比一叠奇，层层叠叠，不知还会有多深多奇。万山丛中，时而点染着极其工细的人物。王母池旁的吕祖殿里有不少尊明塑，塑着吕洞宾等一些人，姿态神情是那样有生气，你看了，不禁[13]会脱口赞叹说："活啦。"

画卷继续展开，绿阴森森的柏洞[14]露面[15]不太久，便来到对松山。两面奇峰对峙[16]着，满山峰都是奇形怪状的老松，年纪怕都有上千岁了，颜色竟那么浓，浓得好像要流下来似的[17]。来到这儿，你不妨[18]权当[19]一次画里的写意人物，坐在路旁的对松亭里，看看山色，听听流//水和松涛。

一时间，我又觉得[20]自己不仅是在看画卷，却又像是在零零乱乱翻着一卷[21]历史稿本。

节选自杨朔《泰山极顶》

语音提示

1. 奇景 qíjǐng
2. 难得 nándé
3. 山头 shāntóu
4. 想头 xiǎngtou
5. 幅 fú
6. 倒 dào
7. 画卷 huàjuàn
8. 露出 lòuchū
9. 山根 shāngēnr
10. 岱宗坊 Dàizōngfāng
11. 斗 dǒu
12. 峪 yù
13. 不禁 bùjīn
14. 柏洞 bǎidòng
15. 露面 lòumiàn
16. 对峙 duìzhì
17. 似的 shìde
18. 不妨 bùfáng
19. 权当 quándàng
20. 觉得 jué·dé
21. 卷 juàn

作品 33 号

在太空的黑幕上,地球就像站在宇宙舞台中央那位最美的大明星[1],浑身散发出夺人心魄[2]的、彩色的、明亮的光芒,她披着浅蓝色的纱裙和白色的飘带,如同天上的仙女缓缓飞行[3]。

地理知识告诉我,地球上大部分地区覆盖着海洋,我果然看到了大片蔚蓝色的海水,浩瀚[4]的海洋骄傲地披露[5]着广阔壮观的全貌,我还看到了黄绿相间[6]的陆地,连绵[7]的山脉纵横其间[8];我看到我们平时所说的天空,大气层中飘浮着片片雪白的云彩[9],那么轻柔,那么曼妙,在阳光普照下,仿佛[10]贴在地面上一样。海洋、陆地、白云,它们呈现[11]在飞船下面,缓缓驶来,又缓缓离去。

我知道自己还是在轨道上飞行,并没有完全脱离地球的怀抱,冲向宇宙的深处[12],然而这也足以让我震撼了,我并不能看清宇宙中众多的星球[13],因为[14]实际上它们离我们的距离非常遥远,很多都是以光年[15]计算。正因为如此,我觉得宇宙的广袤[16]真实地摆在我的眼前,即便[17]作为中华民族第一个飞天的人我已经[18]跑到离地球表面四百公里的空间,可以称为[19]太空人了,但是实际上在浩瀚的宇宙面前,我仅像一粒尘埃[20]。

虽然独自在太空飞行,但我想到了此刻千万//中国人翘首以待,我不是一个人在飞,我是代表所有中国人,甚至人类来到了太空。我看到的一切证明了中国航天技术的成功,我认为我的心情一定要表达一下,就拿出太空笔,在工作日志背面写了一句话:"为了人类的和平与进步,中国人来到太空了。"以此来表达一个中国人的骄傲和自豪。

节选自杨利伟《天地九重》

语音提示

1. 明星 míngxīng
2. 夺人心魄 duórénxīnpò
3. 缓缓飞行 huǎnhuǎn fēixíng
4. 浩瀚 hàohàn
5. 披露 pīlù
6. 黄绿相间 huáng-lǜ xiāngjiàn
7. 连绵 liánmián
8. 纵横其间 zònghéng qíjiān
9. 云彩 yúncai
10. 仿佛 fǎngfú
11. 呈现 chéngxiàn
12. 深处 shēnchù
13. 星球 xīngqiú
14. 因为 yīn·wèi
15. 光年 guāngnián
16. 广袤 guǎngmào
17. 即便 jíbiàn
18. 已经 yǐ·jīng
19. 称为 chēngwéi
20. 尘埃 chén'āi

作品 34 号

最使我难忘的,是我小学时候的女教师蔡芸芝[1] 先生[2]。

现在回想起来,她那时有十八九岁。右嘴角边有榆钱[3] 大小一块[4] 黑痣[5]。在我的记忆里,她是一个温柔和美丽的人。

她从来不打骂我们。仅仅有一次,她的教鞭好像要落下来,我用石板一迎,教鞭轻轻地敲在石板边上,大伙[6] 笑了,她也笑了。我用儿童的狡猾的眼光察觉,她爱我们,并没有存心要打的意思。孩子们是多么善于观察这一点啊。

在课外的时候,她教我们跳舞,我现在还记得她把我扮成[7] 女孩子表演跳舞的情景[8]。

在假日里,她把我们带到她的家里和女朋友[9] 的家里。在她的女朋友的园子[10] 里,她还让我们观察蜜蜂[11];也是在那时候,我认识了蜂王,并且平生第一次吃了蜂蜜。

她爱诗,并且爱用歌唱的音调教我们读诗。直到现在我还记得她读诗的音调,还能背诵她教我们的诗:

圆天盖着大海,

黑水托着孤舟,

远看不见山,

那天边只有云头[12],

也看不见树,

那水上只有海鸥……

今天想来,她对我的接近文学和爱好文学,是有着多么有益的影响!

像这样的教师,我们怎么会不喜欢她,怎么会不愿意和她亲近呢? 我们见了她不由得[13] 就围上去。即使[14] 她写字的时候,我//们也默默地看着她,连她握铅笔的姿势都急于模仿。

节选自魏巍《我的老师》

语音提示

1. 蔡芸芝 Cài Yúnzhī
2. 先生 xiānsheng
3. 榆钱 yúqián
4. 一块 yī kuàir
5. 黑痣 hēizhì
6. 大伙 dàhuǒr
7. 扮成 bànchéng
8. 情景 qíngjǐng
9. 女朋友 nǚpéngyou
10. 园子 yuánzi
11. 蜜蜂 mìfēng
12. 云头 yúntóu
13. 不由得 bùyóude
14. 即使 jíshǐ

作品 35 号

我喜欢[1]出发。

凡是到达了的地方[2]，都属于昨天。哪怕那山再青，那水再秀，那风再温柔。太深的流连[3]便成了一种羁绊[4]，绊住的不仅有双脚，还有未来。

怎么能不喜欢出发呢？没见过大山的巍峨[5]，真是遗憾；见了大山的巍峨没见过大海的浩瀚[6]，仍然[7]遗憾；见了大海的浩瀚没见过大漠的广袤[8]，依旧遗憾；见了大漠的广袤没见过森林的神秘，还是遗憾。世界上有不绝的风景，我有不老的心情。

我自然知道，大山有坎坷[9]，大海有浪涛，大漠有风沙，森林有猛兽。即便[10]这样，我依然喜欢。

打破生活的平静便是另一番景致[11]，一种属于年轻的景致。真庆幸[12]，我还没有老。即便真老了又怎么样，不是有句话叫老当益壮吗？

于是，我还想从大山那里学习深刻，我还想从大海那里学习勇敢，我还想从大漠那里学习沉着[13]，我还想从森林那里学习机敏。我想学着品味一种缤纷[14]的人生[15]。

人能走多远？这话不是要问两脚而是要问志向。人能攀多高？这事不是要问双手而是要问意志。于是，我想用青春的热血[16]给自己树起一个高远的目标。不仅是为了争取一种光荣，更是为了追求一种境界[17]。目标实现了，便是光荣；目标实现不了，人生也会因//这一路风雨跋涉变得丰富而充实；在我看来，这就是不虚此生。

是的，我喜欢出发，愿你也喜欢。

节选自汪国真《我喜欢出发》

语音提示

1. 喜欢 xǐhuan
2. 地方 dìfang
3. 流连 liúlián
4. 羁绊 jībàn
5. 巍峨 wēi'é
6. 浩瀚 hàohàn
7. 仍然 réngrán
8. 广袤 guǎngmào
9. 坎坷 kǎnkě
10. 即便 jíbiàn
11. 景致 jǐngzhì
12. 庆幸 qìngxìng
13. 沉着 chénzhuó
14. 缤纷 bīnfēn
15. 人生 rénshēng
16. 热血 rèxuè
17. 境界 jìngjiè

作品 36 号

乡下人家[1]总爱在屋前搭一瓜架，或种南瓜，或种丝瓜，让那些瓜藤[2]攀上棚架[3]，爬上屋檐[4]。当花儿落了的时候，藤上便结出[5]了青的、红的瓜，它们一个个挂在房前，衬着[6]那长长的藤，绿绿的叶。青、红的瓜，碧绿的藤和叶，构成了一道别有风趣的装饰[7]，比那高楼门前蹲着一对石狮子[8]或是竖着两根大旗杆[9]，可爱多了。

有些人家，还在门前的场地[10]上种几株花，芍药[11]，凤仙，鸡冠花，大丽菊，它们依着时令[12]，顺序开放，朴素中带着几分华丽，显出一派独特的农家风光。还有些人家，在屋后种几十枝竹，绿的叶，青的竿[13]，投下一片浓浓的绿荫[14]。几场春雨过后，到那里走走，你常常会看见许多鲜嫩[15]的笋，成群地从土里探出头来。

鸡，乡下人家照例总要养几只的。从他们的房前屋后走过，你肯定会瞧见一只母鸡，率领一群小鸡，在竹林中觅食[16]；或是瞧见竿着尾巴[17]的雄鸡，在场地上大踏步地走来走去。

他们的屋后倘若[18]有一条小河，那么在石桥旁边，在绿树荫下，你会见到一群鸭子游戏水中，不时地把头扎到[19]水下去觅食。即使附近的石头上有妇女在捣衣[20]，它们也从不吃惊。

若是在夏天的傍晚出去散步，你常常会瞧见乡下人家吃晚饭//的情景。他们把桌椅饭菜搬到门前，天高地阔地吃起来。天边的红霞，向晚的微风，头上飞过的归巢的鸟儿，都是他们的好友。它们和乡下人家一起，绘成了一幅自然、和谐的田园风景画。

节选自陈醉云《乡下人家》

语音提示

1. 乡下人家 xiāngxia rénjiā
2. 瓜藤 guāténg
3. 棚架 péngjià
4. 屋檐 wūyán
5. 结出 jiēchū
6. 衬着 chènzhe
7. 装饰 zhuāngshì
8. 石狮子 shíshīzi
9. 旗杆 qígān
10. 场地 chǎngdì
11. 芍药 sháoyao
12. 时令 shílìng
13. 竿 gān
14. 绿荫 lùyīn
15. 鲜嫩 xiānnèn
16. 觅食 mìshí
17. 尾巴 wěiba
18. 倘若 tǎngruò
19. 扎到 zhādào
20. 捣衣 dǎoyī

作品 37 号

　　我们的船渐渐地逼近榕树了。我有机会看清它的真面目：是一棵大树,有数不清[1]的丫枝[2],枝上又生根,有许多根一直垂到地上,伸进泥土里。一部分[3]树枝垂到水面,从远处看,就像一棵大树斜躺在水面上一样。

　　现在正是枝繁叶茂的时节。这棵榕树好像在把它的全部生命力展示给我们看。那么多的绿叶,一簇[4]堆在另一簇的上面,不留一点儿缝隙[5]。翠绿的颜色明亮地在我们的眼前闪耀,似乎[6]每一片树叶上都有一个新的生命在颤动[7],这美丽的南国的树!

　　船在树下泊[8]了片刻,岸上很湿,我们没有上去。朋友[9]说这里是"鸟的天堂",有许多鸟在这棵树上做窝,农民不许人去捉它们。我仿佛[10]听见几只鸟扑翅的声音,但是等到我的眼睛[11]注意地看那里时,我却看不见一只鸟的影子,只有无数[12]的树根立在地上,像许多根木桩。地是湿的,大概涨潮[13]时河水常常冲[14]上岸去。"鸟的天堂"里没有一只鸟,我这样想到。船开了,一个朋友拨着船,缓缓地流到河中间去。

　　第二天,我们划[15]着船到一个朋友的家乡去,就是那个有山有塔的地方[16]。从学校出发,我们又经过那"鸟的天堂"。

　　这一次是在早晨,阳光照在水面上,也照在树梢上。一切都//显得非常光明。我们的船也在树下泊了片刻。

　　起初周围非常清静。后来忽然起了一声鸟叫。我们把手一拍,便看见一只大鸟飞了起来,接着又看见第二只,第三只。我们继续拍掌,很快地这个树林就变得很热闹[17]了。到处都是鸟声,到处都是鸟影。大的,小的,花的,黑的,有的站在枝上叫,有的飞起来,在扑翅膀。

节选自巴金《鸟的天堂》

语音提示

1. 数不清 shǔ·bù qīng
2. 丫枝 yāzhī
3. 部分 bùfen
4. 簇 cù
5. 缝隙 fèngxì
6. 似乎 sìhū
7. 颤动 chàndòng
8. 泊 bó
9. 朋友 péngyou
10. 仿佛 fǎngfú
11. 眼睛 yǎnjing
12. 无数 wúshù
13. 涨潮 zhǎngcháo
14. 冲 chōng
15. 划 huá
16. 地方 dìfang
17. 热闹 rènao

作品 38 号

两百多年前,科学家做了一次实验。他们在一间屋子里横七竖八[1]地拉了许多绳子[2],绳子上系着[3]许多铃铛[4],然后把蝙蝠[5]的眼睛[6]蒙上[7],让它在屋子里飞。蝙蝠飞了几个钟头,铃铛一个也没响,那么多的绳子,它一根也没碰着[8]。

科学家又做了两次实验:一次把蝙蝠的耳朵塞上[9],一次把蝙蝠的嘴封住[10],让它在屋子里飞。蝙蝠就像没头苍蝇[11]似的[12]到处乱撞[13],挂在绳子上的铃铛响个不停。

三次实验的结果证明[14],蝙蝠夜里飞行[15],靠的不是眼睛,而是靠嘴和耳朵配合起来探路的。

后来,科学家经过反复研究,终于揭开了蝙蝠能在夜里飞行的秘密。它一边飞,一边从嘴里发出超声波[16]。而这种声音,人的耳朵是听不见的,蝙蝠的耳朵却能听见。超声波向前传播时,遇到障碍物[17]就反射回来,传到蝙蝠的耳朵里,它就立刻改变飞行的方向。

知道蝙蝠在夜里如何飞行,你猜到飞机夜间飞行的秘密了吗?现代飞机上安装了雷达[18],雷达的工作原理与蝙蝠探路类似[19]。雷达通过天线发出无线电波,无线电波遇到障碍物就反射回来,被雷达接收到,显示在荧光屏[20]上。从雷达的荧光屏上,驾驶员[21]能够清楚[22]地看到前方有没有障碍物,所//以飞机飞行就更安全了。

节选自《夜间飞行的秘密》

语音提示

1. 横七竖八 héngqī-shùbā
2. 绳子 shéngzi
3. 系着 jìzhe
4. 铃铛 língdang
5. 蝙蝠 biānfú
6. 眼睛 yǎnjing
7. 蒙上 méng·shàng
8. 碰着 pèngzháo
9. 塞上 sāi·shàng
10. 封住 fēngzhù
11. 苍蝇 cāngying
12. 似的 shìde
13. 到处乱撞 dàochù luàn zhuàng
14. 证明 zhèngmíng
15. 飞行 fēixíng
16. 超声波 chāoshēngbō
17. 障碍物 zhàng'àiwù
18. 雷达 léidá
19. 类似 lèisì
20. 荧光屏 yíngguāngpíng
21. 驾驶员 jiàshǐyuán
22. 清楚 qīngchu

作品 39 号

北宋时候，有位画家叫张择端。他画了一幅[1]名扬中外的画《清明上河图》。这幅画长五百二十八厘米，高二十四点八厘米，画的是北宋都城[2]汴梁[3]热闹[4]的场面。这幅画已经有八百多年的历史了，现在还完整地保存在北京的故宫博物院里。

张择端画这幅画的时候，下了很大的功夫[5]。光是画上的人物，就有五百多个：有从乡下[6]来的农民，有撑船的船工，有做各种买卖[7]的生意人[8]，有留着长胡子的道士[9]，有走江湖的医生，有摆小摊[10]的摊贩，有官吏[11]和读书人，三百六十行，哪一行的人都画在上面了。

画上的街市可热闹了。街上有挂着各种招牌[12]的店铺、作坊[13]、酒楼、茶馆[14]，走在街上的，是来来往往、形态各异的人：有的骑着马，有的挑着担[15]，有的赶着毛驴，有的推着独轮车，有的悠闲地在街上溜达[16]。画面上的这些人，有的不到一寸，有的甚至只有黄豆那么大。别看画上的人小，每个人在干什么，都能看得清清楚楚[17]。

最有意思[18]的是桥北头[19]的情景：一个人骑着马，正往桥下走。因为[20]人太多，眼看就要碰上对面来的一乘轿子[21]。就在这个紧急时刻，那个牧马人一下子拽住[22]了马笼头[23]，这才没碰上那乘轿子。不过，这么一来，倒把[24]马右边的//两头小毛驴吓得又踢又跳。站在桥栏杆边欣赏风景的人，被小毛驴惊扰了，连忙回过头来赶小毛驴。你看，张择端画的画，是多么传神啊！

《清明上河图》使我们看到了八百年以前的古都风貌，看到了当时普通老百姓的生活场景。

节选自滕明道《一幅名扬中外的画》

语音提示

1. 一幅 yī fú
2. 都城 dūchéng
3. 汴梁 Biànliáng
4. 热闹 rènao
5. 功夫 gōngfu
6. 乡下 xiāngxia
7. 买卖 mǎimai
8. 生意人 shēngyirén
9. 道士 dàoshi
10. 小摊 xiǎotānr
11. 官吏 guānlì
12. 招牌 zhāopai
13. 作坊 zuōfang
14. 茶馆 cháguǎnr
15. 挑着担 tiāozhe dàn
16. 溜达 liūda
17. 清清楚楚 qīngqīngchǔchǔ
18. 意思 yìsi
19. 桥北头 qiáo běitou
20. 因为 yīn·wèi
21. 一乘轿子 yī shèng jiàozi
22. 拽住 zhuàizhù
23. 马笼头 mǎlóngtou
24. 倒把 dào bǎ

作品 40 号

二〇〇〇年[1]，中国第一个以科学家名字[2]命名的股票"隆平[3]高科"上市。八年后，名誉董事长袁隆平所持有的股份以市值[4]计算已经过亿。从此，袁隆平又多了个"首富科学家"的名号[5]。而他身边的学生和工作人员，却很难把这位老人和"富翁[6]"联系起来。

"他哪里有富人的样子。"袁隆平的学生们笑着议论。在学生们的印象里，袁老师永远黑黑瘦瘦，穿一件软塌塌[7]的衬衣。在一次会议上，袁隆平坦言[8]："不错，我身价二〇〇八年就一千零八亿了，可我真的有那么多钱吗？没有。我现在就是靠每个月六千多元的工资生活，已经很满足了。我今天穿的衣服[9]就五十块钱，但我喜欢的还是昨天穿的那件十五块钱的衬衫，穿着很精神[10]。"袁隆平认为，"一个人的时间和精力[11]是有限的，如果老想着享受，哪有心思搞科研？搞科学研究就是要淡泊[12]名利，踏实[13]做人"。

在工作人员眼中，袁隆平其实就是一位身板[14]硬朗[15]的"人民农学家"，"老人下田从不要人搀扶[16]，拿起套鞋，脚一蹬[17]就走"。袁隆平说："我有八十岁的年龄[18]，五十多岁的身体，三十多岁的心态，二十多岁的肌肉弹性[19]。"袁隆平的业余生活非常丰富[20]，钓鱼、打排球、听音乐……他说，就是喜欢这些//不花钱的平民项目。

二〇一〇年九月，袁隆平度过了他的八十岁生日。当时，他许了个愿：到九十岁时，要实现亩产一千公斤！如果全球百分之五十的稻田种植杂交水稻，每年可增产一点五亿吨粮食，可多养活四亿到五亿人口。

节选自刘畅《一粒种子造福世界》

语音提示

1. 二〇〇〇年 èr líng líng líng nián
2. 名字 míngzi
3. 隆平 Lóngpíng
4. 市值 shìzhí
5. 名号 mínghào
6. 富翁 fùwēng
7. 软塌塌 ruǎntātā
8. 坦言 tǎnyán
9. 衣服 yīfu
10. 精神 jīngshen
11. 精力 jīnglì
12. 淡泊 dànbó
13. 踏实 tāshi
14. 身板 shēnbǎnr
15. 硬朗 yìnglang
16. 搀扶 chānfú
17. 脚一蹬 jiǎo yī dēng
18. 年龄 niánlíng
19. 弹性 tánxìng
20. 丰富 fēngfù

作品 41 号

北京[1] 的颐和园[2] 是个美丽的大公园。

进了颐和园的大门，绕过[3] 大殿，就来到有名的长廊[4]。绿漆的柱子，红漆的栏杆[5]，一眼望不到头。这条长廊有七百多米长，分成二百七十三间。每一间的横槛[6] 上都有五彩的画，画着人物、花草、风景，几千幅画没有哪两幅[7] 是相同的。长廊两旁栽满了花木，这一种花还没谢，那一种花又开了。微风从左边的昆明湖[8] 上吹来，使人神清气爽[9]。

走完长廊，就来到了万寿山[10] 脚下。抬头一看，一座八角宝塔形的三层建筑耸立[11] 在半山腰上，黄色的琉璃瓦[12] 闪闪发光。那就是佛香阁[13]。下面的一排排金碧辉煌[14] 的宫殿[15]，就是排云殿。

登上万寿山，站在佛香阁的前面向下望，颐和园的景色大半收在眼底。葱郁[16] 的树丛，掩映[17] 着黄的绿的琉璃瓦屋顶[18] 和朱红的宫墙。正前面，昆明湖静得像一面镜子[19]，绿得像一块碧玉。游船、画舫[20] 在湖面慢慢地滑过，几乎不留一点儿痕迹。向东远眺[21]，隐隐约约可以望见几座古老的城楼[22] 和城里的白塔。

从万寿山下来，就是昆明湖。昆明湖围着长长的堤岸[23]，堤上有好几座式样不同的石桥，两岸栽着数不清的垂柳。湖中心有个小岛，远远望去，岛上一片葱绿，树丛中露出[24] 宫殿的一角。//游人走过长长的石桥，就可以去小岛上玩。这座石桥有十七个桥洞，叫十七孔桥。桥栏杆上有上百根石柱，柱子上都雕刻着小狮子。这么多的狮子，姿态不一，没有哪两只是相同的。

颐和园到处有美丽的景色，说也说不尽，希望你有机会去细细游赏。

节选自袁鹰《颐和园》

语音提示

1. 北京 Běijīng
2. 颐和园 Yíhéyuán
3. 绕过 ràoguò
4. 长廊 chángláng
5. 栏杆 lángān
6. 横槛 héngjiàn
7. 哪两幅 nǎ liǎng fú
8. 昆明湖 Kūnmínghú
9. 神清气爽 shénqīng-qìshuǎng
10. 万寿山 Wànshòushān
11. 耸立 sǒnglì
12. 琉璃瓦 liú·líwǎ

13. 佛香阁 Fóxiānggé
14. 金碧辉煌 jīnbì-huīhuáng
15. 宫殿 gōngdiàn
16. 葱郁 cōngyù
17. 掩映 yǎnyìng
18. 屋顶 wūdǐng
19. 镜子 jìngzi
20. 画舫 huàfǎng
21. 远眺 yuǎntiào
22. 城楼 chénglóu
23. 堤岸 dī'àn
24. 露出 lòuchū

作品 42 号

一谈到读书,我的话就多了!

我自从会认字后不到几年,就开始读书。倒不是[1]四岁时读母亲给我的商务印书馆[2]出版的国文教科书第一册的"天、地、日、月、山、水、土、木"以后的那几册,而是七岁时开始自己读的"话说天下大势,分久必合,合久必分……"的《三国演义》。

那时,我的舅父杨子敬[3]先生[4]每天晚饭后必给我们几个表兄妹讲一段《三国演义》,我听得津津有味,什么"宴桃园豪杰三结义,斩[5]黄巾英雄首立功",真是[6]好听极了。但是他讲了半个钟头,就停下去干他的公事了。我只好带着对于故事[7]下文的无限悬念[8],在母亲的催促[9]下,含泪上床。

此后,我决定咬了牙,拿起一本《三国演义》来,自己一知半解[10]地读了下去,居然越看越懂,虽然字音都读得不对,比如把"凯"念作"岂[11]",把"诸[12]"念作"者"之类,因为[13]我只学过那个字一半部分[14]。

谈到《三国演义》,我第一次读到关羽死了,哭了一场[15],把书丢下了。第二次再读到诸葛亮死了,又哭了一场,又把书丢下了,最后忘了是什么时候才把全书读到"分久必合"的结局。

这时我同时还看了母亲针线笸箩[16]里常放着的那几本《聊斋志异》,聊斋故事是短篇的,可以随时拿起放下,又是文言的,这对于我的//作文课很有帮助,因为老师曾在我的作文本上批着"柳州风骨,长吉清才"的句子,其实我那时还没有读过柳宗元和李贺的文章,只因那时的作文,都是用文言写的。

书看多了,从中也得到一个体会,物怕比,人怕比,书也怕比,"不比不知道,一比吓一跳"。

因此,某年的六一国际儿童节,有个儿童刊物要我给儿童写几句指导读书的话,我只写了九个字,就是:

读书好,多读书,读好书。

节选自冰心《忆读书》

语音提示

1. 倒不是 dào bù shì
2. 商务印书馆 Shāngwù Yìnshūguǎn
3. 杨子敬 Yáng Zǐjìng
4. 先生 xiānsheng
5. 斩 zhǎn
6. 真是 zhēnshi
7. 故事 gùshi
8. 悬念 xuánniàn
9. 催促 cuīcù
10. 一知半解 yìzhī-bànjiě
11. 岂 qǐ
12. 诸 zhū
13. 因为 yīn‧wèi
14. 部分 bùfen
15. 哭了一场 kūle yī chǎng
16. 笸箩 pǒluo

作品 43 号

　　徐霞客是明朝末年的一位奇人。他用双脚,一步一步地走遍了半个中国大陆,游览过许多名山大川[1],经历[2]过许多奇人异事。他把游历的观察和研究记录下来,写成了《徐霞客游记》这本千古奇书。

　　当时的读书人,都忙着追求科举功名,抱着"十年寒窗无人问,一举成名天下知"的观念,埋头于经书之中。徐霞客却卓尔不群[3],醉心于古今史籍[4]及地志、山海图经[5]的收集和研读。他发现此类书籍很少,记述[6]简略且多有相互矛盾之处,于是他立下雄心壮志[7],要走遍天下,亲自考察。

　　此后三十多年,他与长风[8]为伍,云雾为伴,行程[9]九万里,历尽千辛万苦,获得了大量第一手考察资料。徐霞客日间攀险峰[10],涉危涧[11],晚上就是再疲劳,也一定录下当日[12]见闻。即使[13]荒野露宿[14],栖身[15]洞穴[16],也要"燃松拾穗[17],走笔为记"。

　　徐霞客的时代,没有火车,没有汽车,没有飞机,他所去的许多地方[18]连道路都没有,加上明朝末年治安不好,盗匪横行[19],长途旅行是非常艰苦又非常危险的事。

　　有一次,他和三个同伴到西南地区,沿路考察石灰岩地形和长江源流。走了二十天,一个同伴难耐[20]旅途劳顿,不辞而别。到了衡阳[21]附近又遭遇土匪抢劫[22],财物尽失,还险//些被杀害。好不容易到了南宁,另一个同伴不幸病死,徐霞客忍痛继续西行。到了大理,最后一个同伴也因为吃不了苦,偷偷地走了,还带走了他仅存的行囊。但是,他还是坚持目标,继续他的研究工作,最后找到了答案,推翻历史上的错误,证明长江的源流不是岷江而是金沙江。

节选自《阅读大地的徐霞客》

语音提示

1. 名山大川 míngshān-dàchuān
2. 经历 jīnglì
3. 卓尔不群 zhuó'ěr-bùqún
4. 史籍 shǐjí
5. 山海图经 shān-hǎi tújīng
6. 记述 jìshù
7. 雄心壮志 xióngxīn-zhuàngzhì
8. 长风 chángfēng
9. 行程 xíngchéng
10. 攀险峰 pān xiǎnfēng
11. 涉危涧 shè wēijiàn
12. 当日 dàngrì
13. 即使 jíshǐ
14. 露宿 lùsù
15. 栖身 qīshēn
16. 洞穴 dòngxué
17. 燃松拾穗 rán sōng shí suì
18. 地方 dìfang
19. 盗匪横行 dàofěi héngxíng
20. 难耐 nán nài
21. 衡阳 Héngyáng
22. 抢劫 qiǎngjié

作品 44 号

造纸术[1] 的发明,是中国对世界文明的伟大贡献之一。

早在几千年前,我们的祖先就创造了文字。可那时候还没有纸,要记录一件事情[2],就用刀把文字刻在龟甲[3] 和兽骨[4] 上,或者把文字铸刻[5] 在青铜器[6] 上。后来,人们又把文字写在竹片和木片上。这些竹片、木片用绳子[7] 穿起来,就成了一册书。但是,这种书很笨重,阅读、携带[8]、保存都很不方便。古时候用"学富五车"形容一个人学问[9] 高,是因为[10] 书多的时候需要用车来拉。再后来,有了蚕丝[11] 织成[12] 的帛[13],就可以在帛上写字了。帛比竹片、木片轻便,但是价钱[14] 太贵,只有少数人能用,不能普及。

人们用蚕茧[15] 制作丝绵[16] 时发现,盛放[17] 蚕茧的篾席[18] 上,会留下一层薄片[19],可用于书写。考古学家发现,在两千多年前的西汉时代,人们已经懂得了用麻来造纸。但麻纸比较[20] 粗糙[21],不便书写。

大约在一千九百年前的东汉时代,有个叫蔡伦[22] 的人,吸收了人们长期积累的经验,改进了造纸术。他把树皮、麻头、稻草、破布等原料剪碎或切断,浸在[23] 水里捣烂成浆[24];再把浆捞出来晒干[25],就成了一种既轻便又好用的纸。用这种方法造的纸,原料容易得到,可以大量制造,价格又便宜[26],能满足多数人的需要,所//以这种造纸方法就传承下来了。

我国的造纸术首先传到邻近的朝鲜半岛和日本,后来又传到阿拉伯世界和欧洲,极大地促进了人类社会的进步和文化的发展,影响了全世界。

节选自《纸的发明》

语音提示

1. 造纸术 zàozhǐshù
2. 事情 shìqing
3. 龟甲 guījiǎ
4. 兽骨 shòugǔ
5. 铸刻 zhùkè
6. 青铜器 qīngtóngqì
7. 绳子 shéngzi
8. 携带 xiédài
9. 学问 xuéwen
10. 因为 yīn·wèi
11. 蚕丝 cánsī
12. 织成 zhīchéng
13. 帛 bó
14. 价钱 jià·qián
15. 蚕茧 cánjiǎn
16. 丝绵 sīmián
17. 盛放 chéngfàng
18. 篾席 mièxí
19. 薄片 báopiàn
20. 比较 bǐjiào
21. 粗糙 cūcāo
22. 蔡伦 Cài Lún
23. 浸在 jìn zài
24. 捣烂成浆 dǎolàn chéng jiāng
25. 晒干 shàigān
26. 便宜 piányi

作品 45 号

　　中国的第一大岛、台湾省的主岛台湾，位于中国大陆架的东南方，地处[1] 东海和南海之间[2]，隔着台湾海峡和大陆相望[3]。天气晴朗的时候[4]，站在福建沿海较[5] 高的地方[6]，就可以隐隐约约地望见岛上的高山和云朵。

　　台湾岛形状狭长[7]，从东到西，最宽处[8] 只有一百四十多公里；由南至北，最长的地方约有三百九十多公里。地形像一个纺织用的梭子[9]。

　　台湾岛上的山脉[10] 纵贯[11] 南北，中间的中央山脉犹如全岛的脊梁[12]。西部为海拔近四千米的玉山山脉，是中国东部的最高峰。全岛约有三分之一的地方是平地，其余为[13] 山地。岛内有缎带般的瀑布[14]，蓝宝石似的[15] 湖泊[16]，四季常青的森林和果园，自然景色十分优美。西南部的阿里山和日月潭，台北市郊的大屯山风景区，都是闻名世界的游览胜地。

　　台湾岛地处热带和温带之间，四面环海，雨水充足，气温受到海洋的调剂[17]，冬暖夏凉，四季如春，这给水稻和果木生长提供[18] 了优越的条件。水稻、甘蔗[19]、樟脑是台湾的"三宝"。岛上还盛产[20] 鲜果和鱼虾。

　　台湾岛还是一个闻名世界的"蝴蝶王国"。岛上的蝴蝶共有四百多个品种，其中有不少是世界稀有的珍贵品种。岛上还有不少鸟语花香的蝴//蝶谷，岛上居民利用蝴蝶制作的标本和艺术品，远销许多国家。

节选自《中国的宝岛——台湾》

语音提示

1. 地处 dìchǔ
2. 之间 zhījiān
3. 相望 xiāngwàng
4. 时候 shíhou
5. 较 jiào
6. 地方 dìfang
7. 狭长 xiácháng
8. 处 chù
9. 梭子 suōzi
10. 山脉 shānmài
11. 纵贯 zòngguàn
12. 脊梁 jǐ•liáng
13. 为 wéi
14. 瀑布 pùbù
15. 似的 shìde
16. 湖泊 húpō
17. 调剂 tiáojì
18. 提供 tígōng
19. 甘蔗 gānzhe
20. 盛产 shèngchǎn

作品 46 号

对于中国的牛，我有着一种特别尊敬的感情。

留给我印象最深的，要算在田垄上的一次"相遇[1]"。

一群朋友[2]郊游，我领头在狭窄的阡陌[3]上走，怎料迎面来了几头耕牛，狭道容不下人和牛，终有一方要让路。它们还没有走近，我们已经预计斗[4]不过畜牲[5]，恐怕难免踩到田地泥水里，弄[6]得鞋袜又泥又湿了。正踟蹰[7]的时候[8]，带头的一头牛，在离我们不远的地方[9]停下来，抬起头看看，稍迟疑一下，就自动走下田去。一队耕牛，全跟着它离开阡陌，从我们身边经过。

我们都呆了，回过头来，看着深褐色的牛队，在路的尽头[10]消失，忽然觉得[11]自己受了很大的恩惠。

中国的牛，永远沉默地为[12]人做着沉重的工作。在大地上，在晨光或烈日下，它拖着沉重的犁，低头一步又一步，拖出了身后一列又一列松土，好让人们下种[13]。等到满地金黄或农闲时候，它可能还得[14]担当搬运负重的工作；或终日绕着石磨[15]，朝同一方向，走不计程的路。

在它沉默的劳动中，人便[16]得到应得[17]的收成[18]。

那时候，也许，它可以松一肩重担[19]，站在树下，吃几口嫩草。偶尔摇摇尾巴[20]，摆摆耳朵[21]，赶走飞附身上的苍蝇[22]，已经算是它最闲适的生活了。

中国的牛，没有成群奔跑[23]的习//惯，永远沉沉实实的，默默地工作，平心静气。这就是中国的牛！

节选自小思《中国的牛》

语音提示

1. 相遇 xiāngyù
2. 朋友 péngyou
3. 阡陌 qiānmò
4. 斗 dòu
5. 畜牲 chùsheng
6. 弄 nòng
7. 踟蹰 chíchú
8. 时候 shíhou
9. 地方 dìfang
10. 尽头 jìntóu
11. 觉得 jué·dé
12. 为 wèi
13. 下种 xiàzhǒng
14. 得 děi
15. 石磨 shímò
16. 便 biàn
17. 应得 yīngdé
18. 收成 shōucheng
19. 重担 zhòngdàn
20. 尾巴 wěiba
21. 耳朵 ěrduo
22. 苍蝇 cāngying
23. 奔跑 bēnpǎo

作品 47 号

　　石拱桥[1]的桥洞成弧形[2]，就像虹。古代神话里说，雨后彩虹是"人间天上的桥"，通过彩虹就能上天。我国的诗人爱把拱桥比作虹，说拱桥是"卧虹""飞虹"，把水上拱桥形容为"长虹卧波[3]"。

　　我国的石拱桥有悠久[4]的历史。《水经注》[5]里提到的"旅人桥[6]"，大约建成于公元二八二年，可能是有记载[7]的最早的石拱桥了。我国的石拱桥几乎到处都有。这些桥大小不一，形式多样，有许多是惊人的杰作。其中最著名的当推河北省赵县的赵州桥[8]。

　　赵州桥非常雄伟，全长五十点八二米。桥的设计完全合乎科学原理，施工技术更是巧妙绝伦。全桥只有一个大拱，长达三十七点四米，在当时可算是世界上最长的石拱。桥洞不是普通半圆形，而是像一张弓，因而大拱上面的道路没有陡坡[9]，便于车马上下。大拱的两肩上，各有两个小拱。这个创造性[10]的设计，不但节约了石料，减轻[11]了桥身的重量[12]，而且在河水暴涨[13]的时候，还可以增加[14]桥洞的过水量，减轻洪水对桥身的冲击。同时，拱上加拱，桥身也更美观。大拱由二十八道拱圈[15]拼成，就像这么多同样形状的弓合拢[16]在一起，做成一个弧形的桥洞。每道拱圈都能独立支撑[17]上面的重量，一道坏了，其//他各道不致受到影响。全桥结构匀称，和四周景色配合得十分和谐；桥上的石栏石板也雕刻得古朴美观。赵州桥高度的技术水平和不朽的艺术价值，充分显示了我国劳动人民的智慧和力量。

节选自茅以升《中国石拱桥》

语音提示

1. 石拱桥 shígǒngqiáo
2. 弧形 húxíng
3. 长虹卧波 chánghóng-wòbō
4. 悠久 yōujiǔ
5. 水经注 Shuǐjīngzhù
6. 旅人桥 Lǚrénqiáo
7. 记载 jìzǎi
8. 赵州桥 Zhàozhōuqiáo
9. 陡坡 dǒupō
10. 创造性 chuàngzàoxìng
11. 减轻 jiǎnqīng
12. 重量 zhòngliàng
13. 暴涨 bàozhǎng
14. 增加 zēngjiā
15. 拱圈 gǒngquān
16. 合拢 hélǒng
17. 支撑 zhīchēng

作品 48 号

不管我的梦想能否[1]成为[2]事实,说出来总是好玩儿的:

春天,我将要住在杭州。二十年前,旧历的二月初,在西湖我看见了嫩柳与菜花,碧浪与翠竹。由我看到的那点儿春光,已经可以断定,杭州的春天必定会教[3]人整天生活在诗与图画之中。所以,春天我的家应当[4]是在杭州。

夏天,我想青城山应当算作最理想的地方[5]。在那里,我虽然只住过十天,可是它的幽静已拴住了我的心灵。在我所看见过的山水中,只有这里没有使我失望。到处[6]都是绿,目之所及,那片淡而光润的绿色都在轻轻地颤动,仿佛[7]要流入空中与心中似的[8]。这个绿色会像音乐,涤[9]清了心中的万虑。

秋天一定要住北平。天堂是什么样子,我不知道,但是从我的生活经验去判断,北平之秋便是天堂。论天气,不冷不热。论吃的,苹果、梨、柿子、枣儿、葡萄,每样都有若干[10]种[11]。论花草,菊花种类之多,花式之奇[12],可以甲天下。西山有红叶可见,北海可以划船[13]——虽然荷花已残,荷叶可还有一片清香。衣食住行[14],在北平的秋天,是没有一项不使人满意的。

冬天,我还没有打好主意[15],成都[16]或者相当地合适,虽然并不怎样和暖[17],可是为[18]了水仙,素心腊梅,各色的茶花,仿佛就受一点儿寒//冷,也颇值得去了。昆明的花也多,而且天气比成都好,可是旧书铺[19]与精美而便宜[20]的小吃远不及成都那么多。好吧,就暂这么规定:冬天不住成都便[21]住昆明吧。

节选自老舍《“住”的梦》

语音提示

1. 能否 néngfǒu
2. 成为 chéngwéi
3. 教 jiào
4. 应当 yīngdāng
5. 地方 dìfang
6. 到处 dàochù
7. 仿佛 fǎngfú
8. 似的 shìde
9. 涤 dí
10. 若干 ruògān
11. 种 zhǒng
12. 奇 qí
13. 划船 huáchuán
14. 行 xíng
15. 主意 zhǔyi
16. 成都 Chéngdū
17. 和暖 hénuǎn
18. 为 wèi
19. 书铺 shūpù
20. 便宜 piányi
21. 便 biàn

作品 49 号

在北京市东城区著名的天坛公园东侧,有一片占地面积[1]近二十万平方米的建筑区域,大大小小的十余栋训练馆坐落其间。这里就是国家体育总局训练局。许多我们耳熟能详[2]的中国体育明星[3]都曾在这里挥汗如雨[4],刻苦练习。

中国女排的一天就是在这里开始的。

清晨[5]八点钟,女排队员们早已集合完毕,准备开始一天的训练。主教练郎平[6]坐在场外长椅上,目不转睛[7]地注视[8]着跟随助理教练们做热身运动的队员们,她身边的座位上则横七竖八[9]地堆放着女排姑娘们[10]的各式用品:水、护具、背包[11],以及各种外行人[12]叫不出名字[13]的东西[14]。不远的墙上悬挂着一面鲜艳的国旗,国旗两侧是"顽强拼搏"和"为国争光"两条红底黄字的横幅[15],格外醒目[16]。

"走下领奖台,一切从零开始"十一个大字,和国旗遥遥相望,姑娘们训练之余偶尔一瞥[17]就能看到。只要进入这个训练馆,过去的鲜花、掌声[18]与荣耀皆成为历史,所有人都只是最普通的女排队员。曾经的辉煌、骄傲、胜利,在踏入这间场馆的瞬间[19]全部归零。

踢球跑、垫球跑、夹球[20]跑……这些对普通人而言和杂技差不多的项目是女排队员们必须熟练[21]掌握的基本技能[22]。接下来//的任务是小比赛。郎平将队员们分为几组,每一组由一名教练监督,最快完成任务的小组会得到一面小红旗。

看着这些年轻的姑娘们在自己的眼前来来去去,郎平的思绪常飘回到三十多年前。那时风华正茂的她是中国女排的主攻手,她和队友们也曾在这间训练馆里夜以继日地并肩备战。三十多年来,这间训练馆从内到外都发生了很大的变化:原本粗糙的地面变成了光滑的地板,训练用的仪器越来越先进,中国女排的团队中甚至还出现了几张陌生的外国面孔……但时光荏苒,不变的是这支队伍对排球的热爱和"顽强拼搏,为国争光"的初心。

节选自宋元明《走下领奖台,一切从零开始》

语音提示

1. 面积 miànjī
2. 耳熟能详 ěrshú-néngxiáng
3. 明星 míngxīng
4. 挥汗如雨 huīhàn-rúyǔ
5. 清晨 qīngchén
6. 郎平 Láng Píng
7. 目不转睛 mùbùzhuǎnjīng
8. 注视 zhùshì
9. 横七竖八 héngqī-shùbā
10. 姑娘们 gūniangmen
11. 背包 bēibāo
12. 外行人 wàihángrén
13. 名字 míngzi
14. 东西 dōngxi
15. 横幅 héngfú
16. 醒目 xǐngmù
17. 一瞥 yī piē
18. 掌声 zhǎngshēng
19. 瞬间 shùnjiān
20. 夹球 jiā qiú
21. 熟练 shúliàn
22. 技能 jìnéng

作品 50 号

在一次名人访问中,被问及上个世纪最重要的发明是什么时,有人说是电脑,有人说是汽车,等等。但新加坡的一位知名人士却说是冷气机。他解释,如果没有冷气,热带地区如东南亚国家,就不可能有很高的生产力,就不可能达到今天的生活水准。他的回答实事求是,有理有据。

看了上述报道,我突发奇[1]想:为什么没有记者问:"二十世纪最糟糕的发明是什么?"其实二〇〇二年十月中旬[2],英国的一家报纸就评出了"人类最糟糕的发明"。获此"殊荣"的,就是人们每天大量使用的塑料袋。

诞生于上个世纪三十年代的塑料袋,其家族包括用塑料制成的快餐饭盒、包装纸、餐用杯盘、饮料瓶、酸奶杯、雪糕杯等等。这些废弃物形成的垃圾,数量[3]多、体积大、重量轻、不降解[4],给治理工作带来很多技术难题[5]和社会问题。

比如,散落[6]在田间、路边及草丛中的塑料餐盒,一旦被牲畜[7]吞食,就会危及健康甚至导致死亡。填埋废弃塑料袋、塑料餐盒的土地,不能生长庄稼[8]和树木,造成土地板结[9],而焚烧[10]处理[11]这些塑料垃圾,则会释放出多种化学有毒气体,其中一种称为[12]二噁英[13]的化合物,毒性极大。

此外,在生产塑料袋、塑料餐盒的过//程中使用的氟利昂[14],对人体免疫[15]系统和生态环境造成的破坏也极为严重。

节选自林光如《最糟糕的发明》

语音提示

1. 奇 qí
2. 中旬 zhōngxún
3. 数量 shùliàng
4. 降解 jiàngjiě
5. 难题 nántí
6. 散落 sànluò
7. 牲畜 shēngchù
8. 庄稼 zhuāngjia
9. 板结 bǎnjié
10. 焚烧 fénshāo
11. 处理 chǔlǐ
12. 称为 chēngwéi
13. 二噁英 èr'èyīng
14. 氟利昂 fúlì'áng
15. 免疫 miǎnyì

第四章　说话得体促发展

学习目标

素质目标：

1. 勇于表达，善于表达，坚定文化自信，传承中华文明；

2. 熟练运用普通话，铸牢中华民族共同体意识。

知识目标：

1. 了解命题说话的基本要求；

2. 掌握命题说话的技巧。

能力目标：

1. 能根据普通话水平测试命题说话的要求准备话题内容；

2. 能语音标准、词汇语法规范、自然流畅地在要求时间内连续说话，用普通话准确恰当地表达自己的思想。

课前导学

在日常交谈中，我们说话都是临场表达，没有时间去推敲每一个词汇或者语法，大部分情况下都是按照自己的用语习惯进行表达，当话说出来的时候，我们经常会发现有这样或者那样的语病。以下是从影视作品中搜集的一些病句案例，大家一起来看看出现了哪些语言不规范的问题。

病句 1："恭喜啊，小女不错，嫁个好人家呀！"

病句 2："你以后独个儿一个人。"

病句 3："他非要当着满城文武的面把我们华兰的聘雁输给袁家。"

病句 4："还有六姑娘，也是老太太手上的掌上明珠。"

病句 5："我带来的五十万两余嫁妆。"

病句 6："我临来的之后，听过一些耳闻。"

知识链接

第一节　说话的基本要求

　　说话是人类生活中最普通却又最重要的社会交际手段,也是反映应试人对于某种语言的综合熟练程度。说话,就是用言语来表达自己思想感情的行为。就形式而言,可以是"对话",也可以是"独白";可以说给别人听,也可以说给自己听。就内容而言,可以围绕一个话题说(如讨论);也可以不限话题随意说(如闲聊);可以有准备地说(如演讲);也可以想到什么说什么(即兴说话)。但不管什么形式,说话都必然要求:有声(语音),有词语(词汇),有按一定语法关系组成的句子(语法),也必然有一定的思想感情(内容)。同时,为了让别人听懂、喜欢听,还必须尽可能说得流畅、清楚、生动、有趣。因此,会说话的人应该做到语音标准、词汇语法规范、吐字清晰、语调自然、语言连贯流畅、表意清楚完整生动。

说话的基本
要求

一、命题说话的要求

　　命题说话在普通话水平测试中占据相当重要的位置。说话话题由电脑系统从《普通话水平测试用话题》50 题中随机选取,由应试人从给定的两个话题中任选 1 个,连续说一段话,限时 3 分钟,共 40 分。目的是测查应试人在无文字凭借的情况下说普通话的水平,重点测查语音标准程度,词汇语法规范程度和自然流畅程度。

　　所谓"文字凭借",就是指文本。"无文字凭借"就是要求应试人不能写稿,不能借用别人写的稿子或直接背稿,也不能讲述现成的故事。不少应试人事先认真写了文稿,然后背下来,应试时像背书一样,一字不漏地背出来,或者只讲述一则现成的故事,这都违反了测试要求。

　　其实,普通话水平测试的命题说话,并不苛求应试人像口头作文那样讲究布局谋篇,连贯照应,用词严谨,句式完整;也不要求像即兴演讲那样演绎铺陈,慷慨激越,雄辩旨远。而是要求应试人用日常的口语,以"独白"的形式,在话题范围内,围绕一个中心说三分钟话就可以了,即使三分钟内没把话说完,也不影响成绩。

二、分析说话话题

　　要按话题要求说好一段话并不容易。因此,参加普通话水平测试前,应试人应对各个话题作必要准备,千万不要临时胡乱拼凑内容,影响自己的表达效果。除了语音以外,一般情况下,一个话题应该包含"说什么""为什么说",还要符合谈话时的语境,即"对谁说""在什么场合说"。也就是说话一要有内容,说清楚"是什么",是说什么人,什么事,或什么观点,什么想法;二要说清"为什么",为什么要说这段话,为什么要说这个人,这件事,这个道理等等。必须记住,说话要有主题,千万不能信口开河,开"无轨电车",说了半天,不知所云。

　　因而,怎样理解话题,怎样确定话题范围,怎样选择合适的说话材料,这是需要重点学习的内容。

首先应该明确，这里的"话题"只对说话的范围作了大致的限定，而不限定话题的具体内容和主题。这样，针对任何话题，我们都可以打开思路，从各种不同的角度切入，讲述不同的内容。然后，从中选择自己最熟悉、最拿手的素材，用自己最擅长的方法（叙述、议论、说明等）来说，才能得心应手，充分发挥自己的说话水平。

比如《我的理想》，可以说"现在的理想"，可以说"自小到大有不同的理想"，也可以说"某个理想是怎样产生的"（如父母的影响，师长的鼓励，英雄人物的激励，书籍、影视作品的启发等等），还可以从"理想给我力量"的角度切入，叙说自己为实现理想的奋斗历程，甚至可以从"理想与成功"的角度，对理想与成功的关系进行论述等等。

总之，与话题有关的内容都可以说。这样就为应试人提供了广泛的选材空间，让大家不会因为缺乏内容而影响普通话表达效果。

其次，为便于选材，我们还可以将话题分一下类型。50 道话题，按内容大致可以分为四类。一是侧重"说人"，如"老师""朋友""尊敬的人""我欣赏的历史人物"等题；二是侧重"说事"，如"我的一天""我的理想（或愿望）""过去的一年""童年生活""我的兴趣爱好""难忘的旅行""体育运动的乐趣""我喜欢的节日""我喜欢的职业（或专业）""让我感动的事情"等；三是侧重"说物"，如"珍贵的礼物""我喜爱的植物""印象深刻的书籍（或报刊）""我喜欢的美食""我喜爱的动物""我了解的十二生肖"等；四是侧重"说理"，如"谈服饰""对环境保护的认识""谈社会公德（或职业道德）""对团队精神的理解""谈中国传统文化""科技发展与社会生活""谈个人修养""对美的看法""谈传统美德""小家、大家与国家"等。

这四类话题按表达方式，又可以归并为三类：一类以记叙为主，上述说人、说事的话题，可归入此类；二是以说明为主，上述说物的话题，可归入此类；三是以议论为主，即侧重说理的话题。当然，这样的分类不是绝对的。记叙、说明为主的话题可以按顺序叙说事物的特征，也可以从为什么值得一说的角度表达；说理为主的话题可以先议论，提出自己的观点，再举事例论证，也可先说事例，再进行议论。这些，大家可按自己的习惯表述。

此外，有些话题范围可能相互交叉，这就为我们选择说话内容提供了更多方便。由于每道话题均可从不同角度切入，因此各话题可能涉及的范围很大，这就必然造成不同话题范围内容交叉的情况。如"向往的地方"可能就是在一次"难忘的旅行"中到过的地方，也可能就是"家乡（或熟悉的地方）"，其内容还可能涉及"我了解的地域文化（或风俗）"，也可能涉及某些"让我感动的事情"，或"对环境保护的认识"，或"我喜欢的美食"等等。由此可见，往往某一材料，可能被若干话题涉及，所以不必为每道话题的材料准备花费过多的时间，而应把主要精力放在提高语音水平上。既然话题可能涉及多种材料，那么，什么样的材料更适合说话呢？

首先是自己熟悉的材料。只有自己熟悉的事物，才能说得清楚，说得明白，说得自然流畅。其次是选择自己亲身经历的事来说。自己经历的事，过程清楚，细节众多，一切了然于胸，不用刻意构思，只要顺着事情经过娓娓道来，就能说得清楚流畅。

三、创设说话语境

普通话水平测试中应试人说话采用的是"独白"的形式。虽然计算机辅助测试是面对着计算机进行口语表达,但说话还应该有一定的对象感、交流感。这就要求说话时有一种和测试员老师交流的感觉。

要达到这样的状态,需要我们学会转换"语境"。平时我们和亲朋好友交谈,轻松自然,滔滔不绝,甚至眉飞色舞;而在进行测试时,却难免紧张拘谨,结结巴巴,甚至大脑一片空白,不会说话了。这是由于不适应"测试"语境造成的。我们可以从心理角度调整一下,运用想象能力,想象面对的是自己的好朋友,热切地把自己想说的话告诉他们,那就能比较轻松自然地表达了。

当然,测试与平日闲谈,毕竟不是一回事。平日闲谈侧重的是说话内容,情感交流,语音准不准,句式对不对,一般是不计较的。而测试中的命题说话,除了内容要围绕话题等基本要求外,还对语音标准,用词规范,句式正确等要素"斤斤计较"。所以,应试人在测试时,要特别注意自己的语音标准程度,以及词汇、语法的规范程度和语流的自然流畅程度。

四、提高语音标准程度

普通话语音的标准程度是说话测试评分的主要项目之一。根据评分标准,命题说话总分为 40 分,其中,语音标准程度占 25 分,词汇语法规范程度占 10 分,自然流畅程度占 5 分。显然,提高语音标准程度是准备命题说话的重中之重。

不少应试人在测试读词语、读短文时,还能注意把平翘舌音,前后鼻音,轻声儿化等字音读准,而在说话时,却往往只注意自己说话的内容,而无暇顾及语音是否标准,以至于影响了普通话水平测试的成绩。所以,应试人通过对话题的全面分析后,应更多地注意自己的语音,尽量说标准,从而有效地提高自己的测试成绩。

普通话中的轻声、词语的轻重格式、儿化等应尽可能在话语中表现出来,特别是轻声,如果必读轻声的词语(如先生、学生、行李、乡下、我们、免得、时候)不说轻声,不但会造成语音错误,还会对整体语音面貌带来影响。大家可以参照《普通话水平测试用必读轻声词语表》,记住一些常用的轻声词。至于如何读准声母、韵母、声调、轻声、儿化等,前已详述,这里便不再重复。

五、避免使用方言

普通话和方言对同一事物可能用不同的词语来表达。如上海话"放一呛"表示"暂放一段时间",如果用普通话说"这香蕉现在不能吃,要'放一呛'才能吃",别人会误以为要"放一枪"才能吃,那就闹笑话了。如:云南话"一辆车"说成"一张车";广东话"我们不太熟悉"说成"我们不太熟络";江西方言"踢足球""掷铁饼""唱山歌"说成"打足球""打铁饼""打山歌"……这样的表达会让并不熟悉当地方言的人觉得说话用词很奇怪。

可见,说普通话用方言词,可能造成误解,或让人不知所云,无法达到交流的目的。实际上,使用方言词或方言语法的普通话,已经不是规范的普通话了。所以,命题说话测试不允许出现方言词或方言语法。但平时习惯说方言的人,在说话时,很容易在不经意间使用方言词或方言语法。所以,应试人应该认真记住那些自己最容易脱口而出的方言词,尽量用普通话词语替代。

此外,在语法方面,要用典范的现代白话文著作的语法规则说话,避免用方言句式(或词语)说话。如:(括号中是普通话说法)

书弟弟撕坏掉了	(书被弟弟撕坏了)
我说他不过	(我说不过他)
衣服送一件给我	(送我一件衣服)
我教两年级两班	(我教二年级二班)
冬天老冷的	(冬天非常冷)
冰冰冷	(冷冰冰)

总之,我们必须明白:普通话的词语是官话区通用的词语;普通话的语法是典范的现代白话文著作的语法。我们应该用这个标准来规范自己的普通话,改变自己的语言习惯,坚持练习,努力提高自己说普通话的水平。

六、养成良好语言习惯

普通话是法定的国家通用语言,为此,我们必须勤学苦练,养成说普通话的良好习惯。

(一)养成用普通话思维的习惯

在日常生活中,人们习惯于用自己熟悉的母语(方言)思考问题,而当需要用普通话表述的时候,就需要把思维从方言体系切换到普通话体系,如果不熟练,就必然会出现方音、方言词汇、方言语法等问题。为了切实提高普通话水平,建议大家逐步养成在必须使用普通话的场合用普通话思维的习惯,这样,说普通话时,可以避免在"切换"过程中可能产生的错误。

(二)学习新闻播音员的普通话语音

一般来说,新闻播音员、主持人的语音较为标准,所以看电视、收听广播也是学习普通话的好机会。可以边听边跟着念,特别注意哪些字是平舌音和翘舌音,前鼻音和后鼻音,注意鼻音和边音等重难点音的发音并记住字音,还有轻声、词语的轻重格式等等。尤其对自己容易说错的词语,更要多练几遍。坚持这样做,一定能提高自己的普通话水平。

(三)随时关注自己的语音、词汇、语法问题

注意自己日常工作生活中说的每一句话,发现某个字音、词汇或者语法有误,就马上纠正,用正确的字音、词汇或者语法再说一遍,久而久之,养成习惯,正确率自然会越来越高。

总之,只要坚持学说普通话,坚持说规范、标准的普通话,就一定能提高普通话水平。

第二节　说话的语音训练

命题说话需要应测人在无文字凭借情况下组织语言,用普通话把字、词连成句,句连

成段,段连成篇,能充分体现一个人说普通话的综合能力。对其普通话语音的要求包含两个方面:一是字音正确,二是语调准确。因此要提高说普通话的标准程度,应该从字音、语调两方面下功夫。

一、怎样做到字音正确

字音是影响应试人语音面貌的主要因素,普通话水平测试的评分标准明确规定,应试人字音错误的数量直接影响其语音规范程度的归档,由此可以看出字音错误的多少是语音标准化程度高低的一个重要标志。一个字,一个词单独发音要比在语流中发音容易得多,在语流中,应试人来不及仔细推敲每一个字、每一个词的发音,特别是当难点音叠加时,应试人更加来不及或难以改变自己固有的发音习惯,结果造成字音错误多,说的话不像普通话,比如下列发音:

我死翻私,我的梦想四做一个私人。

我们研究了叫鸡公的公鸡问题。

发贫有飞,我看不清散面的字。

以上的表达就让人摸不着头脑。第一句话由于应试人不但平翘舌音不分,而且把 j、q、x 和 z、c、s 混淆,f 和 h 相混,因此,把"喜欢(xǐhuan)"说成"死翻(sǐfān)",把"诗(shī)"说成"私(sī)","是(shì)"说成"四(sì)"。第二句话是由于应试人翘舌音 zh、ch、sh 和平舌音 z、c、s 与舌面音 j、q、x 相混,因此把"教职工(jiàozhígōng)"说成"叫鸡公(jiàojīgōng)",把"工资(gōngzī)"说成"公鸡(gōngjī)"。第三句话,由于应试人混淆了"h"与"f",因此"花(huā)"说成"发(fā)","灰(huī)"说成"飞(fēi)"。又由于不会发后鼻音韵母,而且平翘舌音不分等问题,把"瓶(píng)"说成了"贫(pín)","上(shàng)"说成"散(sàn)"。其实这三句话真正的意思是说:

我喜欢诗,我的梦想是做一个诗人。

我们研究了教职工的工资问题。

花瓶有灰,我看不清上面的字。

为了减少语流中的字音错误,平时应该有针对性地、有步骤地进行一些扩词训练。所谓扩词训练,就是先由词开始发音,然后把词扩展成短语,再把短语扩展成简单句,把简单句扩展成复杂句。以此类推,把句组成段,段再组成篇,这样一天天练下去,逐渐增加说话的难度,使难点音的连续发音逐步融入语流之中,应试人的语音规范程度就会逐渐提高。下面举例加以说明,并用括号注明难点音逐渐增加的情况。

扩词成句练习:

老师(边音 l、翘舌音 sh)→张老师(增加翘舌音 zh)→张老师是好老师(重复边音 l、翘舌音 sh,增加翘舌音 sh)→张老师是一位令人尊敬的好老师(增加"一"音变、边音 l、翘舌音 sh、平舌音 z、前后鼻音 en、uen、ing)→张老师是一位工作认真的令人尊敬的好老师(增加后鼻音 ong,平翘舌音 z、r、zh,前鼻音 en)→张教师是一位工作认真、教

学经验丰富的令人尊敬的好老师（增加舌面音 j、x，唇齿音 f，前后鼻音 ian、ing、
eng）→张老师是一位工作认真、教学经验丰富、爱生如子的令人尊敬的好老师（增加
零声母，翘舌音 sh、r，平舌音 z，后鼻音 eng）→张老师是一位工作认真、教学经验丰富、爱
生如子、深受学生拥戴的令人尊敬的好老师（增加翘舌音 sh，前、后鼻音 en、eng、
ong）。

二、怎样做到语调准确

语调是人们在语流中用抑扬顿挫来表情达意的所有语音形式的总和，涉及的方面有
很多，如停顿、节奏、字调、轻重音、句调。这里重点讲解影响说话语调准确的几个因素：
语句中的声调、语句中的轻重音以及语流中的儿化与句调。

（一）语句中的声调

语句是由若干个音节组成的，语调构成的语音形式主要表现在音高、音长、音强等非
音质成分上，声调的准确与否，必然影响语调的音高形式。因此要想语调准确，声调必须
准确，有时候往往因为应试人某一个字的声调不准确，而使其整句话的方言语调表露得十
分明显。比如：

你干什（shěn）么去呀？

我是河（hè）南人。

凌晨一（yì）点收到的消息……

认真落（luó）实党的政策。

杨书记领导（dào）有方。

在这几句话中，由于应试人把"什（shén）"说成"shěn"，把"河（hé）"说成"（hè）"，把
"一（yī）"说成"yì"，把"落（luò）"说成"luó"，把"导（dǎo）"说成"dào"，虽然只说错了一字
的声调，但在别人的听感中，应试人语音规范程度的整体印象就被大打了折扣。由此可
见，校正字音，说准声调是说好普通话的重要基础。

（二）语句中的轻重音

说话时，语调的准确很大程度也表现在词语的轻重音上。有的人说普通话，总是力求
把每个字的音，即每一个音节的声、韵、调都发得很到位，以为这样说话，语音就很标准了。
其实这样说话显得语调生硬，缺少韵味儿和流畅感。要想说一口纯正的普通话，应悉心领
会，熟练掌握和灵活运用普通话中的词语的轻重音格式。为此，要注意从以下两方面加强
练习。

1. 轻声的发音方法和技巧（参照第三章音变）

2. 轻声在命题说话测试中的练习

（1）轻声练习（请快速连读轻声词）：

我最爱吃点心、馄饨、烧饼、馒头，不爱吃饺子、包子、烧卖和煎饼。

我还爱吃豆腐、黄瓜、萝卜和芝麻，不爱吃虾米、蘑菇、葡萄和石榴，至于糖葫芦、臭豆
腐、胡萝卜和冻豆腐，那是我日思夜想的美食。

（2）轻重格式练习：

我喝一杯水。

读此句时,请将重音放置在不同的字上,体会它传递出来的不同的意思：当重音在"我"字上,表示是我想喝水而不是别人；当重音在"喝"字上,表示喝水而不是倒水或其他动作；当重音落在"一"字上,表示是一杯不是两杯、三杯或任何杯；当重音落在"杯"字上,表示不是瓶不是罐儿更不是壶；重音是"水",表示喝的是水不是饮料或茶。

（3）扩展练习：

把句子稍做一些改动,体会在不同句子里语句重音的变化情况,从而学习掌握普通话一般语句重音的表达规律,下面例子中加点的字表示需重读：

爷爷乐观,坚强。

爷爷非常乐观,非常坚强。

我知道爷爷非常乐观,非常坚强。

我不仅知道,而且十分敬佩爷爷那种非常乐观、非常坚强,在任何情况下绝不气馁、绝不退缩的拼搏精神。

（三）语流中的儿化

儿化现象是北京语音的特点之一,它与普通话的语音面貌关系密切。说话中,"儿化"可以让听者感觉到语言的柔美与流畅感。为此,要从以下两方面加强练习：

1. 儿化的发音方法和技巧（参照第三章音变）

2. 儿化在说话中的练习

今天我想去看花。　　　　　　今天我想去看花儿。

你怎么拿这么少？　　　　　　你怎么拿这么一丁点儿？

出去别忘了带钱。　　　　　　出门儿别忘了在口袋儿里装俩钱儿。

（四）语流中的句调

由于说话的场合不同,说话对象和表达目的不同,以及说话当时其他具体情况的不同等多方面因素影响,语流中每句话句调的变化实际上也是非常复杂的。一般说来,普通话基本的句调类型包括降调和升调以及平直调,陈述句一般用平直调,祈使句、感叹句一般用降调,疑问句用升调。比如：

妹妹学会了普通话。→（陈述句）

请你用普通话说。↘（祈使句）

姐姐普通话说得真好！↘（感叹句）

你真的会说普通话？↗（疑问句）

方言区的人学习普通话要特别注意学好降调,因为降调是普通话中使用最多的一种句调,而方言区的人说的普通话往往句末尾音上扬,升调特别多。比如"我要吃饭。"是一个简单的陈述句,用降调,而且"饭"字是全降的去声,因此这句话降调特点鲜明,但是许多方言区的人往往用升调说这句话,句末的"饭"字还曲折上扬,流露出明显的方言语调。这是大多数方言区的人学习普通话句调时应该注意的问题。

语流中句调的变化是比较复杂多样的,上面描述的只是大致的情形。学习普通话重要的是要把每个字原有的声调说得准确,同时恰当运用普通话句调,持之以恒熟能生巧,自然就会掌握好句调的细微变化,把普通话说得纯正有味儿了。

第三节　说话的渐进训练

　　"命题说话"是普通话的综合运用过程。在"说话"的过程中,语音是流动的,声调是丰富多变的,有的人为了把每个音节的声韵调读准,于是一字一顿地发音,还有人事先把每一个话题写成文章背熟,应试时凭记忆背诵出来,这样说出来的话,语音虽然标准,但不自然、不流畅。或者虽然做到了语音标准,但说出来的普通话却带有方言特征,例如"我把房间捡拾得很干净。""我说得他赢。""你请坐沙发。"这是因为人们在说话时夹杂了方言词语和方言句式,甚至出现了语法错误。由此可见,"说话"必须进行有步骤的训练。通过训练,做到语音标准、词汇语法运用规范、表达自然流畅。如果说语音训练是静态的分解训练,那么"说话"训练则是动态的综合训练。

　　"说话"训练可分三步进行"说句→说段→说篇",一步解决一个难点,一步突出一个中心。

一、说句

　　这一步骤重点是突出语音难点的训练。有文字凭借,看着说,容易发准音;无文字凭借,想着说,发音要标准就困难一些,顽固的方言习惯会不断地进行干扰。因此,我们要从一句话一句话练起。这里讲的一句话,不是小孩子的咿呀学语,而是根据应试人的语音难点造句、扩句。

(一) 单项难点音的扩句训练

　　我是教师。→我是数学教师→我是长沙师范大学的数学教师。(练舌尖后音声母)

　　我去河西。→我去河西农科所。→我去河西农科所找小贺。→我去河西农科所找小贺去听歌。(变方言 o 为普通话 e)

　　我一定要学好普通话。→我一定要一句一句地学好普通话。→我一定要一句一句地学好一口标准的普通话。(练"一"的变调)

　　我不爱吃香蕉。→我不爱吃个儿不大的香蕉。→我不爱吃个儿不大又不熟的香蕉。(练"不"的变调)

(二) 多项难点音的扩句训练

　　我家住长沙市。→我家住湖南省长沙市。→我家住湖南省长沙市岳麓区 44 号。

　　我们明天去公园。→我们明天一块儿去公园。→我们明天一块儿去公园划船。

二、说段

　　这一步解决的难点是改正语流中的方言词汇和语法,突出语流中词语、语法规范化的训练。语音正确了,词汇、语法还必须合乎规范,在语流中,方言词语和语法句式常因习惯所致脱口而出,必须通过训练逐步克服。

　　我去民生商场文具柜台买了一盒铅笔、两块橡皮、一瓶墨水,又去小商品柜台买了两

条毛巾、两把牙刷、一支牙膏。来回换了四趟车,真够累的。(练习普通话量词与名词的搭配)

奶奶,您干嘛总是忙这忙那的,我拿您真没办法。来,歇会儿吧,喝杯茶,吃一根香蕉。(练习方言与普通话不同的词语)

小时候,我最爱吃红枣蒸糯米饭。每到星期天,妈妈就做上一大锅。每次我都吃得饱饱的,撑得肚皮都快开花了。现在想起这事挺可笑的。(注意补语的位置)

下雨了,快把晾在阳台外面的衣服收进来,把窗户关上。(学会把字句)

昨天晚上忘了开灭蚊灯,胳膊、腿上被蚊子咬了好几口。看,七八个小红点儿,还挺痒的。(学会被字句)

三、说篇

这一步重点是训练将普通话说得流畅自然。这对应试人有着更高的要求,但有了说句、说段的基础,再提高一步,并不是很困难。在训练说篇时,要注意以下两点。

(一)养成用普通话思维的习惯

语言是思维的物质外壳,心里怎么想,嘴里就怎么说。假如思维用的是方言,说话又用普通话,这就给自己的口头表达设置了拦路虎。请比较一下这两种表达模式:

用普通话思维→用普通话表达

用方言思维→转换为普通话思维→用普通话表达

从上面两种表达模式的比较中,可以看出,只有用普通话思维,才能更自然流畅地使用普通话表达。说话是一连串音节的快速组合,不可能给思维转换留出时间,方言词语和方言句式会不由自主地随思维蹦出来,方言一出再纠正,语流就会中断,表达就会结结巴巴,因此必须进行大量的说句、说段训练,养成用普通话思维的习惯。

(二)表达要口语化

"说话"不是朗读,更不是背稿子,它必须突出口语化的特点。

表达口语化,要求声音质朴、真实,不夸张、不做作;语调平稳、曲折变化不大,语气亲切自然,不拿腔拿调。

表达口语化,要求长句化短。因为一方面"说话"没有经过书面文字定型,是直接将思维转化为口语,因此,"说话"的人不太可能在深入考虑表达内容的同时赋予它最完美的语句。另一方面,"说话"主要是诉诸听觉,句子结构过长,过于复杂,会造成听者记忆困难,还容易出现语法错误。所以,把长句化成短句,说的人易于上口,听的人也易于接受。把长句改成短句,也是"说话"流畅的一个诀窍。例如:

长句:"爸爸是一名教学水平高,为人师表、工作踏实、待人诚恳、从不向组织伸手要这要那的优秀教师。"

短句:"我爸爸是一名优秀教师,他为人师表、工作踏实、待人诚恳,他从不向组织伸手要这要那。"

表达口语化,要求多选用口语化的词语。"说话"作为口头表达形式,语言要直观、生动、形象。因而,使用的语言材料多是生活气息浓郁的口语,尽量少用庄重、严肃的书面语和文言词语。例如"天空中有一只鸟儿在飞。"说"飞"而不说"飞翔"。又如"有点儿驼背的父亲陪我去上学,沿途,一些不明事理的小孩儿以一种嘲笑的眼光注视着他。"换成"有点儿驼背的爸爸陪我去上学,一路上,一些不懂事的小孩儿用一种嘲笑的眼光看着他。"口语化色彩就明显多了。

口语化的表达,要注意语速适当。汉语的说话语速一般在每分钟180个音节至240个音节之间,有了这个量的概念,"说话"时就能够根据时间把握好语速的快慢。

此外,恰到好处地使用语气词也可以增加口语化色彩,使语气舒缓、自然。但是不能滥用语气词,尤其不要用方言语气词,也不要过多地用语气词来填补思维的空白,形成一种不良的口语表达习惯,带上"嗯""啊""这个""那个"一类的冗赘词语,削弱了语言的表达效果。

(三)扩展训练

(1)按照提示的文字和拼音,进行扩词成句和积句成篇练习。

① 扩词成句:

知识(zhī shi)→语音知识(yǔ yīn)→学习语音知识(xué xí)→我们应该学习语音知识(wǒ men yīng gāi)→我们应该认真(rèn zhēn)地、努力地(de nǔ lì de)学习语音知识→我们应该认真地、努力地学习现代汉语(xiàn dài hàn yǔ)语音知识。

声母、韵母、声调(shēng mǔ yùn mǔ shēng diào)→声母、韵母、声调的知识(de zhī shi),声母、韵母、声调的发音(de fā yīn)→学习(xué xí)声母、韵母、声调的基本(jī běn)知识,掌握(zhǎng wò)声母、韵母、声调的发音要领和规律(yào lǐng hé guī lǜ)→我们一(wǒ men yī)定要好好学习声母、韵母、声调的基本知识,熟练(shú liàn)掌握声母、韵母、声调的正确(zhèng què)发音要领和声韵(shēng yùn)拼合规律。

发音(fā yīn)→发音难点,练习发音,连续发音(nán diǎn liàn xí lián xù)→找出(zhǎo chū)发音难点,一个字一个字地(yī gè zì yī gè zì de)练习发音,克服(kè fú)连续发音的困难,说好普通话(de kùn nan shuō hǎo pǔ tōng huà)→准确地(zhǔn què de)找出发音难点,一个字一个字,一个词一个词地(yī gè cí yī gè cí de)练习发音,认真地(rèn zhēn de)克服连续发音造成的(zào chéng de)困难,把舌头练灵(bǎ shé tou liàn líng)活(huó),说好普通话→我们要(wǒ men yào)准确地找出自己的(zì jǐ de)发音的难点,一个字一个字,一个词一个词地练习发准每一个(fā zhǔn měi yī gè)音,认真地、努力地(nǔ lì de)克服语流中(yǔ liú zhōng)连续发音造成的发音(fā yīn)困难,把自(zì)己的口腔和(jǐ de kǒu qiāng hé)舌头练灵活,改掉方音土语(gǎi diào fāng yīn tǔ yǔ),说好普通话。

② 积句成篇:

我们应该认真地、努力地学习现代汉语语音知识,其中(qí zhōng)特别(tè bié)要好好学习声母、韵母、声调的基本知识,尤其是要(yóu qí shì yào)熟练掌握声母、韵母、声调的正确发音要领和声韵拼合规律,同时(tóng shí)准确地找出自己的发音难点,一个字一个字,一个词一个词地练习发准每一个音,逐步地(zhú bù de)认真努力克服语流中连续发音造成的发音困难,循序渐进地(xún xù jiàn jìn de)把自己的口腔和舌头练灵活，<ruby>争<rt>zhēng</rt></ruby> <ruby>取<rt>qǔ</rt></ruby> <ruby>早<rt>zǎo</rt></ruby> <ruby>日<rt>rì</rt></ruby>改掉方音土语，说好普通话。

（2）按照上面的方式根据下列关键词进行扩词成句练习，并在扩词成句的基础上任意组合，进行积句成篇的练习。

动物、家人、学校

友情、亲情、儿童

生活、学习、娱乐

排球、足球、历史

拼搏、奥运精神

训练园地

一、叙述类命题说话

人们在说话的时候，会用叙述、议论、说明等多种语言表达方式，而叙述是语言表达最基本的方式，也是人们普遍最擅长的方式。叙述的基本特点是在于陈述"过程"，比如人物活动的过程，事件发生发展变化的过程，前因后果，来龙去脉等等。叙述与时间关系最为密切，无论是哪种过程，都表现出一定的顺序性与持续性，所以，语句一般按时间顺序排列。下面是一则叙述类命题说话例文，大家可以进行参考练习。

我 的 一 天

每个人的生活都有其独特的色彩和节奏，而我的一天，就像一幅丰富多彩的画卷，充满了学习和生活的点点滴滴。

早晨，当第一缕阳光洒进寝室的时候，我一天的生活就开始了。我在闹钟的催促下起床，洗漱完毕后，我会到食堂享用早餐。食堂的阿姨总是笑容满面，她做的豆浆油条是我最喜欢的早餐。

吃完早餐后，我会带着课本和笔记本去教室上课，开启紧张的学习模式。课堂上，老师用生动的语言为我们讲解各种知识，我每次都认真听讲，做好笔记。我还喜欢在课堂上提问，因为这样可以更深入地理解知识。下课后，我会和朋友们一起去图书馆，那里是我们的知识宝库。在图书馆里，我们可以找到各种各样的书籍，无论是专业知识还是兴趣爱好，都能得到满足。我喜欢找一个安静的角落，沉浸在书的世界里。如果是周二，我还会利用下午的时间去参加社团活动或者进行体育锻炼。我热爱摄影，所以我加入了摄影社团，和大家一起学习摄影技巧，分享作品。运动也是我生活中不可或缺的一部分，一有时间，我就会在操场上跑步、打篮球，运动让我保持了健康的体魄。

就餐时间，我习惯和室友一起去食堂吃饭。我们会谈论一些有趣的话题，比如最近的新闻、课堂上的趣事等。这些轻松的聊天让我感受到了友情的温暖。

晚上，我会抽空复习当天所学的知识，把笔记整理得井井有条，并做好第二天的学习准备。如果有闲暇时间，我还会和家人通电话，告诉他们我一天的所见所闻。家人的关心和支持是我前进的动力。

这就是我的一天,虽然平凡但充满了乐趣和收获。每一天都是新的开始,我会珍惜每一天的时光,努力学习,享受生活。

二、说明类命题说话

我们在介绍自己的生活经历、兴趣爱好时需要用说明这一表达方式。在说明介绍的时候,要让对方听得明白,就要注意两点:一是要掌握被介绍事物的特点,无论是书刊、美食还是历史人物、艺术形式、喜欢的动(植)物等等,都要首先弄明白它的特点是什么,做到胸有成竹,才能条理清晰,娓娓道来;二是要将介绍对象按自己要介绍的方面进行有序组织,区分主次和详略,突出中心,抓住重点。请参考下面这则命题说话例文进行练习。

我了解的十二生肖

十二生肖,这是中国传统文化中非常独特且富有魅力的一个概念。它用十二种动物来代表一个周期,与我们的日常生活紧密相连。

首先,让我为大家简要介绍一下这十二生肖。它们分别是:鼠、牛、虎、兔、龙、蛇、马、羊、猴、鸡、狗和猪。每个生肖都有其独特的象征意义和特点。例如,鼠代表机智和灵活,牛代表勤劳和坚韧,虎代表勇敢和力量,而龙被视为吉祥和尊贵的象征。

这些生肖不仅在中国文化中占有重要地位,还深刻地影响着我们的日常生活。在春节期间,我们常常能看到各种各样的生肖装饰和庆祝活动。每个生肖年都有其独特的庆祝方式和传统习俗,如舞龙舞狮、放鞭炮、挂对联等,这些活动寄托着人们对新一年的美好祝愿和期待。

除了在中国,十二生肖还在其他亚洲国家和地区有着广泛的影响。例如,在越南、韩国和新加坡等国家,人们同样使用十二生肖来代表时间和年份。这充分说明了十二生肖这一文化概念的广泛传播和深远影响。

了解十二生肖,不仅可以帮助我们更好地理解中国传统文化,还可以让我们更深入地了解不同国家和地区的文化差异。通过比较和探讨不同文化背景下的生肖传统,我们可以增进彼此之间的了解和尊重,促进文化交流与融合。

最后,我想说,十二生肖是中国传统文化中的一颗璀璨明珠。它以独特的魅力和深厚的文化内涵,吸引了无数人的关注和喜爱。作为当代大学生,我们应该积极学习和传承这一传统文化,让它在现代社会中焕发出新的光彩。

三、议论类命题说话

议论也是一种常见的语言表达方式,人们用它来阐明自己对人物、事物或者事件的看法、态度。相对叙述而言,议论的难度要大些,这是因为议论要讲道理,讲道理靠的是逻辑思维能力、推理能力,有的人逻辑思维能力并不强,大脑中理性的材料储备不多,自然就对议论类题目感到为难。准备议论类命题说话时,我们可以从以下几个方面来进行:一是化"议论"为"叙述"或"说明",从一件事入手去展开议论,先谈事实,再讲道理,化难为易;二是在事实材料中提炼观点,观点要明确。大家可以根据以下命题说话例文进行练习准备。

谈谈社会公德

提到"社会公德",很多人会觉得这个话题很大,离自己也很远,其实并不是这样。社会是大家的社会,我们每一个人都是"社会"这个大集体中的一员。社会公德就是在公共场合以及与他人交往时应该遵守的道德准则。讲究公共卫生,爱护公共财物,遵守公共秩序等,都属于社会公德之列。

就拿我自己亲身经历过的几件小事来说吧。我曾去杭州旅游,在美丽的西湖边我看到几个人坐在花园的石凳上,一边闲聊一边嚼甘蔗,他们很自然地把甘蔗渣吐在脚边的旧报纸上,离开时又很自然地把自己"制造"的垃圾带走。尽管杭州几乎一年四季都游人如织,城市里也很少见到环卫工人,但杭州还是像一个大花园,干净、整洁、漂亮。

还有一次是在湘西凤凰。凤凰虽然只是一个小县城,但当地人们的文明素质和修养程度却给我留下了深刻的印象。那里风景优美、民风淳朴,街头巷尾干净整洁。我见到过一个小孩儿,妈妈给他买了支雪糕,他想把包装纸丢到小店旁边的纸箱里,却没丢中。小男孩儿的妈妈提醒孩子把东西捡起来扔进去,这一次,小男孩儿很认真地弯腰捡雪糕纸,小心翼翼地丢进了纸箱。看到这一幕,我的心里生出很多感慨:也许在我们这些大城市来的"文明人"看来,捡地上的东西多不卫生啊,还要吃雪糕呢! 可如果每个人都过分强调个人卫生而把公共道德丢在一边,那"小家"倒是干净了,"大家"可就遭了殃。

所以我们说,"社会公德"说到底是每一个人的公德,只有当文明深入人心,成为每一个人的自觉行为时才能实现真正意义上的"社会公德"。

思悟课堂

口才艺术之妙——探究口头表达艺术,提升语言素养

口才交际的表达要求

在生活中,我们每天都需要与家人、朋友、同事进行交流。然而,如何确保我们的言辞得体、恰当,甚至充满艺术性,这是一个值得深思的问题。事实上,一个人的社交能力很大程度上体现在他能否恰当地掌握说话的尺度和分寸。语言的运用是否得体,不仅反映了一个人的知识水平和应用能力,而且直接影响到他的个人生活和职业发展。

为了在社交中做到语言得体,我们需要关注以下几个关键因素:

一是考虑交流对象。在交流时,我们应该根据自己和对方的身份背景、生活经历等特点来选择合适的言辞。有一次,魏征在上朝的时候,跟唐太宗争得面红耳赤。唐太宗实在听不下去,想要发作,又怕在大臣面前丢了自己的好名声,只好勉强忍住。退朝以后,他憋了一肚子气回到内宫,长孙皇后却穿着朝服前来祝贺,并称赞唐太宗是采言纳谏的明君。这一番话就像一盆清凉的水,把唐太宗满腔怒火浇熄了。后来,他不但不记恨魏征,反而夸奖魏征说:"人家都说魏征举止粗鲁,我看这正是他可爱的地方呢!"长孙皇后就是通过得体的语言成功化解了君臣之间的矛盾,展现了高超的沟通技巧。这告诉我们,在交际

时,明确对方的心理特征并有针对性地表达,是实现交际目的、发挥语言作用的关键。

二是注意交流场合。俗话说,"到什么山上唱什么歌"。不同的场合需要不同的说话方式。正式场合要求我们的语言庄重规范,而非正式场合则更倾向于自然风趣的口语表达。例如,同样是邀请对方的到来,在酒店可能是"欢迎光临",在单位开会可能是"务必参加,不得缺席",而在给同事朋友的口头通知中则可能是"到时一定要来啊"。这表明,说话的场合对言语交际有着重要的影响。

三是进行适当的情感表达。例如在职场中,如果一位经理在给下属提供反馈时只是说:"你的报告还需要改进。"这种缺乏情感的反馈可能会让下属感到困惑和沮丧。相反,如果经理能够以更富有同理心的方式表达:"我注意到你在报告中做了很多努力,特别是数据分析部分。不过,我认为如果我们能在结论部分进一步强化,这将使报告更加完美。让我们一起讨论一下如何改进,好吗?"这种表达方式不仅提供了具体的反馈,还表达了对下属工作的认可和愿意提供帮助。

四是积极倾听和反馈。假设某位朋友最近在工作中遇到了困难,他向我们倾诉自己的挫败感。如果我们没有认真倾听,而是急于给出建议,比如:"你应该更加努力工作。"这样的反馈可能会让朋友感到我们并没有真正理解他的处境,甚至在轻视他的感受。相反,如果我们能够耐心倾听他的诉说,并给出同理心的反馈,比如:"听起来你最近真的很不容易,我能理解你的感受。工作中的挑战确实会让人感到压力很大。你觉得我们可以一起探讨一些可能的解决方案吗?"这种倾听和反馈的方式能够让朋友感到被支持、理解与尊重,有助于加深二者之间的友谊。

可见,语言得体在日常生活中扮演着至关重要的角色,同时也是一门深奥的学问,它不仅需要扎实的语言基础,还需要我们对世事有深刻的理解、对人情有熟练的把握,以及长期的生活积累。因此,我们应该在日常生活中注重语言的使用,努力提高自己的语言表达能力,以实现更有效的沟通和更和谐的人际关系。

同学们,让我们共同努力,一起学习和提高我们的口才艺术吧!

素质拓展

社会实践:直播助农促振兴

活动背景:为了解决农产品的销售问题,网络直播成了农产品上行发展的重要方式。以直播内容生产为载体的互联网销售新业态,有效地将传统农业产区的销售诉求融入新的消费场景中,成为助力农产品上行、推动农业产业升级的重要力量。

活动主题:选择学校对接的乡村振兴村镇进行当地农产品直播带货,推动农业产业升级,助力农村经济的发展。

活动时间:周末或者寒暑假。

组织成员:分成若干小组,每组主播3人,助理2人,运营2人。

活动目标:运用普通话推介特色产品,解决滞销难题,扩大当地特产品牌的知名度;探索直播带货的发展模式,促进农产品消费,建立优质农产品牌。

活动原则:直播+电商+助农。

实施步骤：

（一）开播通知

1. 文字预热；2. 视频预热；3. 站外预热。

（二）直播推广

1. 同城推广；2. 粉丝通知。

（三）粉丝互动

1. 欢迎互动；2. 点赞互动；3. 评论互动；4. 转发互动；5. 问答互动；6. 福利互动。

（四）流程与脚本（略）

附录7　普通话水平测试用话题

说明：

本材料共有话题50例，供普通话水平测试第五项——命题说话测试使用。本材料仅是对话题范围的规定，并不规定话题的具体内容。

1. 我的一天

2. 老师

3. 珍贵的礼物

4. 假日生活

5. 我喜爱的植物

6. 我的理想（或愿望）

7. 过去的一年

8. 朋友

9. 童年生活

10. 我的兴趣爱好

11. 家乡（或熟悉的地方）

12. 我喜欢的季节（或天气）

13. 印象深刻的书籍（或报刊）

14. 难忘的旅行

15. 我喜欢的美食

16. 我所在的学校（或公司、团队、其他机构）

17. 尊敬的人

18. 我喜爱的动物

19. 我了解的地域文化（或风俗）

20. 体育运动的乐趣

21. 让我快乐的事情

22. 我喜欢的节日

23. 我欣赏的历史人物

24. 劳动的体会

25. 我喜欢的职业(或专业)

26. 向往的地方

27. 让我感动的事情

28. 我喜爱的艺术形式

29. 我了解的十二生肖

30. 学习普通话(或其他语言)的体会

31. 家庭对个人成长的影响

32. 生活中的诚信

33. 谈服饰

34. 自律与我

35. 对终身学习的看法

36. 谈谈卫生与健康

37. 对环境保护的认识

38. 谈社会公德(或职业道德)

39. 对团队精神的理解

40. 谈中国传统文化

41. 科技发展与社会生活

42. 谈个人修养

43. 对幸福的理解

44. 如何保持良好的心态

45. 对垃圾分类的认识

46. 网络时代的生活

47. 对美的看法

48. 谈传统美德

49. 对亲情(或友情、爱情)的理解

50. 小家、大家与国家

模块三

推广普通话

第五章　语言规范颂华夏

学习目标

素质目标：

1. 共同打造交流顺畅、开放包容、规范文明的语言环境；
2. 具有创新精神，积极主动宣传推广普通话。

知识目标：

1. 掌握普通话水平测试的有关要求，熟悉应试流程与技巧；
2. 掌握推广普通话的意义及措施。

能力目标：

1. 能够达到专业需求的普通话水平等级；
2. 能够策划兼具时代性、特色性和创新性的普通话推广活动。

课前导学

　　作为新时代的中国青年，我们都希望自己能掌握一口流利的普通话，准确、自如地用普通话表达思想，与人交流，拥有良好的语言表达能力，对于高等学校的学生来说，参加普通话水平测试是提高普通话水平的重要途径和手段。我们先通过《国家普通话水平智能测试系统操作指南》来了解一下普通话水平测试的基本要求和考试流程，然后再进行模拟测试（试题见训练园地）。

国家普通话
水平智能测
试系统操作
指南

知识链接

第一节　普通话水平测试概要

一、普通话水平测试的性质和等级标准

　　普通话水平测试（PUTONGHUA SHUIPING CESHI，缩写为PSC）是测查应试人的普通话规范程度、熟练程度，认定其普通话水平等级，属于标准参照性考试。

　　国家语言文字工作委员会颁布的《普通话水平测试等级标准》把普通话水平划分为三

个级别。一级是标准级或称高级,二级是中级,三级是初级,每个级别内划分甲乙两个等次。具体标准是:

一级甲等 朗读和自由交谈时,语音标准,词汇、语法正确无误,语调自然.表达流畅。测试总失分率在 3% 以内。

一级乙等 朗读和自由交谈时,语音标准,词汇、语法正确无误,语调自然,表达流畅。偶然有字音、字调失误。测试总失分率在 8% 以内。

二级甲等 朗读和自由交谈时,声韵调发音基本标准,语调自然.表达流畅。少数难点音(平翘舌音、前后鼻尾音、边鼻音等)有时出现失误。词汇、语法极少有误。测试总失分率在 13% 以内。

二级乙等 朗读和自由交谈时,个别调值不准,声韵母发音有不到位现象。难点音(平翘舌音、前后鼻尾音、边鼻音、fu-hu、z-zh-j、送气不送气、i-ü 不分、保留浊塞音和浊塞擦音、丢介音、复韵母单音化等)失误较多。方言语调不明显。有使用方言词、方言语法的情况。测试总失分率在 20% 以内。

三级甲等 朗读和自由交谈时,声韵调发音失误较多,难点音超出常见范围,声调调值多不准。方言语调较明显。词汇、语法有失误。测试总失分率在 30% 以内。

三级乙等 朗读和自由交谈时,声韵调发音失误多,方音特征突出。方言语调明显。词汇、语法失误较多。外地人听其谈话有听不懂的情况。测试总失分率在 40% 以内。

进行普通话水平测试必须坚持统一的标准。《普通话水平测试等级标准》就是确定应试人普通话水平等级的依据。

测试机构根据应试人的测试成绩确定其普通话水平等级。一级甲等须经国家测试机构认定,一级乙等及以下由省级测试机构认定。应试人测试成绩达到等级标准,由国家测试机构颁发相应的普通话水平测试等级证书。该证书全国通用。

二、普通话水平测试的内容和要求

普通话水平测试流程

根据《普通话水平测试大纲》的规定,普通话水平测试的内容包括五个部分:读单音节字词、读多音节词语、选择判断、朗读短文、命题说话。满分为 100 分。测试采取口试的形式进行,既有有文字凭借内容的检测,又有无文字凭借内容的检测。

(一) 读单音节字词(100 个音节,不含轻声、儿化音节,限时 3.5 分钟,共 10 分)

测查应试人声母、韵母、声调读音的标准程度。语音错误每个音节扣 0.1 分,读音有缺陷每个音节扣 0.05 分。超时 1 分钟以内,扣 0.5 分;超时 1 分钟以上(含一分钟),扣 1 分。[①]

(二) 读多音节词语(100 个音节,其中含双音节词语 45—47 个,三音节词语 2 个,四音节词语 0—1 个,限时 2.5 分钟,共 20 分)

测查应试人声母、韵母、声调和变调、轻声、儿化读音的标准程度。语音错误每个音节扣 0.2 分,读音有缺陷每个音节扣 0.1 分。超时 1 分钟以内,扣 0.5 分;超时 1 分钟以上

---

① 注:由于计算机辅测没有"延时"设置,因此不存在超时问题。采用机测的应试人在规定时间内朗读完毕即可。后文不再注释。

（含 1 分钟），扣 1 分。

（三）选择判断[*]（词语判断 10 组，量词、名词搭配 10 组，语序或表达形式判断 5 组，限时 3 分钟，共 10 分）

测查应试人掌握普通话词汇和语法的规范程度。词语判断错误，每组扣 0.25 分；量词名词搭配错误，每组扣 0.5 分；语序或表达形式判断错误，每组扣 0.5 分。选择判断合计超时 1 分钟以内，扣 0.5 分；超时 1 分钟以上（含 1 分钟），扣 1 分。答题时语音错误，每个错误音节扣 0.1 分，如判断错误已经扣分，不重复扣分。

（四）朗读短文（1 篇，400 个音节，限时 4 分钟，共 30 分）

测查应试人使用普通话朗读书面作品的水平。在测查声母、韵母、声调读音标准程度的同时，重点测查连续音变、停连、语调以及流畅程度。短文从《普通话水平测试用朗读作品》1—50 号作品中任选，对每篇作品前 400 个音节（不含标点符号和括注的音节）做累积计算，语音错误每个音节扣 0.1 分，漏读或增读 1 个音节扣 0.1 分；声母或韵母的系统性语音缺陷，视程度扣 0.5 分、1 分；语调偏误，视程度扣 0.5 分、1 分、2 分；停连不当，视程度扣 0.5 分、1 分、2 分；朗读不流畅（包括回读），视程度扣 0.5 分、1 分、2 分；超时扣 1 分。

（五）命题说话（限时 3 分钟，共 30 分）

测查应试人在无文字凭借的情况下说普通话的水平，重点测查语音标准程度、词汇语法规范程度和自然流畅程度。说话话题从《普通话水平测试用话题》50 个中选取，由应试人从给定的两个话题中选定 1 个，单向连续说一段话。

1. 语音标准程度，共 20 分。分六档：

一档：语音标准，或极少有失误。扣 0 分、0.5 分、1 分。

二档：语音错误在 10 次以下，有方音但不明显。扣 1.5 分、2 分。

三档：语音错误在 10 次以下，但方音比较明显；或语音错误在 10 次—15 次之间，有方音但不明显。扣 3 分、4 分。

四档：语音错误在 10 次—15 次之间，方音比较明显。扣 5 分、6 分。

五档：语音错误超过 15 次，方音明显。扣 7 分、8 分、9 分。

六档：语音错误多，方音重。扣 10 分、11 分、12 分。

2. 词汇语法规范程度，共 5 分。分三档：

一档：词汇、语法规范。扣 0 分。

二档：词汇、语法偶有不规范的情况。扣 0.5 分、1 分。

三档：词汇、语法屡有不规范的情况。扣 2 分、3 分。

3. 自然流畅程度，共 5 分。分三档：

一档：语言自然流畅。扣 0 分。

二档：语言基本流畅，口语化较差，有背稿子的表现。扣 0.5 分、1 分。

三档：语言不连贯，语调生硬。扣 2 分、3 分。

说话不足 3 分钟，酌情扣分：缺时 1 分钟以内（含 1 分钟），扣 1 分、2 分、3 分；缺时 1 分钟以上，扣 4 分、5 分、6 分；说话不满 30 秒（含 30 秒），本测试项成绩计为 0 分。

离题，内容雷同，视程度扣 4 分、5 分、6 分。有效话语不满 30 秒（含 30 秒），计为

0 分。

　　＊ 说明：各省、自治区、直辖市语言文字工作部门可以根据测试对象或本地区的实际情况,决定是否免测"选择判断"测试项。如免测此项,"命题说话"测试项的分值由 30 分调整为 40 分。评分档次不变,具体分值调整如下:

　　1. 语音标准程度的分值,由 20 分调整为 25 分。

　　一档:扣 0 分、1 分、2 分。

　　二档:扣 3 分、4 分。

　　三档:扣 5 分、6 分。

　　四档:扣 7 分、8 分。

　　五档:扣 9 分、10 分、11 分。

　　六档:扣 12 分、13 分、14 分。

　　2. 词汇语法规范程度的分值,由 5 分调整为 10 分。

　　一档:扣 0 分。

　　二档:扣 1 分、2 分。

　　三档:扣 3 分、4 分。

　　3. 自然流畅程度,仍为 5 分,各档分值不变。

三、国家普通话水平智能测试系统操作指南

　　考试当天考生应携带身份证、准考证。考生到达考点后,在考务人员的安排下进入候测室,在候测室,考务人员将采集考生的身份证和照片信息,采集的照片将会用在普通话证书上。

　　第一步信息验证,考生将身份证贴到终端设备相应的位置上,进行身份信息验证。第二步照片采集,考生坐到指定的位置上采集照片。第三步系统抽签,系统将会随机分配座位号,考生应记住自己的座位号,注意进入考场时,严禁携带电子设备。

　　考试流程介绍:

　　(一)当你进入测试机房后,请坐好并正对摄像头,系统将通过人脸识别的方式进行登录,登录完成后,界面上会显示你的个人信息,请核对,信息正确,请点击确认。如果信息错误,请告知老师,验证通过后,请根据界面提示进行后续操作。如果不通过,请告知老师。

　　(二)请先按照屏幕提示戴上耳机,并将麦克风调整至距嘴边大约 2—3 厘米的位置,请等待考场指令准备试音。

　　(三)进入试音页面后,你会听到系统的提示语,现在开始试音,请务必在听到"嘟"的一声后朗读文本框中的个人信息。提示语结束后,请以适中的音量和语速朗读文本框中的试音文字。试音结束后,系统会提示你试音成功与否,若试音失败页面会弹出提示框,请点击确认按钮重新试音。若试音成功,页面同样会弹出提示框,试音成功,请等待考场指令。

　　(四)系统进入第一项测试,你会听到系统的提示语,第一项"读单音节字词",限时3.5 分钟,请横向朗读。听到"嘟"的一声后,你就可以朗读试卷的内容了。第一项测试的

限制时间是 3.5 分钟,页面下方有时间条,请注意控制时间。如果你提前完成朗读,不要等待,立即点击右下角的下一题按钮进入第二项考试。

（五）第二、三项的测试流程与第一项基本相同。同样,请你注意控制时间,并在完成朗读后立即点击下一题。

（六）第四项命题说话必须说满 3 分钟,请在 10 秒内选择说话的题目,否则系统将默认为第一个话题。确认题目后你有 30 秒的准备时间,听到"嘟"的一声后开始答题。答题时请先读出你所选择的说话题目,例如"我说话的题目是我喜爱的动物"。答题完成后系统会自动提交并弹出相应提示框,考试完成请摘下耳机安静地离开考场。

第二节　普通话水平测试与推广普通话

一、普通话水平测试的发展历程

2000 年 10 月 31 日,第九届全国人民代表大会常务委员会第十八次会议通过的《中华人民共和国国家通用语言文字法》第十九条规定:"凡以普通话作为工作语言的岗位,其工作人员应当具备说普通话的能力。以普通话作为工作语言的播音员、节目主持人和影视话剧演员、教师、国家机关工作人员的普通话水平,应当分别达到国家规定的等级标准。"经过二十多年的普通话培训、测试与推广,我国目前已经实现了普通话基本普及的目标。

2023 年 10 月 1 日,教育部、中国残联联合印发的《视力残疾和听力残疾人员普通话水平测试管理办法(试行)》正式施行,满足了视力残疾人和听力残疾人普通话水平测试需求,提高了关爱服务水平。下一步,国家语委将进一步指导有关单位制定测试站点建设要求,开展测试员培训,完善测试指导手册(测试规程),提升特殊人群普通话水平测试管理、服务水平。

二、普通话水平测试和推广普通话的关系

普通话水平测试是推广普通话工作的重要组成部分,是使推广普通话工作逐步走向制度化、科学化、规范化的重要举措。开展普通话测试的目的不仅仅是评定应试人普通话水平等级,更重要的是促进普通话的普及,并在普及的基础上逐步提高全社会的普通话水平。普通话水平测试工作的健康开展对社会语言生活,对我国政治、经济、文化、教育、科学事业的发展产生深远的影响。

第三节　推广普通话的意义和措施

一、推广普通话的意义

1955 年,"全国文字改革会议"和"现代汉语规范问题学术会议"在北京召开。这两个会议确定了现代汉民族共同语的名称、定义和标准,将它正式定名为"普通话",意思是"普

通""共通""普遍通用"的语言,同时从语音、词汇、语法三方面确定了普通话的内涵,即"以北京语音为标准音,以北方话为基础方言,以典范的现代白话文著作为语法规范"。自此以后,党和政府一直非常重视推广普通话工作。

普通话看似平凡,实则是人与人之间重要的沟通桥梁,同时它也代表着中华民族的繁荣昌盛。普通话是人们日益扩大的交往和自我发展的迫切需求,要消除交流隔阂必须要学习普通话;信息的传输与处理的发展必须使用普通话;现代化办公,高效率工作必须推广普通话。一口流利的普通话是一个人的加分项,不仅可以更好地表达自我,也可以与他人更好地进行沟通。

推广普通话有利于维护国家主权和民族尊严,有利于国家统一和民族团结,有利于社会主义物质文明建设和精神文明建设。大力推广、积极普及普通话,对于增强中华民族凝聚力,对于促进各民族、各地区经济文化交流,对于教育的普及和全民族文化素质的提高,具有深远的现实意义。通过持续政策支持、教育普及和创新推广策略,普通话将继续作为民族共同体的坚实基石,为实现中华民族伟大复兴的中国梦贡献力量。

二、推广普通话的措施

普通话于 1982 年写入《中华人民共和国宪法》,规定"国家推广全国通用的普通话。"从此,普通话具有了明确的法律地位,成为全国通用的语言。

1992 年,《国家语言文字工作十年规划和"八五"计划纲要》明确指出:"推广普通话是新时期语言文字工作的首要任务,必须大力推行,积极普及,逐步提高。""大力推行,积极普及,逐步提高"成为现阶段推广普通话工作的方针。普通话开始在学校、机关、广播等宣传媒体中使用。国务院于 1992 年下发文件要求广播、电视、电影、话剧和学校使用普通话应该规范、标准或比较规范、标准;要求公务员和"窗口"行业从业人员首先坚持在工作中使用普通话,保证工作质量,提高工作效率,并且在坚持使用普通话的过程中逐步提高规范程度。

1994 年,国家语委制定了《普通话水平测试等级标准》和《普通话水平测试实施办法》,对普通话进行量化测试,阐明了测试的目的和要求,明确了测试的对象和方法,并指出:"掌握并使用一定水平的普通话是社会各行各业人员,特别是教师、播音员、节目主持人、演员等专业人员必备的职业素质。因此,有必要在一定范围内对某些岗位的人员进行普通话水平测试,并逐步实行普通话等级证书制度。"

2001 年 1 月 1 日起施行《中华人民共和国国家通用语言文字法》规定"地方各级人民政府及其有关部门应当采取措施,推广普通话和推行规范汉字。"进一步明确了普通话作为国家通用语言的地位,使普通话推广工作掀起了热潮。使用国家通用语言文字是每个公民应当享有的权利和应当履行的义务。

2018 年,党的十八大报告明确提出要"建设优秀传统文化传承体系,弘扬中华优秀传统文化。推广和规范使用国家通用语言文字"。党的十八大以来,语言文字事业主动融入文化建设,将中华优秀语言文化传承发展列为新时代重要任务,先后实施了中华思想文化术语传播工程、中华精品字库工程、中华经典诵读工程、中国语言资源保护工程和古文字与中华文明传承发展工程等一系列重大语言文化工程,成效显著。

2022年,为深入贯彻落实党的二十大报告提出的"加大国家通用语言文字推广力度",教育部、国家语委印发了《关于加强高等学校服务国家通用语言文字高质量推广普及的若干意见》。《意见》要求,提高大学生语言文字应用能力。大学生应具有"一种能力两种意识"(即语言文字应用能力和自觉规范使用国家通用语言文字的意识、自觉传承弘扬中华优秀语言文化的意识),高校要将其纳入学校人才培养方案,明确语言文字应用能力及标准并纳入毕业要求。强化语言文明教育,引导学生养成良好语言习惯,自觉抵制庸俗暴戾语言。《意见》鼓励高校积极参与实施国家通用语言文字普及提升工程和推普助力乡村振兴计划。因校制宜、整合资源,面向农村和民族地区教师、青壮年劳动力、基层干部等重点领域人群和社会大众,开展国家通用语言文字能力提升、"普通话＋职业技能"等培训。

三、历届全国推广普通话宣传周的时间和主题

经国务院批准,从1998年起,每年9月份的第三周为全国推广普通话宣传周(简称推普周)。推普周活动开展以来,在宣传《中华人民共和国国家通用语言文字法》及促进全社会增强语言规范意识等方面发挥了重要作用,以下是历届推普周活动的时间和主题。

第一届
时间:1998年9月13日至19日
主题:推广普通话,促进语言文字规范化

第二届
时间:1999年9月12日至18日
主题:推广普通话,迎接新世纪

第三届
时间:2000年9月10日至16日
主题:推广普通话,迈向新世纪

第四届
时间:2001年9月9日至15日
主题:宣传贯彻《中华人民共和国国家通用语言文字法》,大力推广普通话,促进语言文字规范化

第五届
时间:2002年9月15日至21日
主题:宣传贯彻《中华人民共和国国家通用语言文字法》,大力推广普通话,促进语言文字规范化,迎接党的十六大召开

第六届
时间:2003年9月14日至20日
主题:大力推广普通话,齐心协力奔小康

第七届
时间:2004年9月12日至18日
主题:普通话——情感的纽带,沟通的桥梁

第八届

时间：2005 年 9 月 11 日至 17 日

主题：实现顺畅交流，构建和谐社会

第九届

时间：2006 年 9 月 10 日至 16 日

主题：普通话——五十年推广，新世纪普及

第十届

时间：2007 年 9 月 9 日至 15 日

主题：构建和谐语言生活，弘扬中华优秀文化

第十一届

时间：2008 年 9 月 14 日至 20 日

主题：构建和谐语言生活，营造共有精神家园

第十二届

时间：2009 年 9 月 13 日至 19 日

主题：热爱祖国语言文字，构建和谐语言生活

第十三届

时间：2010 年 9 月 12 日至 18 日

主题：规范使用国家通用语言文字，弘扬中华优秀文化传统

第十四届

时间：2011 年 9 月 11 日至 17 日

主题：提升国家通用语言文字应用能力，弘扬中华优秀文化传统

第十五届

时间：2012 年 9 月 14 日至 20 日

主题：大力推广和规范使用国家通用语言文字

第十六届

时间：2013 年 9 月 11 日至 17 日

主题：推广普通话，共筑中国梦

第十七届

时间：2014 年 9 月 15 日至 21 日

主题：说好普通话，圆梦你我他

第十八届

时间：2015 年 9 月 14 日至 20 日

主题：依法推广普通话，提升国家软实力

第十九届

时间：2016 年 9 月 8 日至 14 日

主题：大力推行和规范使用国家通用语言文字，助力全面建成小康社会

第二十届

时间：2017 年 9 月 11 日至 17 日

主题：大力推广和规范使用国家通用语言文字，自觉传承弘扬中华优秀传统文化

第二十一届

时间：2018 年 9 月 10 日至 16 日

主题：说好普通话，迈进新时代

第二十二届

时间：2019 年 9 月 16 日至 22 日

主题：普通话诵七十华诞，规范字书爱国情怀

第二十三届

时间：2020 年 9 月 14 日至 20 日

主题：同讲普通话，携手进小康

第二十四届

时间：2021 年 9 月 12 日至 18 日

主题：普通话诵百年伟业，规范字写时代新篇

第二十五届

时间：2022 年 9 月 12 日至 18 日

主题：推广普通话，喜迎二十大

第二十六届

时间：2023 年 9 月 11 日至 17 日

主题：推广普通话，奋进新征程

训练园地

一、测试样卷练习（正式测试不显示拼音）

普通话水平测试样卷一

一、读单音节字词（100 个音节，共 10 分，限时 3.5 分钟）

áo 螯	huá 滑	wèi 未	zhuō 拙	suī 虽	é 俄	tǎo 讨	qué 瘸	rě 惹	lìng 另
zhǐ 纸	fàng 放	suǒ 锁	zì 自	yuàn 院	ōu 鸥	niǎn 碾	liè 列	nuǎn 暖	jūn 钧
diǎn 碘	kòng 控	tuǐ 腿	dùn 顿	xǔ 许	cā 擦	wěn 吻	zhàng 仗	liǔ 柳	yuè 阅
chí 池	shuāi 衰	jiū 揪	miào 庙	xiōng 胸	měng 锰	sū 酥	yǒng 永	bù 步	zhēng 争
gū 孤	nuó 挪	chuāng 窗	fén 焚	tóng 童	zāo 遭	qīng 氢	dàn 氮	qún 群	xiàng 项
sì 四	pǐn 品	jù 聚	ér 而	yǔ 雨	dī 滴	bó 伯	qiāng 枪	rēng 扔	fǎ 法
rùn 闰	huāng 荒	qiā 掐	tǐng 艇	hù 户	cháng 偿	kě 渴	jiān 坚	xiào 笑	yà 亚
bǐ 鄙	léi 镭	tiào 跳	shǎng 赏	dīng 盯	zá 杂	bān 般	wā 挖	nǎi 乃	wàng 望

shuǎ	bèn	miǎn	céng	pō	gòu	má	xuǎn	chèn	hǎn
耍	笨	免	层	颇	垢	麻	癣	趁	喊

jiē	chuán	lín	guàng	zéi	kuài	shǒu	cuì	mài	piáo
阶	船	邻	逛	贼	块	首	翠	迈	瓢

二、读多音节词语(100 个音节,共 20 分,限时 2.5 分钟)

wánquán	juānzèng	dòulèr	sècǎi	yīngxióng
完全	捐赠	逗乐儿	色彩	英雄
zhēnchá	pǎodiàor	chūntiān	biànbié	rénmín
侦察	跑调儿	春天	辨别	人民
hóngniáng	ránshāo	shēnzi	pòhuài	ěrduo
红娘	燃烧	身子	破坏	耳朵
shǐzhōng	xùnliàn	róuhé	yīxiàr	shānqū
始终	训练	柔和	一下儿	山区
xuépài	měinǚ	fǎnhuí	qiānguà	fùwēng
学派	美女	返回	牵挂	富翁
gāngtiě	miùlùn	cāozuò	nánguài	wàibīn
钢铁	谬论	操作	难怪	外宾
fùzá	wúqióng	nüèji	kāfēi	bēi'āi
复杂	无穷	疟疾	咖啡	悲哀
kuīsǔn	dēnglong	yùndòng	jiāfèngr	túshūguǎn
亏损	灯笼	运动	夹缝儿	图书馆
zhīchí	sānjiǎoxíng	ángguì	bǎoyǎng	zhuàngkuàng
支持	三角形	昂贵	保养	状况
shòumìng	zhuāhuò	qǐyǒucǐlǐ		
寿命	抓获	岂有此理		

三、朗读短文(400 个音节,共 30 分,限时 4 分钟)

请朗读作品 23 号(内容见附录6 普通话水平测试用朗读作品)

四、命题说话(请在下列话题中任选一个,共 40 分,限时 3 分钟)

1. 珍贵的礼物　　　　2. 谈传统美德

普通话水平测试样卷二

一、读单音节字(100 个音节,共 10 分,限时 3.5 分钟)

hǔ	cūn	dǐ	xiá	suān	rǎo	huì	běn	dù	huái
虎	村	抵	匣	酸	扰	慧	本	杜	槐
bèi	lí	èr	xuǎn	guì	táng	lüè	chuān	wù	liàn
倍	梨	二	癣	跪	堂	略	川	勿	恋
kuān	liáng	wā	chè	qiān	zěn	qiáo	yǎ	wō	qǔ
宽	粮	蛙	澈	扦	怎	乔	哑	涡	取
dōu	kào	qī	ān	zhèng	tǐng	qiè	zhuō	cì	chén
兜	靠	漆	安	证	挺	妾	桌	次	沉
piǎo	féng	shùn	ná	yōng	róng	chī	lín	rán	kàng
瞟	冯	顺	拿	拥	容	吃	鳞	燃	炕
móu	zhàng	nuó	bàng	dé	pò	duì	céng	bō	níng
眸	丈	挪	棒	德	破	队	层	拨	凝

sè	wǎng	zì	shí	ài	jìn	xiōng	jiū	nǎi	yú
涩	网	字	十	爱	靳	胸	纠	奶	愚
suǒ	wài	gǎo	chūn	guǎ	tòng	xiǎng	fān	yuǎn	zhuāng
索	外	搞	春	寡	痛	响	翻	远	妆
sǔn	piē	zhǎ	zé	xiǔ	gēn	nuǎn	jùn	fěi	máo
损	瞥	眨	责	朽	根	暖	郡	匪	锚
sǎ	rēng	tú	mài	shuì	bǐ	chōng	jué	yún	jīng
洒	扔	图	卖	睡	笔	舂	掘	匀	鲸

二、读多音节词语(100 个音节,共 20 分,限时 2.5 分钟)

miùlùn	cáikuài	jiānchí	mìngmíng	píjuàn
谬论	财会	坚持	命名	疲倦
jìlǜ	tánhuà	rèdài	chéngfèn	fāngmiàn
纪律	谈话	热带	成分	方面
rěnxīn	yīng'ér	qúnzhòng	ēnqíng	cuīcán
忍心	婴儿	群众	恩情	摧残
xióngwěi	hóngniáng	huángdēngdēng	shuàilǐng	fófǎ
雄伟	红娘	黄澄澄	率领	佛法
suíbiàn	chuāngkǒu	dànbáizhì	zhège	pínqióng
随便	窗口	蛋白质	这个	贫穷
jiǎngshǎng	bōxuē	yóuchuōr	shàonǚ	niēzào
奖赏	剥削	邮戳儿	少女	捏造
yìsi	jiāgōng	quántǐ	lèizhūr	guānqiǎ
意思	加工	全体	泪珠儿	关卡
tiān'é	hǎowánr	gǔlǎo	huóyuè	pàngzi
天鹅	好玩儿	古老	活跃	胖子
kuāyào	zànměi	wēnróu	dǎban	gāngtiě
夸耀	赞美	温柔	打扮	钢铁
xiǎowèngr	xùnsù	cuòzōngfùzá		
小瓮儿	迅速	错综复杂		

三、朗读短文(400 个音节,共 30 分,限时 4 分钟)

请朗读作品 12 号(内容见附录 6 普通话水平测试用朗读作品)

四、命题说话(请在下列话题中任选一个,共 40 分,限时 3 分钟)

1. 我喜欢的职业(或专业)　　　　2. 谈中国传统文化

二、模拟题练习

普通话水平测试模拟题一

一、读单音节字(100 个音节,共 10 分,限时 3.5 分钟)

蹦	耍	德	扰	直	返	凝	秋	淡	丝
炯	粗	袄	瓮	懒	儿	履	告	筒	猫
囊	驯	辱	碟	栓	来	顶	墩	忙	哀
霎	果	憋	捺	装	群	精	唇	亮	馆
符	肉	梯	船	溺	北	剖	民	邀	旷
暖	快	酒	除	缺	杂	搜	税	脾	锋

日	贼	孔	哲	许	尘	谓	忍	填	颇
残	涧	穷	歪	雅	捉	凑	怎	虾	冷
躬	莫	虽	绢	挖	伙	聘	英	条	笨
敛	墙	岳	黑	巨	访	自	毁	郑	浑

二、读多音节词语(100 个音节,共 20 分,限时 2.5 分钟)

损坏	昆虫	兴奋	恶劣	挂帅
针鼻儿	排斥	采取	利索	荒谬
少女	电磁波	愿望	恰当	若干
加塞儿	浪费	苦衷	降低	夜晚
小熊儿	存留	上午	按钮	服从
新娘	逗乐儿	全面	包括	不用
培养	编纂	扎实	推测	吵嘴
均匀	收成	然而	满口	怪异
听话	大学生	发作	侵略	钢铁
孩子	光荣	前仆后继		

三、朗读短文(400 个音节,共 30 分,限时 4 分钟)
请朗读作品 1 号(内容见附录 6 普通话水平测试用朗读作品)

四、命题说话(请在下列话题中任选一个,共 40 分,限时 3 分钟)
1. 童年生活　　　　　　　　2. 对垃圾分类的认识

普通话水平测试模拟题二

一、读单音节字词(100 个音节,共 10 分,限时 3.5 分钟)

套	困	女	茶	牵	月	婿	忍	烫	卷
癫	锅	块	潮	射	杂	炫	轻	疼	扛
缓	力	穿	寨	归	挖	旬	髓	铜	晃
蓉	幕	傲	洲	勤	湿	芽	锄	厄	没
扑	乱	帮	恨	窖	麟	瑶	迥	吞	色
靶	迈	旧	迭	醉	香	易	凝	歪	曾
掘	安	错	丹	颇	子	韵	掐	翁	转
扣	蜂	必	熊	聂	莫	珍	期	盛	量
夸	趾	病	赴	妞	寺	追	高	否	落
评	港	财	男	嬬	糯	拦	肉	核	得

二、读多音节词语(100 个音节,共 20 分,限时 2.5 分钟)

反驳	流利	紧张	畅谈	险阻
饱嗝儿	温暖	油料	豆子	生怕
因而	地下	告诉	凑巧	人们
邻国	耐用	运输	赔款	化学
明确	仰角	走道儿	外婆	强制

滋味	豺狼	软食	小曲儿	卖弄
河豚	绝对	飞机	出圈儿	搜身
轻工业	退让	相似	瓜分	节气
寒冷	正经	策应	扩大	磁带
凶恶	讨价	状况	训练	怀念

三、朗读短文(400个音节,共30分,限时4分钟)

请朗读作品36号(内容见附录6　普通话水平测试用朗读作品)

四、命题说话(请在下列话题中任选一个,共40分,限时3分钟)

1. 我喜欢的美食　　　　　　2. 小家、大家与国家

思悟课堂

中华文化之韵——讲好中国故事,传播好中国声音

"英""雄"夫妻何孟雄与缪伯英

每一段故事背后都蕴藏着无声的力量。聆听一段红色故事,走进一段波澜壮阔的历史时光,让我们从声音和文字中穿越历史长河,一起回顾历史的足迹,汲取奋进的力量……

"英""雄"夫妻何孟雄与缪伯英

在党的一大召开时,全国的五十多位党员中,有一对著名的"英""雄"夫妻,他们因共同的信仰而伉俪情深,为党的事业初心不悔,献出自己年轻的生命。"英""雄"夫妇中丈夫是何孟雄(1898—1931),湖南炎陵人,追求进步,颇具反抗精神,在长沙读书时就是爱国学生运动的领导人之一。1919年考入北京大学,五四运动爆发时,他又成为北京爱国学生运动的骨干。妻子缪伯英(1899—1929),湖南长沙人。1919年考入北京女子高等师范学校。在开明的父母与师长的引导下,成为"刚柔相济"的新女性代表。

在追求真理、投身革命的道路上,何孟雄与缪伯英相识进而相知。他们一起参加北京工读互助团,可是互助团只坚持了4个多月就宣布解散。他们从工读互助的迷雾中觉醒过来,又从李大钊的《我的马克思主义观》等文章中得到启迪。他们积极向李大钊求教学习,一起参加各种集会和讨论。随后,何孟雄又介绍缪伯英加入了北京大学马克思学说研究会。共同的理想与追求,把何孟雄、缪伯英这对青年男女紧紧地连在一起。

1920年11月,何孟雄、缪伯英加入北京社会主义青年团。1921年初,两人同时被吸收参加中国共产党北京支部,成为中国共产党早期党员,刚满21岁的缪伯英是其中唯一的女性,成为中共的第一位女党员。在共同的理想信仰引领下,他们积极宣传马克思主义,组织发动工人和妇女运动,撰写理论文章,为筹建全国党组织奋发工作。1921年的重阳节,何孟雄、缪伯英结为夫妇,被同志们亲切地称为"英""雄"夫妻。

这对志同道合的夫妻携手走过的最后人生路,写满的还是为理想信仰的奋斗。艰苦的斗争环境和艰辛的工作把缪伯英的身体拖垮了。一次,何孟雄和缪伯英夫妇被敌人抓捕,为了掩护何孟雄,缪伯英主动把敌人引开,为了躲避敌人的追捕,她跳入了冰冷刺骨的河水中,在里面躲藏了一个多小时。虽然躲过了敌人的追捕,却没能躲过病魔的侵袭。缪

伯英患上了严重的伤寒,被送入上海仁济医院。弥留之际,缪伯英抓着丈夫的手动情地说:"我既以身许党,就应为党的事业牺牲,奈何因病行将辞世,未能战死沙场,真是遗憾终生!"同时嘱咐丈夫何孟雄要坚决斗争,直到胜利,并希望两个孩子能继承她的遗志。以身许党的缪伯英病逝时年仅 30 岁。

爱妻去世,神伤不已的何孟雄却只能掩去伤心,继续投入到残酷的斗争中,他与妻子一样为信仰战斗到人生的最后一刻。1931 年 1 月,何孟雄被捕入狱。虽然身陷囹圄,但在狱中的何孟雄仍然坚持斗争,宁死不屈。2 月 7 日,何孟雄和其他 23 位共产党员与革命者,拖着沉重的铁镣,大义凛然地走向刑场。临刑时,他沉着冷静,和同志们一起高呼:"共产党万岁!""中国革命胜利万岁!"何孟雄牺牲时年仅 33 岁,他用实际行动践行了"从容莫负少年头"的铮铮誓言。

最是磨难励初心,何孟雄、缪伯英这一对英雄夫妻用他们短暂而光辉的生命,谱写了优秀共产党员的青春之歌,诠释了中国共产党人矢志不渝的初心和使命。

素质拓展

推普活动:语言艺术颂华夏

指导思想:坚持以习近平新时代中国特色社会主义思想为指导,深入学习贯彻党的二十大精神和习近平总书记关于语言文化的重要指示批示精神,以落实立德树人根本任务和铸牢中华民族共同体意识为主线,加大国家通用语言文字推广力度,传承弘扬中华优秀语言文化。

活动目标:引领当代青年不断增强自觉规范使用国家通用语言文字的意识,不断增强自觉传承弘扬中华优秀语言文化的意识,树立高度的文化自觉和文化自信。

活动要求:通过演讲、朗诵、相声、小品以及话剧等语言艺术形式,积极开展歌颂祖国的语言艺术活动,向学校、社会、家庭辐射传播"说好普通话""推广普通话"的意识,突出推普活动的时代性、特色性和创新性,为传承弘扬中华优秀语言文化贡献力量。

附录 8　普通话水平测试规程

为有效保障普通话水平测试实施,保证普通话水平测试的公正性、科学性、权威性和严肃性,依据《普通话水平测试管理规定》(教育部令第 51 号),制定本规程。

第一章　统　筹　管　理

第一条　国务院语言文字工作部门设立或指定的国家测试机构负责全国测试工作的组织实施和质量监管。

省级语言文字工作部门设立或指定的省级测试机构负责本行政区域内测试工作的组织实施和质量监管。

第二条　省级测试机构应于每年 10 月底前明确本行政区域内下一年度测试计划总量及实施安排。

省级测试机构应按季度或月份制订测试计划安排,并于测试开始报名前 10 个工作日向社会公布。

第三条 省级测试机构应于每年 1 月底前向国家测试机构和省级语言文字工作部门报送上一年度测试工作总结。国家测试机构应于每年 2 月底前向国务院语言文字工作部门报送全国测试工作情况。

第二章 测 试 站 点

第四条 省级测试机构在省级语言文字工作部门领导下负责设置测试站点。测试站点的设立要充分考虑社会需求,合理布局,满足实施测试所需人员、场地及设施设备等条件。测试站点建设要求由国家测试机构另行制定。

测试站点不得设立在社会培训机构、中介机构或其他营利性机构或组织。

第五条 省级测试机构应将测试站点设置情况报省级语言文字工作部门,并报国家测试机构备案。本规程发布后新设立或撤销的测试站点,须在设立或撤销的 1 个月内报国家测试机构备案。

第六条 在国务院语言文字工作部门的指导下,国家测试机构可根据工作需要设立测试站点。

第七条 测试站点设立和撤销信息应及时向社会公开。

第三章 考 场 设 置

第八条 测试站点负责安排考场,考场应配备管理人员、测试员、技术人员以及其他考务人员。

第九条 考场应设有候测室和测试室,总体要求布局合理、整洁肃静、标识清晰,严格落实防疫、防传染病要求,做好通风消毒等预防性工作,加强考点卫生安全保障。

候测室供应试人报到、采集信息、等候测试。候测室需张贴或播放应试须知、测试流程等。

测试室每个机位应为封闭的独立空间,每次只允许 1 人应试;暂时不具备条件需利用教室或其他共用空间开展测试的,各测试机位间隔应不少于 1.8 米。

第十条 普通话水平测试采用计算机辅助测试(简称机辅测试)。用于测试的计算机应安装全国统一的测试系统,并配备话筒、耳机、摄像头等必要的设施设备。

经国家测试机构同意,特殊情况下可采用人工测试并配备相应设施设备。

第四章 报 名 办 法

第十一条 参加测试的人员通过官方平台在线报名。测试站点暂时无法提供网上报名服务的,报名人员可持有效身份证件原件在测试站点现场报名。

第十二条 非首次报名参加测试人员,须在最近一次测试成绩发布之后方可再次报名。

第五章 测 试 试 卷

第十三条 测试试卷由国家测试机构统一编制和提供,各级测试机构和测试站点不得擅自更改、调换试卷内容。

第十四条　测试试卷由测试系统随机分配,应避免短期内集中重复使用。

第十五条　测试试卷仅限测试时使用,属于工作秘密,测试站点须按照国家有关工作秘密相关要求做好试卷保管工作,任何人不得泄露或外传。

第六章　测 试 流 程

第十六条　应试人应持准考证和有效身份证件原件按时到指定考场报到。迟到 30 分钟以上者,原则上应取消当次测试资格。

第十七条　测试站点应认真核对确认应试人报名信息。因应试人个人原因导致信息不一致的,取消当次测试资格。

第十八条　应试人报到后应服从现场考务人员安排。进入测试室时,不得携带手机等各类具有无线通讯、拍摄、录音、查询等功能的设备,不得携带任何参考资料。

第十九条　测试过程应全程录像。暂不具备条件的,应采集应试人在测试开始、测试进行、测试结束等不同时段的照片或视频,并保存不少于 3 个月。

第二十条　测试结束后,经考务人员确认无异常情况,应试人方可离开。

第七章　成 绩 评 定

第二十一条　测试成绩评定的基本依据是《普通话水平测试大纲》和《计算机辅助普通话水平测试评分试行办法》。

第二十二条　"读单音节字词""读多音节词语""朗读短文"测试项由测试系统评分。

"选择判断"和"命题说话",由 2 位测试员评分;或报国家测试机构同意后试行测试系统加 1 位测试员评分。

测试最终成绩保留小数点后 1 位小数。

第二十三条　测试成绩由省级测试机构或国家测试机构认定发布。

测试成绩在一级乙等及以下的,由省级测试机构认定,具体实施办法由国家测试机构另行规定。

测试成绩达到一级甲等的,由省级测试机构复审后提交国家测试机构认定。

未经认定的成绩不得对外发布。

第二十四条　一级乙等及以下的成绩认定原则上在当次测试结束后 30 个工作日内完成。一级甲等的成绩认定顺延 15 个工作日。

第二十五条　应试人对测试成绩有异议的,可以在测试成绩发布后 15 个工作日内向其参加测试的站点提出复核申请。具体按照《普通话水平测试成绩申请复核暂行办法》执行。

第八章　等 级 证 书

第二十六条　等级证书的管理按照《普通话水平测试等级证书管理办法》执行。

第二十七条　符合更补证书条件的,按以下程序办理证书更补:

(一)应试人向其参加测试的站点提交书面申请以及本人有效身份证复印件、等级证书原件或国家政务服务平台的查询结果等相关材料。

（二）省级语言文字工作部门或省级测试机构每月底审核汇总更补申请，加盖公章后提交国家测试机构。国家测试机构自受理之日起 15 个工作日内予以更补。

（三）纸质证书更补时效为自成绩发布之日起 1 年内，逾期不予受理。

第二十八条　应试人应及时领取纸质证书。自成绩发布之日起 1 年后未领取的纸质证书，由测试机构按照内部资料予以清理销毁。

第九章　数据档案

第二十九条　测试数据档案包括测试数据和工作档案。

第三十条　测试数据包括报名信息、成绩信息、测试录音、测试试卷、现场采集的应试人照片等电子档案。测试数据通过测试系统归档，长期保存。调取和使用已归档保存的测试数据，需经省级测试机构或国家测试机构同意。

第三十一条　数据档案管理者及使用人员应采取数据分类、重要数据备份和加密等措施，维护数据档案的完整性、保密性和可用性，防止数据档案泄露或者被盗窃、篡改。

第三十二条　测试工作档案包括测试计划和工作总结、考场现场情况记录、证书签收单据、成绩复核资料等，由各级测试机构和测试站点自行妥善保管，不得擅自公开或外传。

第十章　监督检查

第三十三条　国家测试机构对各级测试机构和测试站点进行业务指导、监督、检查。省级测试机构对省级以下测试机构和测试站点进行管理、监督、检查。

第三十四条　监督检查的范围主要包括计划完成情况、测试实施流程、试卷管理、成绩评定、证书管理、数据档案管理等。监督检查可采用现场视导、查阅资料、测试录音复审、测试数据分析等方式。

第十一章　违规处理

第三十五条　未按要求开展工作的测试机构和测试工作人员，按照《普通话水平测试管理规定》（教育部令第 51 号）有关规定处理。省级测试机构须在处理完成后 10 个工作日内将相关情况报省级语言文字工作部门，并报国家测试机构备案。

第三十六条　受到警告处理的测试站点，应在 1 个月内完成整改，经主管的语言文字工作部门验收合格后可撤销警告。再次受到警告处理的，暂停测试资格。

第三十七条　受到暂停测试资格处理的测试站点，应在 3 个月内完成整改，经主管的语言文字工作部门验收合格后方可重新开展测试。再次受到暂停测试资格处理的，永久取消其测试资格。

第三十八条　非不可抗拒的因素连续 2 年不开展测试业务的测试站点由省级测试机构予以撤销。

第三十九条　测试现场发现替考、违规携带设备、扰乱考场秩序等行为的，取消应试人当次测试资格。公布成绩后被认定为替考的，取消其当次测试成绩，已发放的证书予以作废，并记入全国普通话水平测试违纪人员档案，视情况通报应试人就读学校或所在单位。

第十二章　附　　则

第四十条　省级测试机构可根据实际情况在省级语言文字工作部门指导下制定实施细则，并报国家测试机构备案。

第四十一条　视障、听障人员参加测试的，按照专门办法组织实施。

第四十二条　如遇特殊情况，确有必要对常规测试流程做出适当调整的，由省级语言文字工作部门报国务院语言文字工作部门批准后实施。

第四十三条　本规程自 2023 年 4 月 1 日起施行。2003 年印发的《普通话水平测试规程》和 2008 年印发的《计算机辅助普通话水平测试操作规程（试行）》同时废止。

主要参考文献

［1］ 国家语委普通话与文字应用培训测试中心.普通话水平测试实施纲要(2021年版)［M］.北京：语文出版社,2022.

［2］ 国家语委普通话与文字应用培训测试中心.普通话水平测试应试指导［M］.北京：语文出版社,2023.

［3］ 吴长安,贾音.普通话口语交际［M］.2版.长春：东北师范大学出版社,2024.

［4］ 袁和平.普通话培训测试教程［M］.长沙：湖南师范大学出版社,2020.

［5］ 赵琳.声声入心：重塑你的声音魅力［M］.北京：中信出版集团,2019.

［6］ 吕铭.播音发声卷［M］.长沙：湖南文艺出版社,2015.

［7］ 郭永朝,罗惜春.普通话教程［M］.长春：吉林大学出版社,2009.

［8］ 罗惜春.普通话训练测试与职场语言艺术［M］.2版.北京：化学工业出版社,2015.

［9］ 胡习之,高群.普通话学习与水平测试教程［M］.2版.北京：清华大学出版社,2019.

［10］ 王景华.普通话口语交际［M］.2版.北京：北京师范大学出版社,2022.

［11］ 周芸,朱腾.普通话训练与测试［M］.北京：北京大学出版社,2023.

［12］ 金晓达,刘广徽.汉语普通话语音图解课本［M］.北京：北京语言大学出版社,2009.

　　感谢您使用本书。为方便教学，我社为教师提供资源下载、样书申请等服务，如贵校已选用本书，您只要关注微信公众号"高职素质教育教学研究"，或加入下列教师交流QQ群即可免费获得相关服务。

"高职素质教育教学研究"公众号

最新目录

样书申请

资源下载

写作试卷

线上购书

师资培训　　教学服务　　教材样章

资源下载：点击"**教学服务**"—"**资源下载**"，或直接在浏览器中输入网址（http://101.35.126.6/），
　　　　　　注册登录后可搜索下载相关资源。（建议用电脑浏览器操作）

样书申请：点击"**教学服务**"—"**样书申请**"，填写相关信息即可申请样书。

样章下载：点击"**教材样章**"，可下载在供教材的前言、目录和样章。

师资培训：点击"**师资培训**"，获取最新直播信息、直播回放和往期师资培训视频。

联系方式

高职人文素质教师交流QQ群：167361230

联系电话：（021）56961310　　电子邮箱：3076198581@qq.com